主　　编　蒋惠岭　国家法官学院副院长
　　　　　　　　　最高人民法院司法案例研究院负责人
副 主 编　关　毅　国家法官学院科研部主任
　　　　　刘　畅　最高人民法院司法案例研究院规划部主任
主编助理　边疆戈　国家法官学院科研部编辑
　　　　　朱建伟　国家法官学院科研部编辑
　　　　　赵文轩　最高人民法院司法案例研究院规划部编辑

《中国法院年度案例》编辑人员（按姓氏笔画）
边疆戈　朱建伟　刘　畅　关　毅　杨小利
罗胜华　赵文轩　胡　岩　袁登明　唐世银
曹海荣　梁　欣　蒋惠岭　程　瑛　谭　红

本书编审人员　罗胜华

中国法院

2020年度案例

国 家 法 官 学 院
最高人民法院司法案例研究院◎编

合同纠纷

中国法制出版社
CHINA LEGAL PUBLISHING HOUSE

《中国法院年度案例》通讯编辑名单

序

坚持和完善中国特色社会主义法治体系，是党的十九届四中全会作出的一项重要部署。作为其核心组成部分，高效的法治实施体系所要实现的就是让静态的法律制度在实践中得到良好实施。《中国法院年度案例》丛书的价值追求，即公开精品案例，研究案例所体现的裁判方法和价值理念，提炼裁判规则，助推司法标准统一。

《中国法院年度案例》丛书，是国家法官学院于2012年开始编辑出版的一套大型年度案例丛书。丛书由国家法官学院案例开发研究中心具体承担编辑工作，每年年初定期出版。此前，该中心坚持20余年连续不辍编辑出版了《中国审判案例要览》丛书近90卷，分中文版和英文版在海内外发行，颇有口碑，享有赞誉。作为一种全新的案例研究产品，《中国法院年度案例》丛书旨在加强完善中国特色案例指导制度，探索编辑案例的新方法、新模式，以弥补当前各种案例出版物的不足。该丛书2012~2019年已连续出版8套，一直受到读者的广泛好评，并迅速售罄。为更加全面地反映我国司法审判执行工作的发展进程，顺应审判执行实践的需要，响应读者需求，2014年度新增3个分册即金融纠纷、行政纠纷、刑事案例，2015年度将刑事案例调整为刑法总则案例、刑法分则案例2册，2016年度新增知识产权纠纷分册，2017年度新增执行案例分册，2018年度、2019年度将刑事案例扩充为4个分册。现国家法官学院及时编撰推出《中国法院2020年度案例》系列丛书，共23册。

当前市面上的案例丛书百花齐放，又有裁判文书网，可以查询各级法院、各类的裁判文书，还有各种专门领域的案例汇编书籍，以及各种案例指导、案例参考等读物，各具特色。而《中国法院年度案例》丛书则以开放务实的态度、简洁明快的风格，试图把案例书籍变得“好读有用”，故在编辑中坚持以下方法：一是高度提炼案例内容，控制案例篇幅，每个案例基本在3000字以内；二是突出争议焦点，剔除无效信息，尽可能在有限的篇幅内为读者提供有效、有益的信息；三是注重对案件裁判文书的再加工，大多数案例由案件的主审法官撰写“法官后语”，高度提炼、总结案例的指导价值。

同时，《中国法院年度案例》丛书还有以下特色：一是信息量大。国家法官学院案例开发研究中心每年从全国各地法院收集到的上一年度审结的典型案例近万件，使该丛书有广泛的选编基础，可提供给读者新近发生的全国各地多种类型的代表性案例。二是方便检索。为体现以读者为本，丛书分卷细化，每卷下还将案例主要根据案由分类编排，每个案例用一句话概括裁判规则、裁判思路或焦点问题作为主标题，让读者一目了然，迅速找到目标案例。

中国法制出版社始终全力支持《中国法院年度案例》丛书的出版，给了作者和编辑们巨大的鼓励。2018年、2019年连续推出数据库增值服务，2020年继续提供数据库增值服务并充实完善数据内容。购买本书，扫描前勒口二维码，即可在本年度免费查阅往年同类案例数据库。我们在此谨表谢忱，并希望通过共同努力，逐步完善，做得更好，真正探索出一条编辑案例书籍、挖掘案例价值的新路，更好地服务于学习、研究法律的读者，服务于社会，服务于国家的法治建设。

本丛书既可作为法官、检察官、律师等司法实务工作人员的办案参考和司法人员培训推荐教程，也是社会大众学法用法的极佳指导，亦是教学科研机构案例研究的精品素材。当然，案例作者和编辑在编写过程中也难以一步到位实现最初的编写愿望，可能会存在各种不足，甚至错误，欢迎读者批评指正，我们愿听取建议，并不断改进，不断扩大案例研究领域，实现中国特色案例研究事业新发展。

从今年起，《中国法院年度案例》改由国家法官学院与最高人民法院司法案例研究院共同编辑。最高人民法院司法案例研究院是中编办批准设置的最高人民法院的司法案例专门研究机构，与国家法官学院合署办公，在最高人民法院领导下，秉持服务司法审判实践、经济社会发展、法学教育研究、中外法学交流、法治中国建设的办院宗旨，坚持“服务、创新、合作、开放、共享”工作原则，依托国家法官学院开展司法案例的收集、生成、研究、发布和国际交流工作。司法案例研究院的加入，必将使本套丛书的编辑力量更加壮大，案例质量将进一步提升。

国家法官学院副院长

最高人民法院司法案例研究院负责人

蒋惠岭

目　录

Contents

一、合同的成立与生效

二、合同变更、转让和解除

三、违约责任

四、赠与合同

五、供用电、水、气、热力合同

六、租赁合同

七、融资租赁合同

八、承揽合同

九、建设工程合同

十、运输合同

十一、委托合同

十二、居间合同

十三、服务合同

十四、保管、仓储合同

十五、保险合同

十六、其他合同

一、合同的成立与生效

1

当事人可通过实际履行行为变更合同生效条件

——厦门联发电子商城开发有限公司诉黄某林房屋租赁合同案

【案件基本信息】

1. 裁判书字号

福建省厦门市中级人民法院（2018）闽02民终195号民事判决书

2. 案由：房屋租赁合同纠纷

3. 当事人

原告（上诉人）：厦门联发电子商城开发有限公司（以下简称联发公司）

被告（被上诉人）：黄某林

【基本案情】

2015年8月24日，联发公司作为出租方、厦门联发电子广场管理有限公司作业管理方、黄某林作为承租方签订一份《厦门赛格电子市场房屋租赁合同》，约定联发公司将坐落于厦门市湖里区园山南路800号厦门赛格电子市场三层C区3××5室的房屋出租给黄某林；房屋月租金为3096元，按季度结算；合同签订时，黄某林应向联发公司缴纳租赁期间押金3600元；合同签订后三日内，若黄某林未支付押金，则联发公司有权将房屋另行出租；黄某林应按合同规定期限缴纳租金，违约除补交租金外，每逾期一日按月租金的千分之五向联发公司交付违约金；本合同经联发公司、厦门联发电子广场管理有限公司、黄某林三方签章后并在黄某林缴纳押金之日起生效。

联发公司向一审法院起诉请求：黄某林向联发公司支付拖欠的2015年9月1日至2016年5月31日的租金15840元及逾期违约金（计至2016年5月31日为121元；此后违约金按月租金的日千分之五，自2016年6月1日起计至还清所有款项之日止）。

黄某林辩称：1. 签订合同的时候其仅在空白的合同上签字，联发公司并未在合同上签字盖章，黄某林也未拿到合同，故案涉合同不成立；2. 虽然联发公司之后在黄某林提前签订好的合同上补盖章，但其未将合同送交给黄某林，即便合同成立，根据合同第十四条的约定，黄某林未向联发公司支付押金，合同不生效，联发公司要求黄某林支付租金没有依据；3. 赛格电子城三楼油画城从未开业，联发公司未将讼争房屋交付黄某林使用，联发公司与黄某林签订合同的时候，即联发公司在赛格电子商城招商时，向黄某林承诺招满50家后开业运营，实际招商情况不理想，三楼油画城未开业，黄某林未实际使用讼争房屋；4. 联发公司的部分诉讼请求已经过了诉讼时效，联发公司起诉状载明的时间为2016年12月23日，故2015年8月24日至2015年12月22日的租金已超过一年的诉讼时效。综上，讼争租赁合同不成立也未生效，联发公司未将讼争房屋交付给黄某林使用，联发公司要求黄某林支付租金无依据，且联发公司的部分请求已超过一年的诉讼时效。

庭审中，联发公司确认黄某林未缴纳押金。联发公司提交《租金缴交通知单》《催促函》《欠款明细》《律师函》等证据要用于证明黄某林拖欠讼争房屋自2015年9月1日至2016年5月31日的租金15840元及计至2016年5月31日的违约金121元。双方确认讼争房屋内存放有黄某林的皮雕画，联发公司主张皮雕画系黄某林搬进讼争房屋的，但黄某林主张皮雕画系其应联发公司的招商需要，交给联发公司的工作人员搬进讼争房屋，用于展览的。

【案件焦点】

在合同约定的生效条件未成就的情况下，能否以实际履行行为认定合同已经生效。

【法院裁判要旨】

福建省厦门市湖里区人民法院经审理认为：租赁合同是出租人将租赁物交付承租人使用、收益，承租人支付租金的合同。出租人应当按照约定将租赁物交付承租人，并在租赁期间保持租赁物符合约定的用途。本案中，黄某林否认接收了租赁物，联发公司亦无证据表明将租赁物交付黄某林，双方对于租赁物是否交付的事实存在争议，联发公司应当承担举证责任。《中华人民共和国合同法》规定，当事人对合同的效力可以约定附条件，附生效条件的合同，自条件成就时生效。本案中，联发公司与黄某林签订的租赁合同约定合同在黄某林缴纳押金之日起生效，因黄某林未缴纳押金，双方约定的租赁合同的生效条件尚未成就。联发公司提交的《租金缴交通知单》《催促函》《欠款明细》和《律师函》等证据，均系其单方制作且联发公司无证据表明其已将上述《租金缴交通知单》《催促函》《律师函》等送达给黄某林。虽讼争房屋内存放有黄某林的皮雕画，但综合考虑讼争租赁合同的生效条件尚未成就及联发公司无证据证明其已将讼争房屋交付给黄某林，故采信黄某林关于存放皮雕画的说法。现联发公司不能证明其已将讼争房屋交付黄某林使用及黄某林拖欠租金的事实，故联发公司请求判令黄某林支付拖欠的租金及逾期违约金，没有合同、事实和法律依据，不予支持。依照《中华人民共和国合同法》第二百一十二条、第二百一十六条，《中华人民共和国民事诉讼法》第六十四条第一款之规定，判决如下：驳回联发公司的诉讼请求。

联发公司不服原审判决，向厦门市中级人民法院提起上诉。

福建省厦门市中级人民法院经审理认为：上诉人联发公司与被上诉人黄某林于2015年8月24日签订的《厦门赛格电子市场房屋租赁合同》，系双方当事人的真实意思表示，内容不违反法律、行政法规的效力性强制性规定，应认定为有效合同。虽然合同约定在黄某林缴纳押金之日起生效，黄某林未缴纳押金，但黄某林的部分皮雕画已经搬入讼争房屋，足以认定黄某林已实际占有、使用租赁物，双方已以实际行动变更了《厦门赛格电子市场房屋租赁合同》中“合同自黄某林缴纳押金之日起生效”的约定，本案租赁合同已生效。一审认定合同未生效错误，予以纠正。上诉人联发公司的上诉有理，予以采纳。依照《中华人民共和国合同法》第六十条第一款、第二百一十二条，《中华人民共和国民事诉讼法》第六十四条第一款、第一百七十条第一款第二项规定，判决：

一、撤销福建省厦门市湖里区人民法院（2017）闽0206民初1213号民事判决；

二、黄某林应于本判决生效之日起十日内支付联发公司2015年12月23日至2016年5月31日的房屋租金5444元；如果未按本判决指定的期间履行给付金钱义务，应当依照《中华人民共和国民事诉讼法》第二百五十三条之规定，加倍支付迟延履行期间的债务利息；

三、驳回联发公司的其他诉讼请求。

【法官后语】

所谓租赁合同是出租人将租赁物交付承租人使用、收益，承租人支付租金的合同。租赁合同的内容一般包括租赁物的名称、数量、用途、租赁期限、租金及其支付期限和方式、租赁物维修等条款。本案中，联发公司作为出租方、厦门联发电子广场管理有限公司作业管理方、黄某林作为承租方签订的《厦门赛格电子市场房屋租赁合同》系各方的真实意思表示，自签约时已经依法成立。讼争合同不属于法律、行政法规规定应当办理批准、登记等手续才能生效的类型，原则上自成立时生效。但是在本案中，合同约定了生效条件——“本合同经联发公司、厦门联发电子广场管理有限公司、黄某林三方签章后并在黄某林缴纳押金之日起生效”。依据《中华人民共和国合同法》第四十五条第一款规定：“当事人对合同的效力可以约定附条件。附生效条件的合同，自条件成就时生效……”从查明的事实来看，黄某林未缴纳押金，合同约定的生效条件确未成就。但是，合同约定的生效条件未成就并不一定导致合同不生效，应结合合同目的、合同内容和当事人履行情况进行综合认定。租赁物的转移占有使用是租赁合同订立的主要目的和重要特征。本案中，黄某林的部分皮雕画已经搬入讼争房屋，该事实足以证明黄某林已实际占有、使用租赁物。故而，应认定双方已以实际行动变更了《厦门赛格电子市场房屋租赁合同》中“合同自黄某林缴纳押金之日起生效”的约定，本案租赁合同已生效，黄某林依法应支付相应租金。

编写人：福建省厦门市中级人民法院　许荣锟

2

以票据方式交付的自然人之间的借款合同生效要件认定

——傅某飞诉吴某江、姚某通保证合同案

【案件基本信息】

1. 裁判书字号

浙江省杭州市中级人民法院（2018）浙01民终3168号民事裁定书

2. 案由：保证合同纠纷

3. 当事人

原告（上诉人）：傅某飞

被告（被上诉人）：吴某江、姚某通

【基本案情】

金某鸿与傅某飞有多次借款往来。2013年10月14日，金某鸿向傅某飞出具借条及收条各2份。借条分别载明：金某鸿因经营缺资金向傅某飞借款1280万元、70万元，按月利率2.5%计付利息。担保人对以上借款本息等承担连带保证责任，保证期限至履行还款届满之日起两年。收条分别载明：收到承兑汇票10份、4份，合计金额1280万元、70万元，本人收到贴息款38万元、2万元，附银行承兑汇票复印件，原件本人已收，复印件以本人签字为凭。同日，吴某江在2份借条的担保人一栏内签字。一年后，姚某通在2份借条的担保人一栏内签字，并注明“只担保本金”。金某鸿、吴某江、姚某通至今未归还过2份借条项下的本金及利息。

另查明：借款人金某鸿因涉嫌非法吸收公众存款罪于2016年9月10日被刑事拘留，同年10月14日被逮捕，2017年11月24日被浙江省杭州市萧山区人民法院一审判决认定构成非法吸收公众存款罪，该判决现已生效。公安机关曾将案涉借款列入侦查范围，但最终未将其作为非法集资金额予以认定，刑事判决书中也未将其作为金某鸿的犯罪事实予以认定。

【案件焦点】

回购协议在约定不明时的效力认定。

【法院裁判要旨】

浙江省杭州市萧山区人民法院经审理认为：借款人金某鸿虽被生效判决认定为构成非法吸收公众存款罪，但案涉借款并未被纳入生效刑事判决认定的事实范围之内；从本案借贷法律关系成立及履行情况看，借贷双方意思表示真实，借款关系依法成立。依法成立的民间借贷合同，自款项实际交付借款人或者借款人指定、认可的接收人时生效。

本案的争议焦点即在于案涉借款有无实际交付。

傅某飞为证明借款已经交付，提供了借款人金某鸿签字的收条和承兑汇票复印件。最高人民法院关于审理民间借贷案件的相关司法解释规定，以票据交付的，自借款人依法取得票据权利时生效。在以票据行为取得票据时，只有票据行为有效，持票人才能取得票据权利。以票据行为取得票据包括因出票取得和因票据转让取得，票据转让取得又包括背书转让和直接交付转让。票据行为的有效要件包括票据行为的形式要件、实质要件和签章的真实性。

本案中，从傅某飞提供的证据来看，案涉票据交付采用直接交付方式。在承兑汇票的复印件上签字，实际上起到的也是收条的作用。收条作为证明款项交付的直接证据，一般具有较强的证明力。但是，案涉承兑汇票复印件仅有票据正面，缺少票据背面的背书记载情况，傅某飞取得票据的来源不明，在审理过程中也未给出明确解释，而从傅某飞在本案诉讼后与吴某江的对话录音中可知，金某鸿向傅某飞所借借款中由吴某江提供担保的款项共两笔，一笔1350万元（1280万元、50万元、20万元），另一笔400万元，形成了3份借条，其中1350万元借款的构成与本案借款相吻合。同时，傅某飞在对话中还提到，为了保证担保的有效性，其每隔两年均会要求借款人及担保人重新出具相关借款手续，并以重新在承兑汇票复印件上签名的方式来证明款项已经交付。结合金某鸿在接受该院和公安机关调查时均陈述，吴某江提供担保的1750万元借款系其从2009年开始陆续向傅某飞所借，傅某飞在2013年10月要求其和吴某江重新出具借条及在承兑汇票复印件上签名。该说法与吴某江、姚某通的抗辩及录音资料所示内容可相印证，使得法院有理由相信傅某飞可能只是以上述方式取得款项交付的证据但是并未实际交付款项。由于傅某飞在本案中始终主张本案借款为其与金某鸿之间形成的新的借款关系，与之前的借款行为无关，承兑汇票已经实际完成交付，而双方提供的证据其证明力相当，从而使本案款项交付的事实真伪不明。根据相关法律规定，出借人应当承担证明款项已经交付的举证责任，对为反驳负有举证证明责任一方所主张事实而提供的证据，人民法院经审查并结合相关事实，认为待证事实真伪不明的，应当认定该事实不存在。综上，法院认定案涉款项已经交付的事实不存在，案涉借款合同未生效。保证合同作为借款合同的从合同亦未生效，故吴某江、姚某通作为保证人无须承担保证责任。傅某飞的诉请证据不足，法院不予支持。吴某江经该院传票传唤，无正当理由未到庭参加第二次庭审，浙江省杭州市萧山区人民法院依据查明的事实依法缺席判决。据此，浙江省杭州市萧山区人民法院依照《中华人民共和国合同法》第二百一十条，《最高人民法院关于关于审理民间借贷案件适用法律若干问题的解释》第九条第一款第三项，《中华人民共和国民事诉讼法》第六十四条、第一百四十四条和《最高人民法院关于适用〈中华人民共和国民事诉讼法〉的解释》第九十一条、第一百零八条之规定，作出如下判决：

驳回傅某飞的诉讼请求。

傅某飞不服一审判决，提起上诉。

浙江省杭州市中级人民法院经审理认为：本案争议的焦点问题为案涉借款是否已实际交付。傅某飞上诉称案涉借款已通过交付承兑汇票的方式实际交付，并提供了由借款人金某鸿签字的收条和承兑汇票复印件，法院认为，虽然案涉借条下备注以银行承兑汇票交付，但以票据交付的，应考虑票据行为的有效性及借款人是否依法取得票据权利。但案涉承兑汇票复印件无法显示票据背书记载情况，且傅某飞未对票据来源给出合理说明，在收条不足以证明案涉借款已实际交付的前提下，原审法院结合傅某飞与吴某江的对话录音、金某鸿在接受原审法院和公安机关调查时所做的陈述，认定案涉借款并未实际交付应属合理，傅某飞的上诉理由依据不足，法院不予采纳。综上，傅某飞的上诉请求不能成立，应予驳回；一审判决认定事实清楚，适用法律正确，应予维持。浙江省杭州市中级人民法院依照《中华人民共和国民事诉讼法》第一百七十条第一款第一项之规定，判决：

驳回上诉，维持原判。

【法官后语】

本案审理的重点和难点就是怎样判断案涉承兑汇票有无实际交付。原告傅某飞起诉称其于2012年10月13日以承兑汇票加贴现现金方式，向借款人金某鸿交付借款1350万元，该借款由两被告提供担保，并分别提供了两份借条和收条，由借款人签字认可的14份银行承兑汇票（正面）复印件。两被告则答辩认为，金某鸿只是在银行承兑汇票的复印件上签字，实际并未收到上述汇票。如此操作的目的是根据原告的要求，就金某鸿在两年前向原告所借款项重新出具借条后形成款项交付的凭证，并提供了被告吴某江与原告之间的通话录音。

由于银行承兑汇票作为一种支付和结算工具，具有流通性、有价性、无因性等特点，与现金支付相比，汇票支付可节省交易双方点钞的时间，也可避免点钞出现的差错以及大额现金的提取和携带的安全问题。但由于汇票只能在企业之间流通，自然人不能成为被背书人和背书人，加上并不会因诉讼停止流通，因而加大了审判实践中对票据交付过程真实性审查的难度。《最高人民法院关于审理民间借贷案件适用法律若干问题的规定》第九条第三款规定："具有下列情形之一的，可以视为具备合同法第二百一十条关于自然人之间借款合同的生效要件……（三）以票据交付的，自借款人依法取得票据权利时……"取得票据权利以持有票据为前提，同时还必须具备票据行为的有效要件，即取得票据的形式合法、意思表示真实、签章真实有效。本案中，原告提供的承兑汇票复印件仅有票据正面，缺少票据背面的背书记载情况，票据的来源和背书情况均不明。同时，原告在与吴某江的对话中提到，为了保证担保的有效性，其每隔两年均会要求借款人及担保人重新出具相关借款手续，并以重新在承兑汇票复印件上签名的方式来证明款项已经交付。结合金某鸿在接受法院和公安机关调查时所做的陈述，法院有理由相信傅某飞可能只是以上述方式取得款项交付的证据但是并未实际交付款项，从而认定原告主张案涉借款已经实际交付的证据不足，驳回了原告的诉讼请求。

该案的审理需要法院充分尽到慎重审查的义务，将证明票据合法来源和票据权利已经转移的举证责任分配给原告，由原告来承担事实真伪不明的不利后果，从而避免了一起司法为套路放贷行为合法背书事件的发生。该案的审判思路可以作为类似案件的参考。总结该案的审理过程，我们认为，对以票据方式交付借款的行为审查，由于票据原件仍在持续流通过程中，故应结合借款人的抗辩，着重对票据的来源合法性和背书流转的环节进行审查。首先，审查出借人提供的票据复印件，除借款人签字对票据真实性进行确认外，票据的票面形式还应当完整，包括票据正面内容记载的完整性和背书流转的过程；其次，通过票据背书的记载情况审查出借人取得票据的过程，明确票据权利的转移和取得时间。最后，可以向承兑机构调取票据原件，倒查复印件由记载的最后一手背书人与被背书人的流转交易情况，以查明票据权利有无从出借人向借款人转移的事实。

编写人：浙江省杭州市萧山区人民法院　贾菁菁　施得健

3

无权处分不影响买卖合同的效力

——甘某星诉甘某龙等确认合同无效案

【案件基本信息】

1. 裁判书字号

河南省南阳市中级人民法院（2018）豫13民终6254号民事判决书

2. 案由：确认合同无效纠纷

3. 当事人

原告（上诉人）：甘某星

被告（被上诉人）：甘某龙、冯某、刘某云

【基本案情】

甘某星与甘某龙系兄妹关系，其共有兄妹五人。本案所诉房产原系甘某龙与父亲甘殿臣、母亲史秀珍共有，房产证上登记有三人名字。其父母分别于1992年、1999年去世。2006年12月18日，甘某龙持南阳市宛城区东关街道办事处西拐街居委会出具的证明（证明甘某龙的父母只有子女一人，即本案被告甘某龙）将本案争议房产出售，房屋买卖协议上记载：甘某龙将坐落在南阳市宛城区西拐街环城北关六组的一处房产出售给乙方刘某云、冯某，双方协商成交价格为人民币壹拾伍万伍仟元整（小写155000元）。协议自双方签字之日起生效。双方于当日在河南省南阳市公证处对房地产买卖协议办理了编号为（2006）南市证民字第9293号的公证书。冯某当日向甘某龙支付了全部房款155000元，甘某龙出具了收据，内容为："今收到冯某壹人房钱壹拾伍万五千元整，特此证明。收款人甘某龙。"甘某龙将房屋所有权证交给冯某后在洛阳居住至今。甘某星认为甘某龙瞒着四个妹妹将房子私下卖给冯某及刘某云二人，而冯某与刘某云在明知甘某龙还有四个妹妹的情况下，仍然和甘某龙达成购房协议，属恶意取得。甘某龙私自处理祖上所留房产，且一直欺瞒其他继承人至今，侵犯了其他继承人的合法权益，其与冯某、刘某云所签协议与法相悖，应认定为无效协议。故诉至法院请求认定甘某星、冯某、刘某云于2006年12月18日签订的购房协议无效，涉及本案的房产不予买卖。

【案件焦点】

1. 无效处分的买卖合同效力如何；2.《最高人民法院关于审理买卖合同纠纷案件适用法律问题的解释》第三条中"当事人"的范围如何确定。

【法院裁判要旨】

河南省南阳市宛城区人民法院经审理认为：当事人之间订立有关设立、变更、转让和消灭不动产物权的合同，除法律另有规定或者合同另有约定外，自合同成立时生效；未办理物权登记的，不影响合同效力。本案中，甘某龙与冯某、刘某云签订房屋买卖合同是双方真实意思的表示，双方已按协议付清房款、交付房屋，房屋售价符合当时的市场价格，其行为不违反法律、行政法规的效力性强制性规定，也没有《中华人民共和国合同法》第五十二条规定的合同无效的情形。并且甘某龙在出售房屋时称其父母的继承人仅有自己一人，针对这一说法，西拐街居委会还出具了证明，足以使买受人相信甘某龙属有权处分。因此对甘某星请求认定该房屋买卖合同无效的主张，法院不予支持。

河南省南阳市宛城区人民法院依照《中华人民共和国合同法》第五十二条、《最高人民法院关于审理买卖合同纠纷案件适用法律问题的解释》第三条、《中华人民共和国民事诉讼法》第六十四条之规定，判决：

驳回甘某星的诉讼请求。

甘某星不服一审判决，提起上诉。

河南省南阳市中级人民法院经审理认为：《最高人民法院关于审理买卖合同纠纷案件适用法律问题的解释》是最高人民法院为正确审理买卖合同纠纷案件，根据民法通则、合同法、物权法、民事诉讼法等法律的规定，结合审判实践制定的司法解释，该司法解释对于所有的买卖合同具有普遍适用性。而房屋买卖合同属于买卖合同中的一种，该司法解释同样适用于房屋买卖合同。根据该司法解释第三条第一款的规定，即使出卖人在缔约时对标的物没有所有权或者完全的处分权，但是其同买受人所签订的房屋买卖合同仍然有效，故甘某星以甘某龙无权处分共有财产为由主张合同无效显然不成立。

另外，甘某星上诉主张其并非涉案房屋买卖合同一方当事人，不属于上述司法解释第三条第一款所规定的“当事人一方”，故该司法解释对其主张合同无效不予适用，但上述司法解释并未将“当事人一方”具体限定为合同文本上的当事人，且上述司法解释第三条第一款的重点在于不能以无权处分为由请求认定买卖合同无效，而无论是出卖人还是其他共有人以出卖人无权处分为由主张认定合同无效，其主张无效的理由均是相同的，故甘某星主张一审法院适用上述司法解释第三条第一款的规定对本案房屋买卖合同的效力进行判断属于适用法律错误，其理由并不成立。本案中，甘某星并无证据证明涉案房地产买卖合同存在《中华人民共和国合同法》第五十二条规定的应当认定合同无效的五种法定情形，甘某星主张合同无效缺乏依据，法院不予支持。

河南省南阳市中级人民法院依照《中华人民共和国民事诉讼法》第一百七十条第一款第一项之规定，判决：

驳回上诉，维持原判。

【法官后语】

随着经济的发展和城市的建设，城市拆迁脚步的加快，在买受人已购买房屋多年之后，一旦房屋被确定为拆迁房，经常会有出卖人亲属或房产原共有人以出卖人无权处分为由，将买受人诉至法院，请求确认买卖合同无效。

《中华人民共和国合同法》第五十一条规定：“无处分权的人处分他人财产，经权利人追认或者无处分权的人订立合同后取得处分权的，该合同有效。”原告起诉往往依照该条法律规定，以“无权处分的买卖合同效力待定，权利人以诉讼的方式表明其拒绝对买卖合同进行追认，因此该买卖合同无效”为由，请求法院确认合同无效。买卖合同是社会经济生活中最典型、最普遍、最基本的交易形式，随着社会关系的日益复杂和市场经济的日益繁荣，如果不适当地宣告合同无效，不仅增加交易成本，阻碍经济发展，破坏交易秩序和合理信赖，而且不利于对当事人意志的尊重，也不利于保护买受人的居住权。

《最高人民法院关于审理买卖合同纠纷案件适用法律问题的解释》第三条第一款规定：“当事人一方以出卖人在缔约时对标的物没有所有权或者处分权为由主张合同无效的，人民法院不予支持。”该条规定将负担行为和处分行为予以区分，负担行为即直接发生财产权转移或消灭效果的行为，处分行为即发生债法上给付义务效果的财产行为，负担行为表现为债权行为，处分行为表现为物权行为和准物权行为。出卖他人之物及共有物，效力未定的是处分人履行合同的行为以及履行合同的结果，即无权处分行为，而非合同的效力未定。合同的效力不受处分权有无的影响，而是取决于当事人的意思表示是否真实以及是否满足法定的无效原因。只要签订合同的双方意思表示真实，达成合意，且不具有《中华人民共和国合同法》第五十二条规定的无效情形，合同即为有效。

同时《最高人民法院关于审理买卖合同纠纷案件适用法律问题的解释》第三条中的“当事人”不应仅限于买卖合同的一方当事人，而应包含原财产权利人、其他共有人，这样才符合立法目的。

本案中，甘某龙与冯某、刘某云签订房屋买卖合同是双方真实意思的表示，其行为不违反法律、行政法规的效力性强制性规定，也没有《中华人民共和国合同法》第五十二条规定的合同无效的情形，房屋买卖合同应为有效。

编写人：河南省南阳市宛城区人民法院　白驹

4

他人在借款合同上签字的效力认定

——王某侠诉深圳市天佑云舟物流有限公司等民间借贷合同案

【案件基本信息】

1. 裁判书字号

广东省广州市铁路运输中级法院（2018）粤71民终77号民事判决书

2. 案由：民间借贷合同纠纷

3. 当事人

原告（上诉人）：王某侠

被告（被上诉人）：深圳市天佑云舟物流有限公司（以下简称天佑公司）、黄某红、李某本、侯某勤

【基本案情】

2014年10月21日，案外人广东申通物流有限公司（以下简称申通公司）（甲方）与天佑公司（乙方）签订《专线运输合同》，约定由天佑公司采用公路集装箱运输业务，承运申通公司托运业务，货物起运地点为广州，到达地点为郑州、成都，运输服务模式为门到门口，货物品名为快递货物，合同有限期为2014年10月21日至2015年10月21日。

2014年10月21日，天佑公司（甲方）与王某侠（乙方）签订《协议》，协议载明：根据甲方与广东申通物流有限公司签订的合同，甲方承运广东申通物流有限公司，广州—郑州、广州—成都线托运货物业务，由于甲方资金不足（需垫资车辆运费）需要乙方垫资，经甲、乙双方共同协商达成以下协议："一、承运线路、车辆型号、价格及垫资金额……二、垫资方式及利润分配：乙方每垫资一车运费，不论线路，分得利润为每车人民币玖佰元，45天结算……五、甲方保证乙方资金安全，如因何种原因造成乙方垫资资金无法收回，甲方赔偿乙方一切相关经济损失，

甲方自愿以侯某勤（甲方母亲）名下挂靠在深圳市海天信诚货物运输有限公司的3台17.5米集装箱车作为保证，车牌号分别是粤BL72××、粤BJ91××、粤BL87××……八、协议期限壹年，与甲方和广东申通物流有限公司签订合同期限同步。九、违约责任：任何一方违约，须向守约方支付涉及金额壹倍的违约金。天佑公司与王某侠在协议上签字盖章，李某本、黄某红在协议“担保人”一栏签字捺印。

2016年1月1日，天佑公司的法定代表人李某向王某侠签署欠条，欠条载明“李某欠王某侠垫资申通快递运费458100元，利息从2016年元月1日开始计算（按两分利息计算，利息每月一付）”。

一审庭审过程中，王某侠自认垫资总数为423000元，还款时间从2015年10月13日加45个结算日起算，利率按年利率24%计算。王某侠在诉状中承认天佑公司于2016年2月6日偿还了3万元，3月8日偿还了41400元，共计偿还71400元。

另查明：天佑公司的法定代表人为李某，黄某红为李某之妻，李某本为李某之父，侯某勤为李某本之妻、李某之母。

【案件焦点】

李某本、黄某红应否承担连带保证责任。

【法院裁判要旨】

广东省广州铁路运输第二法院经审理认为：因王某侠与天佑公司之间签订的《协议》是双方当事人的真实意思表示，且不违反法律、法规的强制性规定，协议合法有效，根据《中华人民共和国民法通则》第九十条“合法的借贷关系受法律保护”之规定，王某侠已按合同约定履行了出借资金423000元的义务，天佑公司应在合同约定的有效期届满之日2015年10月21日，再加上45个结算日即2015年12月6日起向王某侠履行偿还本金和利息的义务。

1. 关于侯某勤的责任问题。王某侠主张侯某勤是李某本的妻子，应承担连带责任。依照《最高人民法院关于审理涉及夫妻债务纠纷案件适用法律有关问题的解释》第三条“夫妻一方在婚姻关系存续期间以个人名义超出家庭日常生活需要所负的债务，债权人以属于夫妻共同债务为由主张权利的，人民法院不予支持，但债权人能够证明该债务用于夫妻共同生活、共同生产经营或者基于夫妻双方共同意思表示的除外”的规定，天佑公司非李某本与侯某勤共同生产经营，王某侠亦无证据证明天佑公司的收益用于李某本与侯某勤的共同家庭生活，王某侠要求侯某勤承担连带责任的诉请，缺乏事实依据，不予支持。

2. 关于担保责任。李某本、黄某红在王某侠与天佑公司签订的垫资协议“担保人”一栏签字捺印，各方对担保方式有争议，王某侠认为是保证，李某本、黄某红认为是抵押。一审法院认为，依照《中华人民共和国担保法》第六条“本法所称保证，是指保证人和债权人约定，当债务人不履行债务时，保证人按照约定履行债务或者承担责任的行为”的规定，李某本、黄某红在协议中没有约定当天佑公司不履行债务时为天佑公司履行债务或者承担责任的意思表示，故二人签名不构成保证；依照《中华人民共和国担保法》第三十四条“下列财产可以抵押：（一）抵押人所有的房屋和其他地上定着物；（二）抵押人所有的机器、交通运输工具和其他财产；（三）抵押人依法有权处分的国有的土地使用权、房屋和其他地上定着物；（四）抵押人依法有权处分的国有的机器、交通运输工具和其他财产；（五）抵押人依法承包并经发包方同意抵押的荒山、荒沟、荒丘、荒滩等荒地的土地使用权；（六）依法可以抵押的其他财产。抵押人可以将前款所列财产一并抵押”、第四十一条“当事人以本法第四十二条规定的财产抵押的，应当办理抵押物登记，抵押合同自登记之日起生效”的规定，王某侠与天佑公司签订的《协议》第五条所述“侯某勤（甲方母亲）名下挂靠在深圳市海天信诚货物运输有限公司的3台17.5米集装箱车”并非李某本、黄某红的所有物，且车辆属于《中华人民共和国担保法》规定的应当办理抵押物登记的财产，但王某侠未提供证据证明对上述车辆已办理抵押物登记，依照《最高人民法院关于适用〈中华人民共和国民事诉讼法〉的解释》第九十条“当事人对自己提出的诉讼请求所依据的事实或者反驳对方诉讼请求所依据的事实，应当提供证据加以证明，但法律另有规定的除外。在作出判决前，当事人未能提供证据或者证据不足以证明其事实主张的，由负有举证证明责任的当事人承担不利的后果”的规定，应承担举证不能的后果，故李某本、黄某红的签名亦不构成有效的抵押。综上，李某本、黄某红的签名不符合《中华人民共和国担保法》的相关规定，是无效的担保行为。故王某侠要求李某本、黄某红就其担保行为承担连带责任的诉请，缺乏事实和法律依据，不予支持，对李某本、黄某红的抗辩，予以采纳。

广东省广州铁路运输第二法院依照《中华人民共和国民法通则》第九十条，

《中华人民共和国担保法》第六条、第三十四条、第四十一条，《最高人民法院关于适用〈中华人民共和国合同法〉若干问题的解释（二）》第二十一条，《最高人民法院关于适用〈中华人民共和国民事诉讼法〉的解释》第九十条，《最高人民法院关于审理涉及夫妻债务纠纷案件适用法律有关问题的解释》第三条，《最高人民法院关于审理民间借贷案件适用法律若干问题的规定》第二十六条第一款、第三十条之规定，判决：

一、天佑公司于判决生效之日起十日内，向王某侠支付423000元及利息（以423000元为本金，按年利率24%从2015年12月6日起算至实际清偿日，并扣除已支付利息71400元）；

二、驳回王某侠的其他诉讼请求。

王某侠不服一审判决，提起上诉。

广东省广州铁路运输中级法院经审理认为：本案争议焦点是李某本、黄某红在垫资协议中“担保人”处签字的行为是否构成保证的问题。《最高人民法院关于审理民间借贷案件适用法律若干问题的规定》第二十一条规定：“他人在借据、收据、欠条等债权凭证或者借款合同上签字或者盖章，但未表明其保证人身份或者承担保证责任，或者通过其他事实不能推定其为保证人，出借人请求其承担保证责任的，人民法院不予支持。”该条款包含了“他人在借据、收据、欠条等债权凭证或者借款合同上签字或者盖章，并在其中表明了签字或者盖章人是保证人的，应当对借款承担担保责任”的意思。李某本、黄某红以担保人身份在垫资协议上署名，故负有担保全部债权实现的义务。因其二人均为保证人，但未约定保证份额，根据《中华人民共和国担保法》第十二条“同一债务有两个以上保证人的，保证人应当按照保证合同约定的保证份额，承担保证责任。没有约定保证份额的，保证人承担连带责任……”以及第十九条“当事人对保证方式没有约定或者约定不明确的，按照连带责任保证承担保证责任”的规定，其二人应对涉案债务承担连带责任保证。一审关于其二人不承担保证责任的认定不当，应予以纠正。

广东省广州铁路运输中级法院依照《中华人民共和国民法通则》第九十条，《中华人民共和国担保法》第十二条、第十三条、第十九条、第二十一条，《最高人民法院关于适用〈中华人民共和国合同法〉若干问题的解释（二）》第二十一条，《最高人民法院关于适用〈中华人民共和国民事诉讼法〉的解释》第九十条，

《最高人民法院关于审理涉及夫妻债务纠纷案件适用法律有关问题的解释》第三条，《最高人民法院关于审理民间借贷案件适用法律若干问题的规定》第二十一条、第二十六条第一款、第三十条，《中华人民共和国民事诉讼法》第一百七十条第一款第二项、第一百七十五条规定，判决：

一、维持原广州铁路运输第二法院（2016）粤7102民初105号民事判决第一项；

二、撤销原广州铁路运输第二法院（2016）粤7102民初105号民事判决第二项；

三、李某本、黄某红对天佑公司应向王某侠支付的423000元及利息（以423000元为本金，按年利率24%从2015年12月6日起算至实际清偿日，并扣除已支付利息71400元）承担连带责任；

四、驳回王某侠的其他诉讼请求。

【法官后语】

民间借贷合同中的保证合同，比较常见的形式是由他人在借据、收条等债权凭证或者借款合同上签署保证条款。对上述明确有保证条款的情况，可以判断债权人和保证人在保证人承担保证债务上形成合意。但实务中也存在他人在借据、收据、欠条等债权凭证或者借款合同上签字或者盖章，未约定保证条款的情形。对该情况，能否认定其保证人地位。

《最高人民法院关于审理民间借贷案件适用法律若干问题的规定》第二十一条规定："他人在借据、收据、欠条等债权凭证或者借款合同上签字或者盖章，但未表明其保证人身份或者承担保证责任，或者通过其他事实不能推定其为保证人，出借人请求其承担保证责任的，人民法院不予支持。"该条司法解释包含几个方面内容：（1）仅有他人签名或盖章的，不足以认定保证人身份。他人签名或盖章，除保证人身份外，也可能以见证人或中间人身份来签名或盖章，故仅有他人签名或者盖章的，不足以认定保证人身份，他人不承担保证责任。（2）仅有他人签字或盖章，但表明保证人身份的，该他人应承担保证责任。首先，这是因为《最高人民法院关于适用〈中华人民共和国担保法〉若干问题的解释》第二十二条第二款的明确规定。其次，保证人这一法律术语已经成为人们的生活常识，尤其是在经营性民间借贷的当事人之间较为常见。他们除会以“保证人”的身份签字或者盖章外，还有以“保人”“担保人”等名义签字或者盖章，本案就是以“担保人”的名义签字。(3)仅有他人签字或盖章，未表明保证人身份的，可以结合其他证据认定他人为保证人。该条司法解释的第三层含义是，借款凭证或者借款合同中仅有他人签字或者盖章，未表明保证人身份的，并不必然能够得出他人非保证人并不承担保证责任的结论，即只有在“通过其他事实不能推定其为保证人”的情况下，才能作出他人非为保证人的判断。

编写人：广东省广州铁路运输中级法院　王硕

5

擅自改变土地用途的租赁合同无效

——农某华诉李某勤土地租赁合同案

【案件基本信息】

1. 裁判书字号

广西壮族自治区崇左市中级人民法院（2018）桂14民终557号民事判决书

2. 案由：土地租赁合同纠纷

3. 当事人

原告（被上诉人）：农某华

被告（上诉人）：李某勤

第三人：宁明县城中镇三华社区德华经联社第五生产小组（以下简称德华经联社第五小组）、宁明县城中镇三华社区德华经联社第六生产小组（以下简称德华经联社第六小组）

【基本案情】

2016年11月18日，农某华与李某勤签订《土地承包合同》，农某华将向德华经联社第五小组、德华经联社第六小组租赁所得的水田［“那佞”“那鱼”（地名)]，其中25亩转租给李某勤。李某勤租用土地用于经营儿童乐园和水上乐园。租赁期限10年，租金标准：前五年（2016年12月20日至2021年12月19日）为每亩每年2300元；后五年（2021年12月20日至2026年12月19日）为每亩每年2500元。合同签订后，李某勤交给农某华租金115000元（租金已从2016年12月20日交至2018年12月19日）及押金2万元，同时进行了项目开发。李某勤在建设和经营过程中，在租地上铺设混凝土水泥硬化和搭建铁棚，并开挖土地进行砌砖蓄水。农某华认为李某勤擅自对租赁农田进行地面硬化和开挖蓄水，违反了法律规定，诉至法院请求解除双方签订的《土地承包合同》，并要求李某勤将位于宁明县城中镇三华社区德华经联社桥东约27亩土地恢复原状后返还给农某华；并要求李某勤赔偿损失5000元。

李某勤辩称：第三人将田地租给农某华用于经营农家乐餐饮、休闲旅游服务及相关配套的基础设施建设违反相关法律规定，为无效合同；农某华持与第三人的无效合同及与其签订的《土地承包合同》也是无效的，应当驳回原告的诉讼请求。

另查明：李某勤租用的土地为水田耕作区域。李某勤在未办理任何用地手续的情况下，占用耕地（水田）（也即农某华转租给李某勤的土地处）建设欢乐园项目，违反法律相关规定，经宁明县国土资源局决定已进行非立案整改处理，并于2018年3月6日对李某勤下达《限期整改通知书》，2018年5月24日，李某勤配合宁明县国土资源局执法大队对地上的建筑物及土地硬化部分均全部拆除。

【案件焦点】

1. 如何确认变更土地性质的租赁合同效力问题；2. 租赁合同被确认无效后的处理问题。

【法院裁判要旨】

广西壮族自治区宁明县人民法院经审理认为：农某华将承租用的土地转租给李某勤用于建儿童乐园和水上乐园，改变了土地的农业用途，违反了法律规定。农某华与李某勤双方签订的合同，将租用土地用于非农业建设经营儿童乐园和水上乐园时未办理农用地转用审批手续，故农某华与李某勤双方签订的合同违反法律禁止性规定，应认定为无效合同。双方租赁的土地为水田区域，且双方明知所租赁土地的目的为建儿童乐园。据此，双方均有过错，应当各自承担相应的责任。因李某勤已实际使用了土地，租金作为租赁期间出租人不能使用土地的损失，实际使用土地应计至2018年5月24日，计17个月，租金损失计81458元。余下的租金即33542元（115000－81458元）及押金2万元应退还李某勤。对于农某华另主张李某勤赔偿损失5000元，因未提供相关证据证实，不予支持。

广西壮族自治区宁明县人民法院依照《中华人民共和国合同法》第五十二条第一款第五项、第五十六条、第五十八条，《中华人民共和国土地管理法》第十二条、第三十六条、第四十四条规定，判决：

一、农某华与李某勤于2016年11月18日签订的《土地承包合同》无效；

二、李某勤于本案判决生效后三十日内将承租位于宁明县城中镇桥东［即"那佞""那鱼"（地名）］的25亩土地地面上的水泥块清理后返还给农某华；

三、农某华于本案判决生效后三十日内将租金33542元及押金2万元退还给李某勤；

四、驳回农某华的其他诉讼请求。

李某勤不服一审判决，提起上诉。广西壮族自治区崇左市中级人民法院经审理认为：一审判决认定事实清楚，适用法律正确，应予维持。

广西壮族自治区崇左市中级人民法院依照《中华人民共和国民事诉讼法》第一百七十条第一款第一项之规定，判决：

驳回上诉，维持原判。

【法官后语】

合法有效的合同，内容上不能违反法律、行政法规的强制性规定。《中华人民共和国土地管理法》第十二条①规定："依法改变土地权属和用途的，应当办理土地变更登记手续。"第四十四条第一款规定："建设占用土地，涉及农用地转为建设用地的，应当办理农用地转用审批手续。"土地流转应当遵守法律、法规，保护土地资源的合理开发和可持续利用。未经依法批准不得将农用地用于非农建设。

土地租赁合同被确认无效后的处理问题。租赁合同被确认无效后，必然涉及双方的权益问题，涉及租赁物、租金及损失等问题。合同无效后的处理问题也是解决

---

① 指裁判时适用的2004年《中华人民共和国土地管理法》。2019年第三次修正《中华人民共和国土地管理法》，将原第十一条、第十二条、第十三条合并，作为第十二条。

此类案件的关键，可避免累诉。无效的合同自始没有法律约束力，合同无效后，因该合同取得的财产，应当予以返还，不能返还或者没有必要返还的，应当折价补偿。有过错的一方应当赔偿对方因此受到的损失，双方都有过错的，应当各自承担相应的责任。本案中，原、被告双方都有过错，应当各自承担相应的责任。李某勤应将因合同取得的土地返还给农某华，而农某华也应将押金返还李某勤。考虑到李某勤已实际使用了土地，租金作为租赁期间出租人不能使用土地的损失，依照双方合同约定的租金计算出租人的损失。

编写人：广西壮族自治区宁明县人民法院　农彦兰

二、合同变更、转让和解除

6

预付式服务合同的法律认定及单方解除权

——李某诉北京逸丝风尚袁群群美容美发设计室服务合同案

【案件基本信息】

1. 裁判书字号

北京市第三中级人民法院（2018）京03民终3178号民事判决书

2. 案由：服务合同纠纷

3. 当事人

原告（上诉人）：李某

被告（被上诉人）：北京逸丝风尚袁群群美容美发设计室（以下简称逸丝风尚设计室）

【基本案情】

2016年9月，李某到逸丝风尚设计室做身体护理，其间工作人员向李某推荐一种叫“巨邦”的保健药物，并在护理中使用了该产品，工作人员称该产品配合按摩手法，经过10次治疗会达到最佳治疗效果。李某于当日分四次刷卡支付12万元，并在“巨邦”会员的单据上签字。此后，在工作人员的多次推销下及劝说下，李某又分别于2016年9月16日、9月17日、9月25日在该美容美发设计室刷卡支付16000元、6万元、98000元用于其他疗程，累计花费294000元，共包含菲洛1号系列套盒、菲洛3号系列套盒、菲洛9号系列套盒各1套，购买菲洛10号系列套盒

2套，每套按照疗程分10组使用。其间，李某曾6次到该美容美发设计室接受按摩等治疗。后李某以逸丝风尚设计室存在强迫消费、宣传误导、价格不合理为由，要求逸丝风尚设计室退费。逸丝风尚设计室称其销售价格为统一售价，李某长期多次在该美容美发设计室消费，不存在被误导情形，拒绝退还剩余金额。

双方无法达成一致意见，李某起诉至法院，要求逸丝风尚设计室返还购买医疗保健用品及相关服务的金额294000元。

【案件焦点】

1. 双方之间的合同性质如何认定；2. 李某是否有权单方解除合同并要求退还已付金额。

【法院裁判要旨】

北京市朝阳区人民法院经审理认为：根据逸丝风尚设计室提交的证据，涉案商品有检验报告、生产日期、厂名厂址、保质期。李某自2012年起即在逸丝风尚设计室多次消费，其购买涉案商品前即知晓该商品价格，亦非一次性购买，有充足的考虑时间，购买后多次使用，故其主张强迫交易及价格不合理，缺乏依据。北京市朝阳区人民法院判决：

驳回李某的全部诉讼请求。

李某不服一审判决，提起上诉。

北京市第三中级人民法院经审理认为：从法律关系来看，逸丝风尚设计室一审中提交的客户档案及所附客户跟踪表所载内容包含身体状况、专家建议、护理效果及反馈等，并无产品购买内容。买卖合同是出卖人转移标的物的所有权于买受人、买受人支付价款的合同，一审中，逸丝风尚设计室认可产品放在逸丝风尚设计室，李某每次到店使用，李某称没有告知产品情况，不知道每次使用的是什么，也没有看过产品，故现无证据证明双方存在标的物的实际交付行为。对于李某支付的价款，虽然逸丝风尚设计室在一审中提交了价格表拟证明系购买产品金额，但综合考虑双方所陈述的李某到店消费情况，该价格表所载套盒价格中应包含了相当部分的服务内容。因此，本案更符合服务合同法律关系的特征，李某与逸丝风尚设计室之间构成由李某预付款项并接受服务、逸丝风尚设计室提供服务的服务合同关系。

逸丝风尚设计室按次为李某提供服务，对于服务合同的履行时间和期限均无明确约定，且双方合同的履行需要李某同意并接受服务，具有人身专属性。现李某明确表示不再继续接受服务，本案合同关系事实上已经不能继续履行，李某要求退还支付款项具有合理性，但其已经认可消费的部分应予扣除。李某虽对逸丝风尚设计室提交的价格表不予认可，但未对其所消费部分对应的价格举证证明。另外，价格表所列明套盒价格中包含了相当部分的服务内容，故依据该价格表计算李某所接受服务的价格具有合理性。二审庭审中，双方一致认可李某各套盒的使用量，经核算，李某已消费金额共计 106600 元，逸丝风尚设计室应将剩余款项 187400 元予以退还。北京市第三中级人民法院判决：

一、撤销北京市朝阳区人民法院（2016）京 0105 民初 64109 号民事判决；

二、逸丝风尚设计室于本判决生效之日起七日内退还李某 187400 元；

三、驳回李某的其他诉讼请求。

【法官后语】

《中华人民共和国消费者权益保护法》（以下简称《消费者权益保护法》）将消费界定为购买使用商品和接受服务，将商品与服务两个概念区分开，但在现实中存在商品与服务混同的情形，可能造成在法律性质上买卖合同与服务合同的混淆。《中华人民共和国合同法》（以下简称《合同法》）第一百三十条定义买卖合同为出卖人转移标的物的所有权于买受人，买受人支付价款的合同。买卖合同以转移标的物所有权为目的，这是买卖合同与服务合同等相区别的本质特征。在一些法律关系中，商品本身涵盖在服务过程中，商品是为服务提供手段或条件，服务者为了完成服务使用商品，其本质仍为服务合同关系。

对于本案存在的买卖合同关系与服务合同关系的争议问题，从合同内容、合同目的、支付价款三个方面进行判断。若合同包含了商品和服务双重内容，但不以商品所有权转移为主要目的，消费者支付价款相对于商品对价而言可能存在畸高等缺乏合理性依据，考虑到商品与服务在消费中的紧密性，能够认定支付价款大部分系服务对价，则合同性质应认定为服务合同而非买卖合同。

一般合同的法定解除权体现在《合同法》第九十四条，在此基础上，《合同法》第二百六十八条、第三百七十六条、第四百一十条分别规定了承揽合同、保管合同、委托合同特有的任意解除权。对于服务合同，《合同法》未做专门规定，在服务者无过错的情形下，消费者单方解除服务合同的行为本身违背了双方合同约定，但考虑到服务合同的特殊性，第一，在服务合同中，服务者有提供服务的义务，消费者有支付价款的金钱给付义务，也有配合接受服务的非金钱义务。服务合同具有协作性及人身专属性，在消费者一方明确表示不再接受服务的情形下，提供服务一方无法继续完成服务并强迫消费者接受，服务合同事实上已经不能履行，应允许消费者单方解除合同。第二，在持续性的服务过程中，受服务提供者或消费者因素的影响，造成服务内容、质量存在差异，或服务效果无法达到预期时，消费者的合同目的无法实现，应赋予其自主选择合同是否继续履行的权利。

预付式消费具有一次付款、分次履行、合同的完全履行具有时延性的特点，本案中，消费者以预存一定金额的方式消费，符合预付式消费的特征。在服务类合同中，《中华人民共和国旅游法》第六十五条及《最高人民法院关于审理旅游纠纷案件适用法律若干问题的规定》第十二条明确了旅游者在旅游过程中单方解除旅游服务合同的法律后果，该规定对于预付式的服务合同具有参考意义。在预付式服务合同中，往往会有“不予退款”的相关条款，该类条款排除或限制了消费者的权利，免除了经营者自身应当承担的义务，根据《合同法》第四十条及《消费者权益保护法》第二十六条规定进行判断，应属无效。结合预付式消费及服务合同的特点，预付式服务合同解除后，预付款项中扣除已消费部分的余款应予退回，同时保留非违约一方要求赔偿损失的权利。

编写人：北京市第三中级人民法院　程磊　武菁

7

承揽合同中定作人仍然有权行使法定解除权

——舍尔特中加（天津）钢木结构工程有限公司诉北京大地溪客露营建筑科技有限公司承揽合同案

【案件基本信息】

1. 裁判书字号

北京市第三中级人民法院（2018）京03民终15087号民事判决书

2. 案由：承揽合同纠纷

3. 当事人

原告（反诉被告、被上诉人）：舍尔特中加（天津）钢木结构工程有限公司（以下简称舍尔特公司）

被告（反诉原告、上诉人）：北京大地溪客露营建筑科技有限公司（以下简称大地溪客公司）

【基本案情】

2017年2月27日，舍尔特公司（乙方）与大地溪客公司（甲方）签订《定作加工合同》，约定："合同单价已经包含了乙方依法应当承担的全部材料费、制作费、包装费、税费等所有相关费用。合同总价款为8万元，甲方在签订本合同后3日内，按合同总价款的20%向乙方支付定金，即为16000元，在乙方按照合同约定事项合格交付定作物后，定作物在甲方提货前，甲方向乙方支付合同总价款的75%，即6万元；余留合同总价的5%作为质保金，即为4000元，在定作物质保期满且无质量问题后结算支付。定作物的设计由甲方负责，乙方应指派专人与甲方对接设计施工事项。甲方应于本合同签订后的7日内向乙方交付定作物设计文件。乙方按照合同约定的时间在乙方工厂内进行验收，并经甲方验收确认合格后，方为合格交货。交货时间为收到预付款并且技术设计文件经双方签字确认后40天。运输由甲方自费提货，乙方不负责运输和安装。交货迟延，每迟延一日，乙方应按合同总价款的万分之五向甲方承担违约责任，迟延交货达到3日的，甲方有权解除本合同，乙方应当按合同总价款的20%向甲方承担违约责任，因甲方物资未到货原因、甲方未确定技术原因除外。逾期付款的，每延期一天应当支付合同价款的3‰违约金，最高不超过合同价款的5%。"

2017年3月2日，大地溪客公司向舍尔特公司支付16000元。

2017年3月初至2017年5月23日，大地溪客公司与舍尔特公司就涉案标的物样式、插座安装位置、门窗颜色、上水管尺寸、换气扇外观等问题通过邮件、微信等方式进行沟通。

另查明：2017年3月30日，舍尔特公司向大地溪客公司发送邮件，提出需要增加费用。同日，大地溪客公司通过邮件回复费用同意追加1万元，余下的6550

元由舍尔特公司承担。2017 年 5 月 16 日，舍尔特公司将增加 1 万元费用的补充协议通过邮件发送给大地溪客公司。

又查明：舍尔特公司称其在 2017 年 5 月底完成涉案标的物的生产制作工作，但大地溪客公司因为不再需要涉案标的物，所以不同意提货。现涉案标的物存放于舍尔特公司的住所地，即天津市武清区大孟庄镇京津公路 258 号。大地溪客公司称因舍尔特公司在合同约定的 2017 年 4 月 25 日未能交货，故大地溪客公司不同意继续履行合同，并主张解除合同。另，大地溪客公司在本案诉讼之前未向舍尔特公司发出过解除合同通知。

【案件焦点】

承揽合同中定作人的解除权问题。

【法院裁判要旨】

北京市朝阳区人民法院经审理认为：根据双方之间的邮件往来，能够看出双方已就合同价款增加 1 万元达成合意，故本案所涉标的物的总价款应为 9 万元。大地溪客公司在 2017 年 5 月仍然通过微信或电子邮件的形式对涉案标的物的样式等问题进行调整，故其主张舍尔特公司未能在 2017 年 4 月 25 日交货属根本违约的反诉理由不能成立。虽然合同法赋予了定作人享有随时解除合同的权利，但该任意解除权并非毫无限制，定作人应在合同有效期内提出解除合同，因为定作人解除合同的目的是在于使承揽人的工作终止，使其不再继续进行，避免资源浪费。本案中，大地溪客公司在本案诉讼前未发出过解除合同的通知，现舍尔特公司已经完成加工承揽工作，大地溪客公司此时已不宜再享有任意解除权，故法院对大地溪客公司解除合同的反诉请求不予支持。承揽人完成工作的，应当向定作人交付工作成果，鉴于合同中约定的交货地点为舍尔特公司的加工厂内且舍尔特公司不负责运输和安装，故大地溪客公司应当自行将涉案标的物提走。北京市朝阳区人民法院依照《中华人民共和国合同法》第六十条、第一百一十四条、第二百五十一条、第二百六十三条之规定，判决：

一、大地溪客公司于判决生效后十日内给付舍尔特公司货款 7 万元；

二、大地溪客公司于判决生效后十日内自行从舍尔特公司处提走旅游环保厕所一个；

三、驳回大地溪客公司的反诉请求。

大地溪客公司不服一审判决，提起上诉。

北京市第三中级人民法院经审理认为：大地溪客公司在一审中明确表示其要求解除合同的原因系舍尔特公司迟延交付定作物，故其行使的并非定作人的任意解除权而应认定为法定解除权。在此基础上，应当进一步分析大地溪客公司行使法定解除权是否符合法定条件。首先，根据合同第七条第二款的约定，交货时间为收到预付款并且技术设计文件经双方签字确认后40天，从双方之间的微信记录、电子邮件等内容可以认定从2017年3月至5月，双方对于定作物的设计一直进行磋商并调整，且根据现有证据，大地溪客公司并未对舍尔特公司的履行期限提出过异议，故大地溪客公司主张合同履行期限截至2017年4月25日缺乏事实及合同依据，故其行使法定解除权缺乏事实及法律依据。其次，从双方之间的微信记录、电子邮件等内容可以认定，舍尔特公司迟至2017年5月下旬，已经完成了定作物的大部分生产任务，且本案系定作合同纠纷，定作物系根据大地溪客公司的要求制作，具有高度的特定性，故从常理推断，舍尔特公司在完成承揽任务后没有理由不通知大地溪客公司进行验收交货从而获取合同价款。最后，根据本案现有证据，大地溪客公司并未在合理期限内要求舍尔特公司交付定作物，亦未据此行使合同解除权，而仅在舍尔特公司提起本诉后反诉要求解除合同。综合以上因素，法院有理由相信系大地溪客公司怠于履行合同义务导致合同未能完全履行，且因距离合同约定的验收交货时间时隔已远，故其在本案中不宜再行主张验收并以定作物不合格为由拒付或少付合同价款，一审判决要求其支付合同价款并提走定作物并无不当。北京市第三中级人民法院依照《中华人民共和国民事诉讼法》第一百七十条第一款第一项之规定，判决：

驳回上诉，维持原判。

【法官后语】

对于承揽合同中的定作人而言，其既可以依据《中华人民共和国合同法》总则中关于法定解除权的规定行使法定解除权，也可以基于分则承揽合同中关于任意解除权的规定行使任意解除权，故在审判实践中应当根据其行使合同解除权的具体情形进行判断，不能将定作人行使的合同解除权一概定性为任意解除权，否则将以偏概全，损害当事人的合法权益。

关于两种合同解除权的区别。两种合同解除权至少存在以下四点区别：一是合同性质不同。在没有特别约定的情况下，只有法律明确规定的有名合同的当事人才享有任意解除权（承揽合同、委托合同），而法定解除权则适用于所有合同类型，且当事人无须特别约定。二是行使主体不同。在承揽合同中，任意解除权系单方权利，仅属于定作人，承揽人无此权利；而法定解除权属于各方当事人均可享有，任何一方当事人都有权依据法律规定行使法定解除权。三是适用条件不同。承揽合同主要取决于定作人的意愿，合同内容具有高度的特定性，故任意解除权的行使没有严格的条件约束，只要合同有效定作人即可行使；而法定解除权除合同必须有效外，还必须符合《中华人民共和国合同法》第九十四条规定的五种情形之一。四是法律后果不同。承揽合同中定作人在行使法定解除权后，为了平衡承揽人的利益，必须对承揽人的损失予以赔偿；而法定解除权系对于非违约方的保护，故非违约方在行使法定解除权后，不仅无须支付对价，还有权基于对方的违约行为要求违约方赔偿相应损失。因此，定作人行使何种合同解除权取决于当事人的诉讼策略，依据不同的合同解除权主张权利，其法律要件不同，造成的法律后果也有显著差别。在本案中，通过分析大地溪客公司的反诉请求以及相应的诉讼主张及答辩意见，可以认定大地溪客公司所主张行使的合同解除权系法定解除权，而非定作人的任意解除权。

鉴于本案已经可以认定大地溪客公司作为定作人行使的系法定解除权而非任意解除权，那么就应当根据法定解除权的构成要件来分析其请求权能否成立。现双方对于合同履行情况各执一词，但又均未提供充分的证据予以佐证，这就需要法官通过证据规则并结合社会常理判定个案结论，对此判决理由部分也已经详述。通常情况下，在承揽合同中的定作物系根据定作人的要求制作，具有高度的特定性，对于其他人而言往往并无太大价值，故一般而言，承揽人在完成承揽任务后没有理由不通知定作人进行验收交货从而获取合同价款，除非有相反的证据可以证明。

编写人：北京市第三中级人民法院 曹炜

8

合同目的无法实现，违约方主张解除合同可以支持

——冯某飞诉王某华房屋租赁合同案

【案件基本信息】

1. 裁判书字号

天津市第一中级人民法院（2018）津01民终6261号民事判决书

2. 案由：房屋租赁合同纠纷

3. 当事人

原告（被上诉人）：冯某飞

被告（上诉人）：王某华

第三人：天津市和平区南营门房管站

【基本案情】

2018年3月12日，原告冯某飞与被告王某华签订房屋租赁合同，约定原告租赁被告承租第三人管理的公有住房一套，用途为餐饮服务，租期自2018年3月15日至2020年3月14日，月租金3600元，押金4000元。双方合同约定，任何一方不得擅自提前终止合同，否则视为违约，守约方有权单方解除租赁合同或要求违约方继续履行本合同，并有权要求违约方支付一个月租金作为违约金。原告如约支付三个月租金及押金共14800元。2018年3月29日，天津市和平区南营门街市场和质量监督管理所出具通知，对原告提交的天津市和平区冯氏快餐店不予登记，理由为违反《天津市市场主体住所经营场所登记管理暂行办法》有关“违反房屋安全使用管理规定和房屋租赁管理规定，擅自改为生产、餐饮等的住宅楼房中的部分住宅房屋不得登记为住所（经营场所）”的规定。2018年4月4日，原告以EMS快递的形式将解除函、钥匙和电卡等退还被告，被告于2018年4月6日签收。

2018年4月4日，原告以被告承诺租赁房屋能办理营业执照而不能办理，无法

经营餐饮服务，合同目的不能实现为由，向法院起诉要求：1. 确认原、被告签订的《房屋租赁合同》自2018年4月1日解除；2. 判令被告返还原告房屋租金及押金14800元（3600元/月×3个月+押金4000元）；3. 判令被告支付原告违约金3600元。

原告主张被告承诺房屋可以办理工商登记，但未能加以证明。

【案件焦点】

1. 导致合同目的不能实现的违约责任的认定问题；2. 解除合同的正当性问题。

【法院裁判要旨】

天津市和平区人民法院经审理认为：原告在租赁房屋时知晓涉案房屋为住宅，原告应对房屋是否符合经营条件进行合理考察和审慎决定。出租人应在租赁期间保持租赁物符合约定用途的义务，是指应保证租赁物具备应有的使用价值，而非保证可进行经营登记。原告不能证明被告保证能办理营业执照，合同目的不能实现的责任不在被告，属原告违约。

租赁合同属于继续性合同，原告确实不再使用涉案房屋，势必造成资源的浪费。为充分发挥物的价值，减少财产浪费，维持社会经济秩序和法律关系现状稳定，遵照民法的公平原则，准许原告解除合同的请求，被告于2018年4月6日收到涉案房屋的钥匙及《解除通知函》，法院确认租赁合同于该日解除。

2018年4月6日，被告已经收到解除函及房屋钥匙，在合同解除后，被告应及时收回房屋以减少损失，被告拒不接收房屋，属于扩大损失，无权就扩大的部分收取租金。综合考虑另行出租房屋的合理闲置时间，酌定被告返还半个月租金1800元。

天津市和平区人民法院依照《中华人民共和国合同法》第九十四条、第一百零九条、第一百一十三条、第二百一十六条，《最高人民法院关于适用〈中华人民共和国民事诉讼法〉的解释》第九十条、第九十一条的规定，判决：

一、确认王某华与冯某飞所签房屋租赁合同于2018年4月6日解除；

二、本判决生效之日起十日内，王某华返还冯某飞租金1800元及押金4000元；

三、驳回冯某飞的其他诉讼请求。

王某华不服一审判决，提起上诉。天津市第一中级人民法院经审理认为：冯某飞作为违约方，虽不能行使法定解除权，但鉴于其不再使用涉案房屋的意思表示以及涉案房屋无法办理营业执照的现实情况，强制继续履行合同既违背自愿原则，又无法实现合同目的，而且成本过高，故强制履行合同并非理性之选择。一审法院为平衡双方当事人的利益，并基于效率原则的考虑，确认被上诉人单方解除合同的效力并无不妥，予以确认。天津市第一中级人民法院判决：

驳回上诉，维持原判。

【法官后语】

解除权是为保护非违约方利益，这一制度设计的预设前提是合同目的能够实现，且解除权人能够理性做出最优利益选择。现实中存在因合同目的无法实现而出现的违约，非违约方又不愿行使解除权，合同陷入僵局，标的物被闲置，造成社会资源浪费。

允许违约方解除合同具有合理性：1. 符合合同的价值追求。双方基于各自的利益追求，经平等协商达成合意，在充分履行后实现各自利益，当履行合同不能实现合同价值时，为尽快结束合同的不确定状态，减少双方消耗，应当放开合同约束，这是实现合同价值过程中的必要补救措施。2. 符合公平原则。在违约方能够承担赔偿责任以弥补守约方损失的情况下，不解除合同可能会进一步扩大损失，有违公平原则，应留出依据公平原则对利益实现失衡状况进行再平衡的空间。3. 继续履行合同可能效果不佳。在双方对合同存续产生分歧时，互信程度降低，要求违约方继续履约，效果可能大打折扣。4. 具有规范解释空间。《中华人民共和国合同法》第一百一十条“但书”条款规定了不适用继续履行的情形，不继续履行对应的法律关系状态即合同解除，该规定为违约方解除合同留有余地。即便不属于第一百一十条的适用情形，也可在符合必要条件的基础上，直接适用公平原则予以解除。

本案中，冯某飞承租案涉房屋是为经营餐饮服务，这是讼争合同的主要合同目的，因案涉房屋不能办理营业执照，无法正常经营，所以合同目的不能实现。王某华希望继续履行而冯某飞意欲解除，如合同继续履行，可能会有如下两种结果：一是房屋空置，冯某飞拒绝支付后续房租，王某华连续起诉索要各期租金，房屋闲置，双方诉累；二是冯某飞在租期内将房屋转租，王某华不同意则不能转租，即便同意出租，转租往往较直接出租交易机会较少，租金也会较低，会有两个合同关系和三方主体，履约中出现的问题比较复杂，产生纠纷的概率也会增加，远不如解约后由王某华再行出租简便、高效。因此，如继续履行合同，冯某飞将承担较多的经济损失，而王某华仍可依约收取租金，但因双方的纠纷其利益实现成本会增加。根据现有的市场状况，解除合同后再行出租，仍能获得大体相同的租金收益。在冯某飞对重新出租期间损失等予以充分赔偿的情况下，仍要求冯某飞继续承租，双方履行利益将严重不平衡。从公平原则出发，对这一不平衡的状况予以再平衡是恰当的。

虽然允许违约方解除合同，但属合同严守原则的例外，只有具有足够充分且正当的理由才能适用，需要同时满足如下条件：

1. 合同目的无法实现。这是允许合同解除的价值基础，合同失去存在的功能性，继续要求履行会造成社会资源浪费。

2. 合同继续履行将使双方利益严重失衡。双方利益对比具有基于公平原则调整的必要性。违约方不能存在为获取更大利益而违约的投机性。

3. 非违约方利益能够通过损害赔偿补足。因一方违约在先，必须在保证非违约方利益补偿的基础上才能解除。

编写人：天津市和平区人民法院　殷红方　贾丽娜

9

委托理财合同限制任意解除权的条款无效

——胡某佳诉梁某立、梁某超委托理财合同案

【案件基本信息】

1. 裁判书字号

福建省厦门市中级人民法院（2018）闽02民终1987号民事判决书

2. 案由：委托理财合同纠纷

3. 当事人

原告（被上诉人）：胡某佳

被告（上诉人）：梁某立

被告：梁某超

【基本案情】

胡某佳与梁某立通过梁某超的介绍认识，胡某佳曾接受梁某立的委托，对梁某立提供的梁某杰的股票账户进行操作，并获得盈利，双方对已实现的利润进行了分配。

2016年6月28日，胡某佳（乙方）与梁某立（甲方）签订一份《合作协议》，约定梁某立委托胡某佳对其提供的账户及资产提供投资顾问服务，委托期限自2017年6月28日至2018年6月27日；协议存续期间，在未发生乙方违约的情况下，甲方禁止销户、撤离资金，否则视同违约；在协议运行期间，因任何一方的原因需要提前终止本次协议，责任方需要缴纳委托资产本金的5%作为违约金；乙方保证以最优秀的团队为甲方提供服务等。该合同还约定了盈亏分配方法。胡某佳指定了一个关联账户作为准备金账户，合同中约定了准备金的担保范围，但没有约定准备金的金额及是否必须支付准备金。同日，梁某立将其子梁某杰的股票账户交付给胡某佳管理。审理中，胡某佳与梁某立均确认交付时账户资产足够500万元。

上述协议签订后，胡某佳自2017年7月4日起停止对该账户的操作。2017年9月12日，胡某佳发现梁某立修改了账户密码。在双方沟通过程中，梁某立提出先提供一个50万元至100万元的账户让胡某佳操作，胡某佳表示不同意，梁某立也拒绝将账户交还给胡某佳操作。胡某佳遂诉至法院。

另查明：2017年6月底至9月中旬，股票大盘总体上行。在本案审理过程中，梁某杰到庭表示案涉的股票账户是其应梁某立的要求开立的，该账户一直由梁某立实际控制，其对梁某立将该账户委托他人操作没有异议。

【案件焦点】

双方签订的《合作协议》中关于“禁止销户、撤资等解除合同的行为”的条款排除了《中华人民共和国合同法》规定的任意解除权，是否有效。

【法院裁判要旨】

福建省厦门市思明区人民法院经审理认为：胡某佳与梁某立签订的《合作协议》，是双方当事人的真实意思表示，内容不违反法律、行政法规的强制性规定，是合法有效的合同，对双方当事人均具有约束力。梁某立关于讼争合同无效的抗辩意见，法院不予采纳。因证券投资具有较高的风险，投资决策和投资方向也具有很强的主观性，故不能因为胡某佳在一段时间内未对委托账户进行操作就认为其已经构成违约。故梁某立在合同约定期间，单方修改账户密码，导致胡某佳无法对账户进行操作，梁某立的行为已实际解除了讼争协议，并构成违约，应当承担赔偿违约金的法律责任。委托理财合同是建立在当事人之间互相信任的基础上缔结的合同，目前梁某立已明确表达对胡某佳丧失信任基础，也以其实际行为解除了委托关系，依据《中华人民共和国合同法》第四百一十条“委托人或者受托人可以随时解除委托合同……”之规定，因此，胡某佳要求继续履行合同的诉讼请求，法院不予支持。

福建省厦门市思明区法院判决：

一、被告梁某立应于本判决生效之日十日内支付给原告胡某佳违约金25万元；

二、驳回原告胡某佳的其他诉讼请求。

宣判后，被告梁某立提起上诉。福建省厦门市中级人民法院同意一审法院裁判意见，判决：

驳回上诉，维持原判。

【法官后语】

近年来，金融创新产品不断涌现，公民理财热情亦随之高涨，委托理财合同纠纷呈现逐年递增的趋势，其中委托理财合同中关于任意解除权排除的约定引起较大的争议。

第一种观点认为，法无禁止即自由，《中华人民共和国合同法》第四百一十条调整的是私权利范畴，不属于强制性的法律规定，解除权的行使是当事人的权利，当事人可以通过约定排除这种单方解除权，双方的约定系当事人意思自治，对双方均具有约束力。第二种观点认为，委托合同是具有身份属性的特殊合同，以合同双方之间的信任为基础，《中华人民共和国合同法》第四百一十条并未增设排外条款

“当事人另有约定除外”，因此任意解除权属于法定解除权，不得约定排除，本案约定排除条款无效。第三种观点认为，委托合同应当区分民事合同和商事合同，民事合同是基于特殊的信赖关系而建立的委托关系，一旦信任基础丧失，则应当享有解除权；如果是商事合同，双方另有一种对等合作关系在其中，则不可轻易解除，应当维护委托合同的稳定性。

我们认为本案采用第二种观点更为合理，理由主要是：

第一，委托合同具有人身属性。委托合同不同于其他类型合同，是具有一定身份属性的特殊合同，其基础是委托人与受托人之间的相互信任，限制或排除任意解除权的约定违反了委托合同的根本属性。本案系关于证券投资的委托理财合同，本身具有较高的专业性和风险性，投资决策和投资方向也具有很强的主观性，原告系基于对被告专业的认可和信任才委托其对其私人账户进行操作，一旦当事人之间的信任丧失，委托理财的基础不复存在，合同的双方可以随时解除委托合同。

第二，任意解除权不以违约为前提。一般合同不能随意解除是为了维护交易的稳定性，其解除的前提是发生违约行为。但因委托合同的人身属性，双方没有违约行为，即不以违约为前提，应当允许委托合同双方在信任关系发生动摇时有权撤销或辞任委托。本案被委托人胡某佳虽存在一段时间没有操作账户，但不能认定其有违约的情况，但是双方委托理财的信赖基础已破坏，应当允许委托人解除合同，委托人解除合同的行为已构成违约，应当依据合同约定承担违约责任，被委托人获得相应的赔偿，才具有更加现实的意义。

第三，合同标的不具有强制履行性。《中华人民共和国合同法》第一百一十条规定“当事人一方不履行非金钱债务或者履行非金钱债务不符合约定的，对方可以要求履行，但有下列情形之一的除外：（一）法律上或者事实上不能履行；（二）债务的标的不适于强制履行或者履行费用过高……”委托合同的标的一般是劳务或是行为，并非金钱债务，属于债务标的不适于强制履行之情形。本案的履行标的是操作证券账户的行为，但委托人梁某立在合同约定期间，单方修改账户密码，导致被委托人胡某佳无法对账户进行操作，委托人通过更改基金账户行为表明其已经对被委托人丧失信任基础。当合同当事人之间的信任基础不复存在时，合同的继续履行仍然无法简单依靠判决的强制力执行，若强制要求继续履行合同，将使得被委托人的履约成本及委托人的监督成本都将无限制地增高，有悖于理财委托合同当事人缔约的初衷，反而致使合同当事人的投资利益无法保障。

因此，任意解除权的规定基于委托合同的基本属性而来，不宜由当事人约定排除。当双方丧失信赖基础时，即使是双方通过特别约定限制或排除合同双方的任意解除权，也应当允许委托合同任何一方单方解除合同，行使任意解除权后的赔偿责任应当有约定的从其约定，无约定的依据合同法的相关规定进行赔偿。

编写人：福建省厦门市思明区人民法院　陈远治　邱瑛

10

不可归责于双方原因的合同法定解除的适用

——某部队诉北京八达岭野生动物世界有限公司租赁合同案

【案件基本信息】

1. 裁判书字号

北京市第一中级人民法院（2018）京01民终4777号民事判决书

2. 案由：租赁合同纠纷

3. 当事人

原告（被上诉人）：某部队

被告（上诉人）：北京八达岭野生动物世界有限公司（以下简称动物世界公司）

【基本案情】

1999年4月1日，某部队与动物世界公司签订《房屋租赁协议书》（以下简称《租赁合同》），约定动物世界公司承租某部队所有营房及管院，租期20年（自1999年4月1日起至2019年4月1日止），每年租金6万元（每年3月31日前付清全年租金，超过一个季度加收房租10%的滞纳金，超过半年不缴纳房租某部队有权终止合同），动物世界公司对营房上下水、电、供暖、锅炉、门窗、防水、地面等项目改造，如租期届满前某部队终止合同应支付动物世界公司营房改造的全部投资，如有大的改造项目、新建项目，必须经过某部队同意方可施工，否则某部队有权制止、并直至终止合同，动物世界在租赁合同期未满单方终止合同，某部队将不支付改造营房所需物品资金。合同签订后，动物世界公司已全部付清2017年3月31日前的租金。2016年2月，中央军委印发《关于军队和武警部队全面停止有偿服务活动的通知》。

某部队要求确认《租赁合同》于2017年9月19日解除、动物世界公司腾退合同项下房屋土地并恢复原状、支付自2017年4月1日至2017年9月19日的租金及房屋场地占有使用费33000元。动物世界公司于2017年10月13日签收了法院向其邮寄送达的起诉状副本等法律手续。动物世界公司不同意某部队的全部诉讼请求，称可以协商解除和商量赔偿腾退问题，同时反诉要求某部队给付营房、营院改造投资252万元，并申请对租赁场地投资改造的造价及现值进行鉴定。2017年11月14日，动物世界公司通过转账形式支付了某部队2017年4月1日至2018年3月31日的租赁场地费用6万元。2018年2月12日、2018年4月3日，法院组织双方就动物世界公司对租赁场地的改造、使用情况进行了现场勘验。

【案件焦点】

1. 某部队能否以动物世界公司根本违约为由解除合同；2. 某部队是否可以解除合同；3. 合同解除的时间及效果；4. 动物世界公司申请对租赁物的投资和现值进行鉴定是否有必要。

【法院裁判要旨】

北京市延庆区人民法院经审理认为：关于动物世界公司曾向某部队提出缴纳租金，但某部队表示因上级有文件要求部队停止有偿服务不能收租金，动物世界公司超过合同约定的期限六个月缴纳租金不能归责于动物世界公司，故某部队不能因动物世界公司超过合同约定期限缴纳租金而解除合同；动物世界公司不存在违反合同约定对租赁场地进行改建或新建行为，虽其租赁期间确实改变了租赁房屋的使用用途，增设了栅栏，行为欠妥，但不构成根本违约，某部队不能据此而解除合同。2016年2月，中央军委印发《关于军队和武警部队全面停止有偿服务活动的通知》，属于不可归责于双方当事人的原因导致合同无法继续履行，某部队要求解除合同，应予支持。某部队主张2017年9月19日向动物世界公司发过通知要求解除合同，但未提交证据，动物世界公司亦不认可，法院不予采纳。载有当事人解除合同意思表示的起诉书，可被理解为解除合同的通知，该起诉书通过法院送达，到达对方时发生解除合同的效力，故动物世界公司签收起诉状副本等法律手续的时间应视为合同解除时间。因租赁已解除，动物世界公司应腾退租赁场地、拆除圈猪的栅栏。因动物世界公司已支付了2017年4月1日至2018年3月31日的租赁场地费用，故对某部队此项主张不予支持。因合同解除属于不可归责于双方当事人的原因，双方均无过错，亦无违约行为，故不涉及赔偿问题，对动物世界公司的反诉请求不予支持。对动物世界公司投资的部分，双方应按照公平原则合理分担。根据动物世界公司的举证情况、现场勘验情况、合同已履行期限及剩余期限、每年缴纳的租金数额等因素综合考虑，酌定某部队补偿动物世界公司18万元。动物世界公司未提交充足证据予以证明其对租赁场地的装修、改造投资，双方的租赁协议也将于2019年4月1日终止等因素，没有必要鉴定，故不予准许。

北京市延庆区人民法院依照《中华人民共和国合同法》第九十四条第五项、第九十六条第一款、第九十七条，《中华人民共和国民事诉讼法》第六十四条第一款之规定，判决：

一、确认某部队与动物世界公司之间的《租赁合同》于2017年10月13日解除；

二、动物世界公司于本判决生效后三十日内腾退《租赁合同》项下房屋及土地；

三、动物世界公司于本判决生效后三十日内拆除其建造在租赁场地内营房外的栅栏；

四、某部队于本判决生效后三十日内给付动物世界公司对租赁场地的装修、改造补偿款18万元；

五、驳回某部队的其他诉讼请求；

六、驳回动物世界公司的其他反诉请求。

动物世界公司持原审意见提起上诉。北京市第一中级人民法院同意一审法院裁判意见，判决：

驳回上诉，维持原判。

【法官后语】

《中华人民共和国合同法》以合同神圣和合同严守为原则，强调对合同双方的法律约束力，要求合同当事人依约定全面履行合同义务，不得擅自变更或解除，弘扬了诚信原则，也有利于维持社会的稳定。但有时会因主观或者客观情况发生变化，仍固守合同不利于一方或双方，对社会整体利益也没有增益，故《中华人民共和国合同法》创设了合同解除制度。合同解除是指在合同有效成立后，因一方或双方当事人的意思表示，使合同关系终止，未履行的部分不必继续履行，已经履行的部分依具体情况进行清算的制度。

合同的解除包括法定解除、约定解除和合意解除。我国法律对合同解除没有采用当然解除主义，合同的解除以合同有效成立并继续存在为前提，需具备法定或约定的解除条件，除情事变更的解除外，还需要一方或双方当事人的解除行为。解除权系形成权，一方当事人行使约定或法定解除权时应通知对方，自合同解除通知到达对方时发生合同解除的效力。对于合同解除的效果，未履行的终止，已履行的根据履行情况和合同性质，可以要求恢复原状、采取补救措施，并有权要求违约方进行损失赔偿。

某部队主张动物世界公司存在合同约定的违约行为，其可以行使约定解除权，但动物世界公司延迟交付租金源于某部队的拒收行为，不可归责于动物世界公司，且动物世界公司不存在违约改建、新建，故某部队行使约定解除权的条件尚未成就，不能行使约定解除权解除《租赁合同》。但因军队停止有偿服务的原因导致合同无法继续履行，双方继续履行合同不具有现实可能性，属于法律规定的其他情形，某部队可以行使法定解除权。因某部队无法证明其将解除的通知于2017年9月19日送达动物世界公司，故本案起诉书副本等法律手续到达动物世界公司的时间可视为某部队将解除通知送达动物世界公司，发生《租赁合同》解除的效力。对于解除的效果，动物世界公司应恢复租赁物至原状；对于动物世界公司的赔偿要求，解除不可归责于某部队，故不应承担违约赔偿责任，对动物世界公司对租赁物的投资和现值进行鉴定也已无必要。但对于动物世界公司投资的部分，因合同解除，造成动物世界公司合同预期利益受损，某部队应予合理补偿。

编写人：北京市延庆区人民法院　吴丹

11

违约方发出合同解除通知的效力认定

——广东安华美博经济发展有限公司诉北京世纪天乐美博汇商贸有限公司联营合同案

【案件基本信息】

1. 裁判书字号

北京市第二中级人民法院（2018）京02民终9811号民事判决书

2. 案由：联营合同纠纷

3. 当事人

原告（反诉被告、上诉人）：广东安华美博经济发展有限公司（以下简称安华公司）

被告（反诉原告、被上诉人）：北京世纪天乐美博汇商贸有限公司（以下简称世纪公司）

【基本案情】

2005年9月29日，甲方世纪公司与乙方安华公司签订《合作协议》，约定甲方以项目合作方式将其投资经营的北京美博城项目交付乙方招商经营，甲乙双方按照经营成果分享投资收益与回报；因乙方原因造成双方合约终止，乙方应向甲方交付违约金。后甲方世纪公司与乙方安华公司签订《补充协议书》，约定涉案场地在经营过程中无偿使用乙方的品牌和知识产权，包括但不限于提供美博城的注册商标使用许可。截至2010年10月，双方依约履行上述合同。

2011年8月17日，安华公司以联营合同纠纷起诉世纪公司，以自2010年11月之后，世纪公司不履行向安华公司支付分成款的义务，其行为已构成违约为由要求世纪公司向安华公司支付从2010年11月至2011年12月的合作分成款共计9390089元并支付违约金。世纪公司提出反诉请求，要求安华公司支付美博城F6×5

改造费12000元；返还世纪公司代其垫付的税费485519.9元及违约金。后一审法院作出（2011）东民初字第10396号判决：世纪公司给付安华公司2010年11月至2011年12月分成款9372071元；安华公司给付世纪公司垫付的装修改造费12000元；驳回安华公司的其他诉讼请求；驳回世纪公司的其他反诉请求。

根据双方的往来函件，双方对北京美博城卫生间改造达成一致意见。对北京美博城地下一层的装修改造及电梯安装事宜，世纪公司于2011年1月10日回复称：购置电梯的选型和价格需经贵我双方共同议定。世纪公司提交2011年6月20日签订的《工程承揽合同书》及发票证明对美博城一层格栅吊顶进行安装，工程款总价格为21820元。世纪公司提交了2012年3月30日与北京菲尼有限公司签订的《建筑装饰工程施工合同》，工程名称为世纪公司五层及地下一层装修工程，工期为2012年4月5日至2012年5月15日。世纪公司提交了2012年2月10日与北京市环宇电梯工程有限公司签订的《电/扶梯产品买卖合同》《电/扶梯产品安装合同》。

世纪公司于2012年3月20日将安华公司使用的F6×0房间换锁后导致安华公司彻底离场。后双方于2016年2月23日完成交接，安华公司将F6×0房间腾空后交还给世纪公司。

【案件焦点】

1. 合同一方当事人向对方当事人发出解除合同通知是否立即发生解除合同效力；2. 违约方是否有权解除合同；3. 合同解除后当事人是否有权主张可得利益损失。

【法院裁判要旨】

北京市东城区人民法院经审理认为：世纪公司将安华公司使用的F6×0房间（即办公室）换锁后导致安华公司彻底离场，合同目的已经不能实现，故确认《合作协议》及《补充协议书》于2012年3月20日解除。因双方并未对分成款进行核算，故一审法院参照2011年安华公司的月平均分成收入款688677元，世纪公司应支付的2012年1月至3月20日（2个月零20天）的分成款合计为1836472元。安华公司主张的2012年3月21日至2015年2月28日的经营损失存在高度不确定性，属于与世纪公司订立《合作协议》及《补充协议书》时无法预测的损失，故对该部分经营损失不予支持。因双方对2012年2月的收入没有按照《补充协议书》约定进行核算，故参照安华公司2011年的月平均收入，将2012年2月的收入认定为688677元，进而认定2012年3月20日至2015年9月30日的违约金为5922622.2元。基于双方的违约程度和《合作协议》及《补充协议书》的具体履行情况，一审法院酌情由安华公司承担10%的违约责任，故将违约金调整为540万元。办公室改造、扶梯开洞加固、七层消防改造项目、电视监控系统改造工程、供暖设备节能改造、水处理泵改造均属于保证大楼的正常运行与物业管理相关的改造，故对世纪公司该项反诉请求不予支持。世纪公司买卖电/扶梯及安装费用并未经过双方共同议定，且涉案电/扶梯安装于2012年4月开工，安华公司已经离场不参与经营，涉案电/扶梯由世纪公司独自占用、使用，故涉案电/扶梯买卖、安装费用应当由世纪公司自行承担。对于北京美博城五层及地下一层装修工程装修改造，系在安华公司已经离场后启动工程，由世纪公司占有、使用装修改造带来的收益，故该笔装修改造费也应当由世纪公司自行承担。对于一层格栅吊顶项目的装修改造费，该一层格栅吊顶项目属于北京美博城项目装修改造项目，施工时间为2011年6月20日至25日，在《合作协议》及《补充协议书》履行期内，工程款总价格金额与发票金额也能相互印证，故一审法院对世纪公司要求安华公司支付装修改造费21820元的反诉请求予以支持。因《工程承揽合同书》中没有约定工程款的支付时间，故应从《合作协议》及《补充协议书》解除次日即2012年3月21日起计算利息，利率参照中国人民银行同期贷款利率。关于F6×0房间租赁费。2012年3月20日后安华公司未实际使用F6×0房间，且因世纪公司换锁致使安华公司无法腾空F6×0房间，故世纪公司无权主张F6×0房间的租赁费。

安华公司不服一审判决，提起上诉。

北京市第二中级人民法院经审理认为：世纪公司于2012年3月20日将安华公司使用的F6×0房间换锁后导致安华公司彻底离场，双方无法再继续合作，《合作协议》及《补充协议书》的合同目的已经不能实现，故一审法院确认《合作协议》及《补充协议书》于2012年3月20日解除并无不妥。一审法院基于《合作协议》及《补充协议书》的约定和安华公司与世纪公司并未对分成款进行核算，同时一层格栅吊顶项目属于北京美博城项目装修改造项目和施工时间系2011年6月20日至25日，即在《合作协议》及《补充协议书》履行期内、工程款总价格金额与发票金额也能相互印证，为此一审法院参照2011年安华公司的月平均分成收入款

688677元和世纪公司与嘉禾公司于2011年6月20日签订的《工程承揽合同书》及发票，判决世纪公司应向安华公司支付2012年1月至3月20日（2个月零20天）的分成款合计为1836472元和安华公司应向世纪公司支付装修改造费21820元及利息损失并无不当。考虑到安华公司与世纪公司的合作期限为10年，共计120个月，自2005年10月1日至2012年3月20日，超过6年5个月，故《合作协议》及《补充协议书》履行期还剩余43个月，鉴于安华公司与世纪公司对2012年2月的收入又没有按照《补充协议书》约定进行核算，故一审法院参照安华公司2011年的月平均收入将2012年2月的收入认定为688677元，计算2012年3月20日至2015年9月30日的违约金数额为5922622.2元，并按安华公司和世纪公司在对合同解除应负的违约责任程度和合同的具体履行情况，酌定判决世纪公司给付安华公司自2012年3月21日至2015年9月30日的违约金540万元亦无不当之处。北京市第二中级人民法院依照《中华人民共和国民事诉讼法》第一百七十条第一款第一项之规定，判决：

驳回安华公司的全部上诉请求。

【法官后语】

合同解除纠纷是商事活动中最常见的争议类型，本案的争议焦点涉及合同一方当事人向对方当事人发出解除合同通知是否立即发生解除合同效力、违约方是否有权解除合同、合同解除后当事人是否有权主张可得利益损失等问题，本案对上述问题的处理具有参考意义。

关于合同一方当事人向对方当事人发出解除合同通知的情形，即使合同相对方未在异议期内请求法院确认解除合同的效力或当事人在诉讼过程中发出解除合同通知，该解除合同通知亦不立即发生解除合同的效力，还需法院进一步审查该方当事人要求解除合同的理由是否符合《中华人民共和国合同法》第九十三条第二款、第九十四条规定的情形，即审查是否存在合同约定的解除情形或法定解除情形，不能仅凭一方当事人发出合同解除通知径行认定发生解除合同的效力，还需结合合同具体履行情况对合同效力进行认定。本案中，2011年8月31日世纪公司以安华公司违约无法实现合同目的为由发出解除合同通知，但因不符合合同解除的法定条件，亦不符合约定解除情形，故并不产生解除合同的效力，双方仍需继续履行合同。

关于违约方是否有权主张解除合同，《中华人民共和国合同法》第一百一十条规定："当事人一方不履行非金钱债务或者履行非金钱债务不符合约定的，对方可以要求履行，但有下列情形之一的除外：（一）法律上或者事实上不能履行；（二）债务的标的不适于强制履行或者履行费用过高；（三）债权人在合理期限内未要求履行。"本案中，世纪公司于2012年3月20日强行换锁导致安华公司离场无法进行合作，违反合同约定，导致合同目的无法实现，世纪公司的行为构成根本违约，但因该根本违约行为导致双方无法再继续合作、合同目的不能实现，符合合同解除的法定情形，故法院确认《合作协议》及《补充协议书》于2012年3月20日即安华公司彻底离场之日解除，但需注意的是，此时虽允许违约方解除合同，不以继续履行作为违约方承担责任的方式，违约方应承担赔偿损失等其他违约责任形式。

关于合同解除后当事人是否有权主张可得利益损失，根据《中华人民共和国合同法》第一百一十三条第一款"当事人一方不履行合同义务或者履行合同义务不符合约定，给对方造成损失的，损失赔偿额应当相当于因违约所造成的损失，包括合同履行后可以获得的利益，但不得超过违反合同一方订立合同时预见到或者应当预见到的因违反合同可能造成的损失"之规定，在合同解除后当事人有权主张可得利益损失，但不得超过违约方在订立合同时预见到或者应当预见到的因违约可能造成的损失。本案中，首先，安华公司与世纪公司系联营合同关系，安华公司获得收益的前提是建立在其投入的基础之上，安华公司在合同解除后不再经营和投入成本，涉案项目的经营情况无法预测。其次，安华公司获得分成款是建立在安华公司能够达到之前年度收入承诺的基础上，具有极大的不确定性。最后，由于安华公司负责涉案项目的经营管理，世纪公司作为根本违约方在订立合同时亦无法预测违约后涉案项目的收入情况。故本案中，安华公司主张的合同解除后的经营损失存在高度不确定性，也属于根本违约方在订立合同时无法预测的损失，故法院对安华公司主张的该部分经营损失不予支持，处理正确。

编写人：北京市第二中级人民法院　石东　贾凯迪

12

迟延履行合同解除权的行使

——北京江河幕墙系统工程有限公司诉曙光建设有限公司建设工程施工合同案

【案件基本信息】

1. 裁判书字号

福建省厦门市中级人民法院（2018）闽02闽终5950号民事判决书

2. 案由：建设工程施工合同纠纷

3. 当事人

原告（被上诉人）：北京江河幕墙系统工程有限公司（以下简称江河公司）

被告（上诉人）：曙光建设有限公司（以下简称曙光公司）

【基本案情】

2016年11月，曙光公司（招标人）向江河公司（投标人）发出的《帝景苑项目一期幕墙施工承包招标文件》中载明：中标人的投标保证金，在中标人按本须知规定签订合同后，且在提交履约保证金后予以退还。江河公司因此于2016年11月11日向曙光公司支付投标保证金80万元。

2016年12月6日，曙光公司向江河公司发出《中标通知书》，确定江河公司为帝景苑项目一期3号楼幕墙工程中标人，中标总价暂定为45715936元。

2016年12月10日，曙光公司（发包方，甲方）与江河公司（承包方，乙方）签订一份《帝景苑一期3号楼幕墙工程承包合同书》，约定由乙方承包帝景苑一期项目3号楼2－59层幕墙工程制作安装（含验收前、后）；第一阶段总工期为200天，工期自2016年12月11日至2017年6月30日；合同计价采取暂定总价及固定全费用综合单价，工程量据实结算；工程总价暂定为45715936元，合同内第一阶段暂定工程总价为19898275.9元；合同签订后，乙方应在15个日历天内向甲方提供合同执行阶段（分验收前及验收后）总价10%的由银行出具的在合同有效期内不可撤销的履约保函，履约保函必须在整个合同有效期内持续有效；预付款：乙方在签订合同并提交履约保函后7个工作日内由甲方向乙方支付验收前相应合同暂定总价的5%作为工程预付款（验收后预付款在确定验收后开工日期后7个工作日内由甲方向乙方支付验收后暂定总价的5%作为工程预付款），在月进度款支付时扣回相应完成工程量的预付款，甲方至少在合同规定的完工工期前两个月将工程预付款全部扣回；进度款支付：按月进度分项节点支付进度款；结算款支付：（合同第一阶段/第二阶段）甲方在收到完整的结算资料后，在三个月内办理完结算审批手续后15个日历天内支付至结算总价的95%，其余5%为质保金，在保修期满后15个日历天内无息支付；保修期自竣工验收合格之日起计，保修期为三年；本工程验收前（合同第一阶段）施工工程开工日暂定为2016年12月11日，竣工日为2017年6月30日，共计200个日历天，具体开工日期以甲方开工通知且具备幕墙大面积施工条件为准；验收后（合同第二阶段）施工工程工期由双方另行约定，最终以甲方的通知为准；合同第一阶段乙方无法如期完工的，如每超期一天，则按10万元/天处以罚款，提前一天则按1万元/天予以奖励，工期延误的罚款总额不高于该合同阶段总额的5%；履约过程中，根据变更设计所影响的工期或甲方责任、不可抗力等因素所延误的工期，经甲方签证认可后调整，以此确定竣工日期；甲方按照本合同约定向乙方支付工程进度款，每延迟一天，按当期应付款金额的0.3%向乙方支付违约金；合同生效后，除本合同约定的情形外，任何一方在未违约的情况下不得单方终止合同，否则视为违约，违约方除需向对方支付本合同各阶段总价款15%的违约金，还需赔偿对方因此造成的所有损失（包括工期），若给守约方造成的经济损失超过约定的违约金额，超过部分违约方仍应承担赔偿责任；甲方需严格按本合同约定的时间向乙方支付工程款，否则每延误一天应偿付未支付工程款的万分之三作为滞纳金，按日累计；甲乙双方约定合同第一阶段总工期为200天，如因乙方自身原因发生延误，总工期每延误一天，乙方须按10万元/天向甲方支付违约金，违约金累计总额不超过合同阶段总金额的5%；于本合同以及任意时间内甲乙双方签署的补充协议、承诺等，若涉及追究乙方任何违约责任、罚款等的，乙方应承担的违约金、赔偿、罚款等的累计上限不超过乙方就本项目实际施工所涉总价款的10%，如有其他条款与此冲突，以此条为准。

2016年12月26日，江河公司领取一套施工蓝图（招标图纸）。2016年12月28日，曙光公司向江河公司发出《工程开工令》，要求江河公司进场施工，开工日期为2016年12月28日。

2017年2月14日，监理单位向业主方及曙光公司发出一份《监理工作联系单》载明：1. 金属幕墙超150米的部分需要抓紧按程序组织设计方案论证。2. 幕墙设计深化图纸审查必须通过，并且提出审查报告、图纸和将审查报告尽快提交协会……请相关单位抓紧落实修改、完善相关方案和图纸审查事宜，确保满足法定的开工条件等内容。

2017年4月6日，江河公司向曙光公司发出一份《工作联系单》要求曙光公司提供图纸审查合格报告，并于2017年4月10日前完成图纸的报审，以便得到安全专项施工方案专家论证报告。2017年4月13日，江河公司又向曙光公司发出《工作联系单》，要求其提供报审图及图纸审核合格报告。

2017年4月15日，监理单位向曙光公司发出一份《工程局部暂停令》，内容包括1#楼至3#楼幕墙施工前未向项目监理机构提交经审查合格的深化图纸，3#楼幕墙的施工未向监理机构提交经专家论证并修改的施工方案，现场违规施工。现通知暂停1#楼至3#楼幕墙的施工。

2017年4月15日，江河公司致函曙光公司，内容包括自中标之日起至今，材料价格一直在上涨，造成我司亏损严重；由于曙光公司迟迟未能完成图纸报审，导致江河公司至今未能取得幕墙专家论证报告，目前处于不具备施工条件的违反施工阶段。

2017年4月17日，曙光公司向江河公司发出一份《事故隐患整改通知书》，内容包括由于1#楼至3#楼幕墙部分的深化版图纸还未经图审，现暂停1#楼至3#楼幕墙施工。

2017年5月3日，曙光公司向江河公司发出一份《律师函》，要求江河公司严把质量关，加大施工力度投入，确保按期完工。2017年5月7日，江河公司回函曙光公司，内容包括幕墙工程不具备合法施工条件，请曙光公司三日内务必完成设计方案论证和施工图设计文件审查工作，否则江河公司将依法解除合同等。

2017年5月14日，江河公司以曙光公司未能交付幕墙工程《设计方案论证报告》和《施工图设计文件审查合格书》及有效施工蓝图导致幕墙工程始终不具备开工和施工的合法条件等为由，向曙光公司发出合同解除通知书。曙光公司于2017

年5月15日回函确认解除双方签订合同，并要求江河公司在五天内与曙光公司办理已完工程量的核算和移交。

另查明：讼争工程所属的建筑工程项目于2014年5月20日取得建筑工程施工许可证；2017年3月16日，经业主单位委托，厦门市工程检测中心有限公司出具一份《检测报告》载明，讼争工程的镀锌方管镀锌层厚度已满足设计要求的80μm厚度；讼争工程项目施工图设计文件于2017年5月3日经审查合格；双方当事人确认曙光公司已支付工程款1567774元。

江河公司于2017年2月20日委托中国建设银行股份有限公司北京顺义支行向曙光公司开具支付总额为3137547.17元的“见索即付”《履约保函》。江河公司提起诉讼后，曙光公司向该银行要求支付履约保函项下的履约保证金3137547.17元，该银行于2017年5月26日从江河公司账户向曙光公司账户划拨支付保函保证金3137547.17元。

审理中，曙光公司于2017年11月8日向法院提交讼争工程经审查合格图纸。经江河公司申请，法院委托厦门中达利工程管理有限公司对帝景苑3#招标图纸与审查合同图纸差异项目和帝景苑3#幕墙工程的工程造价进行鉴定。其中对图纸差异鉴定结论为，两版图纸在设计单位、出图时间、设计范围、图纸数量、南北两侧楼板、铝板包柱、窗花格栅、南北立面和东西立面造型及尺寸上均存在差异。

工程造价结论为，3#楼幕墙工程造价1352984.66元，无法确定部分造价336255.18元（包括：①满堂脚手架拆除费用5038元；②硬质防护棚拆除费用13676元；③吊篮拆除费30250元；④小炮车3572元；⑤技术咨询费7000元；⑥外运重新镀锌钢管276717元等）；3#楼幕墙工程剩余材料工程造价954164.76元（经与图纸相应部位的设计要求一一对比，剩余材料尺寸及做法与图纸基本一致等），3#幕墙工程合同内工程量于2017年5月14日，市场工程造价为58156950.99元。

【案件焦点】

江河公司解除合同是否有法律依据，谁应承担合同解除的主要责任。

【法院裁判要旨】

福建省厦门市思明区人民法院经审理认为：

原、被告签订的《帝景苑一期3号楼幕墙工程承包合同书》系双方当事人的真实意思表示，内容未违反法律法规的强制性规定，为有效合同，双方均应按照约定全面履行自己的义务。曙光公司虽然于2016年12月28日向江河公司发出开工令，要求江河公司进场施工，但未向江河公司提供讼争工程经审查合格图纸，导致监理单位分别于2017年2月14日和2017年4月15日向业主单位和曙光公司发出上述《监理工作联系单》和《工程局部暂停令》。从上述图纸鉴定结论看，招标图纸与审查合格施工图纸确实在设计单位、出图时间、设计范围、图纸数量、南北两侧楼板、铝板包柱、窗花格栅、南北立面和东西立面造型及尺寸等上均存在差异。根据《建设工程质量管理条例》（国务院令第279号）第十一条“建设单位应当将施工图设计文件报县级以上人民政府建设行政主管部门或者其他有关部门审查……施工图设计文件未经审查批准的，不得使用”之规定，可以认定，至本案讼争合同解除时，讼争工程的施工处于无审查合格图纸、无专项施工方案状态，属违法施工。虽然江河公司在双方往来函件中提出因材料价格上涨问题造成亏损严重，但曙光公司未能在开工前完成图纸报审是导致江河公司无法进行施工的主要原因。根据《中华人民共和国合同法》第九十四条第三项“当事人一方迟延履行主要债务，经催告后在合理期限内仍未履行”以及根据《最高人民法院关于审理建设工程施工合同纠纷案件适用法律问题的解释》第九条第三项的规定，发包人不履行合同约定的协助义务，致使承包人无法施工，且在催告的合理期限内仍未履行相应义务的，承包人请求解除建设工程施工合同的，应予支持。江河公司以曙光公司在催告后仍未履行提供讼争工程经审查合格图纸为由解除合同并无不当。

根据上述工程造价鉴定结论，讼争工程造价1352984元，加工厂内剩余材料工程造价954164元，无法确定部分造价336255元。关于加工厂内剩余材料工程造价954164元，如鉴定报告所述的该剩余材料尺寸及做法与图纸基本一致，故可以认定系为讼争工程所用，可以计入工程造价。关于无法确定部分造价336255元，考虑江河公司已进场施工的事实，前1项至5项均为施工应所必然发生的措施费用，第6项外运重新镀锌钢管费用，结合厦门市工程检测中心有限公司出具《检测报告》内容可以证实，江河公司提供的镀锌方管镀锌层厚度已满足合同约定的80μm厚度要求，故该1项至6项亦可计入工程造价。综上所述，江河公司已完工程及损失费用共计2643404.6元（1352984.66元+336255.18元+954164.76元=2643404.6元），扣除曙光公司已支付工程款1567774元，曙光公司还应支付工程尾款及赔偿款为1075630.6元。

履约保函的法律性质是保证，其目的是担保债权人的债权实现。鉴于双方合同已解除，且讼争合同履行不能的责任在曙光公司，故曙光公司主张没收该保函项下的保证金3137547.17元缺乏事实和法律依据。根据上述曙光公司向江河公司发出的《帝景苑项目一期幕墙施工承包招标文件》中载明内容，江河公司已按招标文件规定向曙光公司提供履约保函，则曙光公司应当返还投标保证金80万元，曙光公司主张该投标保证金作为违约金予以没收亦缺乏事实和法律依据。

综上所述，曙光公司作为发包方未能向江河公司提供经审查合格的图纸是造成工期延误和合同履行不能的主要原因，其以江河公司延误工期为由要求江河公司承担违约责任，缺乏事实和法律依据，不予支持。福建省厦门市思明区人民法院依照《中华人民共和国合同法》第六十条、第一百零七条，《中华人民共和国民事诉讼法》第六十四条第一款规定，判决：

一、曙光公司于本判决生效之日起十日内向江河公司支付工程尾款及赔偿损失款共计1075630.6元；

二、曙光公司于本判决生效之日起十日内向江河公司返还履约保函项下保证金3137547.17元和投标保证金80万元；

三、驳回江河公司的其他诉讼请求；

四、驳回曙光公司的反诉请求。

曙光公司因不服一审判决，提起上诉。福建省厦门市中级人民法院经审理认为：原件规则是书证最重要的规则，当事人应当提供书证的原件，故在本案诉讼中，原则上应当提供书证的原件，但因客观原因，提供的复印件并不当然不具有证据资格，应当结合复印件的具体情况及案件的其他证据予以评判。本案中，《监理工作联系单》及《工程局部暂停令》均系监理单位发给曙光公司或业主单位，江河公司并非上述文件的接收人，其不持有原件具有客观原因，江河公司虽在庭审中口头申请一审法院向监理单位调取上述证据的原件，但在一审法院明确要求其应提交书面申请后，江河公司未提出书面申请，一审法院未向监理单位调取未违反法律规定。二审诉讼中，江河公司主张2017年4月17日曙光公司发给江河公司的《事故隐患整改通知书》中“由于1#楼至3#楼幕墙部分的深化版图纸还未经图审，现暂停1#楼至3#楼幕墙施工”可印证上述两份证据的内容，即曙光公司提供给江河公司的图纸未经审查合格，涉案工程因此停止施工，且曙光公司亦认可其提供给江河公司的图纸未经行政审核，其提供给江河公司的图纸与经行政审查的图纸存在差异的事实。综合以上事实，厦门市中级人民法院对江河公司关于上述三份证据可以作为定案依据的意见予以采纳。曙光公司未能向江河公司提供经审查批准的施工图纸，以致江河公司在进场施工后，监理单位向曙光公司发函要求暂停施工、曙光公司亦要求江河公司暂停施工，此后曙光公司未能按江河公司的要求提供相应的设计方案论证和施工图设计文件的审批材料，江河公司据此要求解除讼争合同，曙光公司予以确认，一审法院认为曙光公司对合同的解除应承担主要责任，并无不妥。曙光公司的上诉理由不能成立，依法应予以驳回。一审判决认定事实清楚，适用法律正确，程序合法，应予以维持。

福建省厦门市中级人民法院依照《中华人民共和国民事诉讼法》第一百七十条第一款第一项规定，判决：

驳回上诉，维持原判。

【法官后语】

迟延履行合同解除权，是我国合同法定解除的情形之一，即《中华人民共和国合同法》第九十四条第四项规定的当事人一方迟延履行主要债务，经催告后在合理期限内仍未履行，当事人可以解除合同。根据该条款，行使迟延履行合同解除权的应具备以下条件：其一是存在迟延履行的事实；其二是对主债务履行的迟延；其三是经催告后在合理的期限内仍未履行。

1. 关于未提供经审查合格的图纸是否系主债务的问题。曙光公司系案涉工程的发包方，根据承包合同书，其责任仅是“在开工前3天提供幕墙施工图纸6套”，并未有“审查合格”的要求，曙光公司亦如期提交了“施工蓝图（招标图纸）”。但根据《建设工程质量管理条例》的第十一条的规定，施工图设计文件未经审查批准的，不得使用。江河公司进场施工后监理单位发出的《监理工作联系单》要求提交图纸审查报告，江河公司亦要求曙光公司提供图纸审查合格报告。故虽案涉工程合同未明确约定施工图纸需经审查合格，但该行政审核义务系发包方曙光公司当然之义务，属于合同的主要义务、主债务，否则涉案工程即属违规施工。

2. 关于案涉工程迟延履行事实的认定。如前所述，提供经审查合格的图纸系曙光公司的主要义务，其在开工前，曙光公司仅提交了“施工蓝图（招标图纸）”，与最终经审查合格图纸在设计单位、出图时间、设计范围、图纸数量、南北两侧板楼、铝板包柱、窗花格栅、南北立面和东西立面造型及尺寸上均存在差异。案涉工程于2016年12月28日开工，而该工程项目施工图设计文件于2017年5月3日方才审查合格，晚于开工日4个月之久，曙光公司明显存在迟延履行的事实。

3. 关于合理的催告期限。迟延履行并不必然导致合同解除。若迟延履行尚未构成根本违约、合同目的尚可达成之时，赋予一定的催告期限促使债务人对合同进行补救，尽可能促成合同的实际履行。就本案而言，监理单位于2017年2月14日就要求曙光公司图纸审查必须通过。江河公司在2017年4月6日、2017年4月13日、2017年5月7日三次书面要求曙光公司提供图纸审查合格报告等文件，但曙光公司均未提供，并致案涉工程于2017年4月5日暂停施工。可见，曙光公司有足够充分的时间采取补救措施，但其在催告期限内均未能履行。

综上，曙光公司迟延履行提供经审查合格图纸的主要义务，经催告后在合理期限内仍未履行的，江河公司享有合同解除权。同时曙光公司对合同解除应承担主要责任。故江河公司有权要求曙光公司支付已完工部分的工程款及违约金并返还相关保证金。

编写人：福建省厦门市思明区人民法院　吕云平　黄素梅

13

采矿权转让合同解除中的举证责任

——莫某诉李某灵等合同案

【案件基本信息】

1. 裁判书字号

广西壮族自治区来宾市中级人民法院（2018）桂13民终724号民事判决书

2. 案由：合同纠纷

3. 当事人

原告（被上诉人）：莫某

被告（上诉人）：李某灵

被告：孔某军、武宣县述灵花鱼岭铅锌矿（以下简称述灵铅锌矿）

【基本案情】

述灵铅锌矿成立于2002年11月1日，登记的企业性质为个人独资企业，资金来源为李某灵个人出资；2003年6月5日，投资人变更为孔某军；2005年3月7日，投资人变更为李某灵。2007年9月10日，莫某与李某灵签订《承诺书》。双方签订《承诺书》后，莫某以银行转账、现金支付等方式向李某灵、孔某军支付款项。2007年10月10日，孔某军向莫某出具《收据》，收据内容为"今收到莫某先生250万元（人民币贰佰伍拾万元整）作为矿山办证费用。特立此证。收款人：孔某军2007.10.10"。2007年11月19日，李某灵与莫某签订《出资转让协议书》，约定李某灵愿意以3200万元的价格将述灵铅锌矿转让给莫某，莫某应于本协议书生效之日起30日内以银行转账的方式分三次将上述款项支付完毕，李某灵保证对上述出资拥有所有权及完全处分权，保证在出资上未设定抵押、质押，保证出资未被查封，保证出资不受第三人之追索，否则愿承担由此引起的一切经济和法律责任，协议书经双方签署并经东莞市公证处公证后生效。由于案外人钟某光、覃某华与李某灵因述灵铅锌矿的合伙产生纠纷，钟某光、覃某华起诉至来宾市中级人民法院，并申请查封述灵铅锌矿的采矿许可证及全部投资股份。2007年10月23日，（2007）来民二初字第9－1号民事裁定冻结、查封述灵铅锌矿采矿许可证及李某灵的全部投资股份。2007年12月28日，（2007）来民二初字第9号民事判决确认钟某光、覃某华持有述灵铅锌矿60%的份额。李某灵不服该判决上诉至广西壮族自治区高级人民法院，后又撤回上诉。

2008年1月8日，莫某与述灵铅锌矿签订《协议书》。孔某军作为述灵铅锌矿的代表在协议书上签名并加盖公章。2008年1月12日，孔某军向莫某出具收到895000元的收据。2008年4月2日，案外人钟某光、覃某华与李某灵、孔某军、莫某签订《协议书》（以下称三方协议），约定钟某光、覃某华退出合伙，莫某代李某灵、孔某军支付给钟某光、覃某华900万元。

2011年4月14日，莫某向来宾市公安局经侦支队举报李某灵合同诈骗。2017年7月18日，莫某再次向武宣县公安局举报，武宣县公安局向其出具了《不予立案通知书》。

2008年12月4日，述灵铅锌矿变更为合伙企业；2009年6月11日，该企业合伙人为李某灵、钟某光、覃某华，李某灵认缴出资40%，钟某光、覃某华各认缴出资30%，李某灵为执行事务合伙人。2015年5月13日，述灵铅锌矿合伙人变更为李某灵、李某矜、钟某光、覃某华，其中李某灵、李某矜各认缴出资20%，钟某光、覃某华各认缴出资30%，李某灵为执行事务合伙人。2015年10月12日，述灵铅锌矿合伙人变更为李某灵、李某矜、高某华，其中李某灵、李某矜各认缴出资20%，高某华认缴出资60%，李某灵为执行事务合伙人。2017年1月22日，述灵铅锌矿合伙人变更为李某灵、周某华、宾某秀，其中李某灵、宾某秀各认缴出资20%，周某华认缴出资60%，宾某秀为执行事务合伙人。

二审庭审中，李某灵与莫某、孔某军均确认，2008年1月8日的《协议书》上标明的甲方实际就是李某灵个人，又因孔某军是李某灵的儿子，李某灵委托孔某军来签该协议，且孔某军当时持有述灵铅锌矿的公章。莫某确认签订2008年1月8日《协议书》时已经知道李某灵与案外人钟某光、覃某华就述灵铅锌矿的股份有纠纷，即（2007）来民二初字第9号案。经莫某确认，2007年11月19日签订协议后，涉案矿山由莫某进行经营管理。

二审查明：在2008年4月2日签订三方协议的同日，李某灵、孔某军向广西壮族自治区高级人民法院申请撤回对（2007）来民二初字第9号民事判决的上诉。但莫某未就该协议依约定履行支付900万元的义务。

2007年11月21日，李某灵代表述灵铅锌矿与案外人重庆佳盟（加拿大）商业顾问有限公司（以下简称佳盟公司）签订承包合同，莫某作为见证人在合同上签字确认。2007年11月25日，莫某与佳盟公司的法定代表人陈某明签订述灵铅锌矿承包合作协议。2010年1月10日，莫某与案外人武宣县正祥矿业有限公司（以下简称正祥公司）签订承包合同，约定莫某将述灵铅锌矿发包给正祥公司，承包期为一年，自2010年1月15日起。

在出具2007年10月10日的250万元收据后，莫某一方向李某灵一方及其认可的有关政府部门银行账户转账金额分别是2007年10月17日的20万元、2007年10月29日的30万元、2007年11月13日的5万元、2007年11月30日的20万元。另在出具2008年1月12日的895000元收据后，莫某一方向李某灵一方及其认可的有关政府部门银行账户转账金额分别是2008年2月3日的2万元、2008年3月12日的1万元、2008年3月20日的5万元和2008年3月28日的10万元。

【案件焦点】

1. 莫某的诉讼请求是否超过诉讼时效；2. 涉案的两份协议效力如何及是否应当解除；3. 李某灵是否应当返还已付的款项并支付利息。

【法院裁判要旨】

广西壮族自治区武宣县人民法院经审理认为：依法成立的合同受法律保护，对合同的效力可以约定附条件。附生效条件的合同，自条件成就时生效。

1. 关于合同的效力问题。李某灵、孔某军主张《出资转让协议书》实质为采矿权的转让，因该协议书未经矿山管理部门批准而不属于依法成立的范畴，不具备约束力。李某灵与莫某签订《出资转让协议书》时，述灵铅锌矿登记为个人独资企业，根据该协议书第三条的约定看，该合同应是李某灵作为述灵铅锌矿的出资人，对财产、权益进行转让的行为，而非仅仅是采矿权的转让。根据《中华人民共和国个人独资企业法》第十七条“个人独资企业投资人对本企业的财产依法享有所有权，其有关权利可以依法进行转让或继承”之规定，李某灵作为述灵铅锌矿的出资人，其与莫某达成意思表示一致并签订《出资转让协议书》，将述灵铅锌矿的财产进行转让，双方均在《出资转让协议书》上签字，系双方真实意思表示，该协议已经成立。双方签订协议时不存在导致合同无效的情形，依法应认定《出资转让协议书》系有效合同，具有约束力。而述灵铅锌矿的采矿权仅作为述灵铅锌矿的企业财产一部分进行转让，其依法经行政主管部门审核批准与否仅决定物权是否发生变动，但不影响转让合同等引发物权变动的原因行为的效力，因此，对《出资转让协议书》无效的主张，不予支持。

2. 关于莫某的起诉是否超过诉讼时效的问题。莫某与李某灵签订《出资转让协议书》后，在得知李某灵因矿山所有权与他人存在纠纷，在明知自己的权利受到了侵害的情况下，但为促使双方签订的协议的履行，与孔某军作为代表的述灵铅锌矿签订了《协议书》，并在李某灵与他人关于矿山所有权纠纷的案件败诉后，为了协议的履行，又与钟某光、覃某华等签订了三方协议，该协议至今未履行，亦未解除，其间虽然莫某向公安机关报案，但仍未影响三方协议的履行。莫某虽然在2007年明知自己的权利受到侵害，但之后一直在寻找多种途径进行救济，直到2015年10月12日，钟某光、覃某华将自己在述灵铅锌矿中的投资额全部转与他人，三方协议不再存在履行的可能，莫某遂于2017年10月25日向法院提起诉讼，并没有超出法律规定的诉讼时效。且莫某于2011年向公安机关报案，公安机关从未作出过答复，案件一直在处理当中，直至2017年，莫某再次向公安机关报案，公安机关才给出了处理结果，因公安机关认定李某灵不构成刑事犯罪，莫某遂起诉至法院，亦未超出法律关于诉讼时效的规定，因此对莫某的起诉已超过诉讼时效要求驳回诉讼请求的主张，不予支持。

3. 关于莫某请求解除《出资转让协议书》《协议书》是否有事实及法律依据。2007年10月23日，李某灵与案外人钟某光、覃某华因述灵铅锌矿的合伙纠纷被诉至来宾市中级人民法院，法院于起诉当日作出裁定查封李某灵在述灵铅锌矿的全部出资。而在2007年11月19日，李某灵隐瞒其在述灵铅锌矿的出资已被查封的情况，与莫某签订《出资转让协议书》，欲将述灵铅锌矿的全部财产及相关权益转让给莫某。2007年12月28日，（2007）来民二初字第9号民事判决认定案外人钟某光、覃某华系述灵铅锌矿的合伙人，并持有述灵铅锌矿60%的份额，而述灵铅锌矿亦于2008年12月4日变更登记为合伙企业，之后述灵铅锌矿的股东及股份份额几经变更。李某灵隐瞒述灵铅锌矿有其他合伙人且其出资被查封的真实情况与莫某签订《出资转让协议书》，已构成违约。现双方签订的《出资转让协议书》已无法继续履行且无法实现合同目的，根据《中华人民共和国合同法》第九十四条第四项之规定，莫某请求解除其与李某灵于2007年11月19日签订的《出资转让协议书》有事实及法律依据，予以支持。莫某与孔某军作为代表的述灵铅锌矿于2008年1月8日签订的《协议书》中约定支付的款项80万元从支付的矿山所有权转让款中扣除，应当认定为《出资转让协议书》的附加合同，主合同解除，附加合同亦应予以解除，莫某请求解除该协议书有事实及法律依据，应予支持。

4. 关于莫某请求返还转让款350万元及支付利息2065000元，赔偿经济损失297495.62元是否有事实及法律依据的问题。莫某与李某灵签订《承诺书》后，孔某军向莫某出具收据，认可收到莫某支付的250万元矿山办证费用，而后又在述灵铅锌矿与莫某签订《协议书》之后，向莫某出具收据认可收到莫某支付的款项895000元，莫某亦提供了部分转账凭证证实双方在此期间有经济往来，现李某灵等主张其未收到上述款项，但未提供任何证据，对其主张不予采信。一审法院认定，莫某已支付给李某灵、孔某军的款项总额为3395000元。《承诺书》应理解为双方就转让述灵铅锌矿签订的预定合同，约定的250万元应认定为述灵铅锌矿转让预付款。而后，莫某与李某灵签订《出资转让协议书》，协议书约定将述灵铅锌矿全部资产及相关权益转让给莫某，莫某根据《承诺书》向李某灵支付的250万元款项应认定为出资转让款。实际莫某支付给孔某军的款项为895000元，该款项应认定为莫某预先支付的转让款。李某灵、孔某军主张莫某支付的250万元已因双方的承包经营关系而转变为承包金，因其无法提供相应的证据证实，对该主张不予支持。其提出莫某实际对述灵铅锌矿进行了经营并因此获利，应当支付承包金或返还所获利益与本案非同一法律关系，在本案中不予处理。根据《中华人民共和国合同法》第九十七条规定，李某灵与莫某签订《出资转让协议书》、孔某军代表述灵铅锌矿与莫某签订《协议书》并因此收取莫某支付的转让款3395000元，但莫某至今未享有述灵铅锌矿的财产所有权或股份份额，即李某灵收取了莫某支付的转让款项却未履行相关义务，莫某要求李某灵返还已支付的转让款3395000元有理有据，应予支持。李某灵在与莫某签订《出资转让协议书》时就已明知其与案外人就述灵铅锌矿的合伙存在纠纷，且其出资已被查封，仍与莫某签订协议，其行为已构成违约。现因李某灵违约，根据《出资转让协议书》约定及参照《最高人民法院关于审理民间借贷案件适用法律若干问题的规定》第二十九条第二款第一项之规定，莫某要求按年利率6%支付资金占用期间的利息，予以支持，资金占用期间利息应以3395000元作为本金，按年利率6%自2008年1月12日起至2017年10月12日止共1986075元（3395000元×6%÷12个月×117个月），2017年10月12日之后的利息以尚未归还的转让款为基数，按年利率6%计算至实际全部归还转让款之日止。莫某请求赔偿其对述灵铅锌矿前期投资的经济损失297495.62元，因其提供的票据付款单位均为述灵铅锌矿，不能证实该项支出是其个人款项支出，对该请求不予支持。李某灵、孔某军主张合同不能履行系莫某未按约定支付转让款，莫某构成违约。根据《中华人民共和国合同法》第六十八条的规定，从双方均认可的证据可认定，莫某在与李某灵签订《出资转让协议书》后得知李某灵在述灵铅锌矿的出资被查封的情况，其有理由相信李某灵有可能丧失履行债务的能力，其中止履行支付转让款的行为于法有据，不构成违约。且双方约定的付款时间为“协议生效之日起30日内”，而协议书明确约定了生效条件“经双方签署并经东莞市公证处公证后生效”，目前该协议未经公证，尚未生效，亦未达到付款条件，李某灵、孔某军上述主张莫某未按时支付转让款构成违约，不予支持。李某灵、孔某军又主张莫某未按三方协议的约定支付给钟某光、覃某华退出合伙的补偿，导致合同履行不能，构成违约。一审法院认为，该三方协议虽然约定由莫某代李某灵向案外人钟某光、覃某华支付其退出合伙补偿款，但该三方协议与《出资转让协议书》之间没有关联，亦不能免除李某灵履行《出资转让协议书》的相关义务，对该主张不予采纳。莫某与李某灵签订《出资转让协议》时，述灵铅锌矿登记的企业性质为“个人独资企业”，根据《中华人民共和国个人独资企业法》第十七条“个人独资企业投资人对本企业的财产依法享有所有权，其有关权利可以依法进行转让或继承”之规定，李某灵与莫某签订《出资转让协议》系处分其个人财产的行为，应由其承担返还责任，莫某请求述灵铅锌矿承担返还责任没有法律依据，一审法院不予支持。孔某军是李某灵的儿子，孔某军并不是《出资转让协议书》的当事人，其在参与经营管理述灵铅锌矿过程中受李某灵委托收取转让款、签订《协议书》，属于代理李某灵进行的民事行为，由此而产生的法律后果应由李某灵承担，因此孔某军收取莫某的转让款3395000元，应当由李某灵返还莫某。

广西壮族自治区武宣县人民法院依照《中华人民共和国民法总则》第一百五十七条、第一百六十二条、第一百八十八条、第一百九十五条，《中华人民共和国合同法》第四十五条、第九十四条，《中华人民共和国个人独资企业法》第十七条，《中华人民共和国民事诉讼法》第六十四条，《最高人民法院关于审理民间借贷案件适用法律若干问题的规定》第二十九条第二款第一项之规定，判决：

一、解除莫某与李某灵于2007年11月19日签订的《出资转让协议书》；

二、解除莫某与孔某军作为代表的武宣县述灵花鱼岭铅锌矿于2008年1月8日签订的《协议书》；

三、李某灵于本案判决生效之日起三十日内返还莫某已支付的转让款3395000元，并支付资金占用利息（自2008年1月12日起至2017年10月12日止，以3395000元为基数，按年利率6%共1986075元，2017年10月12日之后的利息以尚未归还的转让款为基数，按年利率6%计算至实际全部归还转让款之日止）；

四、驳回莫某的其他诉讼请求。

李某灵不服一审判决，提起上诉。广西壮族自治区来宾市中级人民法院经审理认为：

1. 关于莫某的一审诉讼请求是否已经超过了诉讼时效问题。根据《最高人民法院关于审理民事案件适用诉讼时效制度若干问题的规定》第一条的规定，我国诉讼时效的适用对象是债权请求权。《中华人民共和国合同法》第九十五条规定："法律规定或者当事人约定解除权行使期限，期限届满当事人不行使的，该权利消灭。法律没有规定或者当事人没有约定解除权行使期限，经对方催告后在合理期限内不行使的，该权利消灭。"故合同解除权系形成权，不适用诉讼时效制度。《中华人民共和国合同法》第九十七条规定："合同解除后，尚未履行的，终止履行；已经履行的，根据履行情况和合同性质，当事人可以要求恢复原状、采取其他补救措施、并有权要求赔偿损失。"故基于合同解除产生的债权请求权，受诉讼时效的约束。本案中，莫某一审诉讼请求除解除涉案的两份协议外，还有退还转让款及支付利息并赔偿损失等。莫某的上述请求是基于合同解除后的返还财产及损失赔偿请求权，该请求权的诉讼时效起算点应当为合同被解除之时。因此，本案莫某的一审诉讼请求并未超过诉讼时效，李某灵主张已经超过诉讼时效的上诉理由缺乏事实和法律依据，不能成立，不予支持。

2. 关于涉案两份协议的效力问题。在二审庭审中李某灵与莫某均认可签订2007年11月19日《出资转让协议书》和2008年1月8日《协议书》的目的为转让采矿权，合同当事人实际均为李某灵和莫某，李某灵承诺其对采矿权有完全权利，在莫某支付约定的对价后，就将采矿权转至莫某名下或莫某指定的公司名下，双方均作出其各自的真实意思表示，故上述两份协议书均属于采矿权转让合同。依照《最高人民法院关于审理矿业权纠纷案件适用法律若干问题的解释》第六条的规定，采矿权等矿业权转让合同自依法成立之日起具有法律约束力，当事人仅以矿业权转让申请未经国土资源主管部门批准为由请求确认转让合同无效的，人民法院不予支持。再根据《出资转让协议书》第八条的约定“经双方签署并经东莞市公证处公证后生效”，但双方截至二审诉讼期间仍未依约公证，且依照《探矿权采矿权转让管理办法》第三条和第十条的规定，矿业权转让合同自批准之日起生效。故2007年11月19日的《出资转让协议书》依法成立，具有法律约束力，但未生效。一审对此认定有误，予以纠正。

3. 关于涉案的两份协议书是否应当解除的问题。民事主体从事民事活动，应当遵循诚信原则，合同各方均应当恪守承诺，诚实履行自己的合同义务。本案中，在《出资转让协议书》签订前，李某灵知道或应当知道其与案外人钟某光、覃某华合伙纠纷正在法院进行诉讼，但并未在《出资转让协议书》中对此情况予以明确告知莫某，反而保证述灵铅锌矿为其个人独资所有，故意隐瞒对合同相对方有重大影响的事实，明显违反诚实信用合同义务，李某灵存在违约行为。但根据查明的事实和当事人的陈述，首先，在签订《出资转让协议书》时李某灵即将述灵铅锌矿交给莫某来实际管理经营，直到2010年1月莫某将述灵铅锌矿转包给案外人武宣县正祥矿业有限公司经营，并收取了部分费用。其次，在2008年1月8日，针对李某灵与案外人钟某光、覃某华合伙纠纷引起述灵铅锌矿的采矿权被查封冻结，李某灵委托孔某军代表其以述灵铅锌矿的名义与莫某签订协议，其中约定莫某向李某灵一方支付80万元，由李某灵一方用于解决涉及述灵铅锌矿的纠纷，并从采矿权转让款中扣除。最后，尽管莫某在本案诉讼中否认李某灵一审提交的2008年4月2日三方协议第一页的真实性，但该三方协议第二页明确规定“本协议一式叁份，甲乙丙各执一份”，作为协议签订的一方，莫某既然否定李某灵提供的三方协议第一页的真实性，就应当提供其持有的三方协议或举证予以反驳，而在本案诉讼中莫某未能举证证明其反驳主张，应承担不利后果，故认定该协议内容真实。在该协议中，莫某明确表示愿意代李某灵一方向案外人钟某光、覃某华支付退出述灵铅锌矿合伙的对价款900万元。为此，李某灵一方于同日主动向广西壮族自治区高级人民法院申请撤回对钟某光、覃某华合伙纠纷的上诉。故在涉案两份协议书履行中，李某灵实际履行述灵铅锌矿管理经营权移交给莫某、莫某与李某灵一方共同约定通过三方协议解决对案外人股份问题等事实，表明双方实际上对《出资转让协议书》的约定进行了部分变更，莫某在知道述灵铅锌矿的所有权发生重大变更后仍愿意与李某灵一方继续履行采矿权转让协议，李某灵的前述违约因此而得到弥补，采矿权转让的合同目的仍有可能实现。但在三方协议签订后，莫某并未按照约定向钟某光、覃某华支付900万元退伙款，三方协议实际未能履行。涉案两份协议书约定的转让采矿权目的，因至今各方均未有履行意愿和履行能力，目的已经无法实现，故应当予以解除，一审对此判决正确，应予维持。但导致涉案两份协议书解除的原因，并非仅是由于李某灵的单方违约在先，还由于莫某其后未能诚信守约履行三方协议，即双方均先后存在违约行为，共同导致涉案两份协议书解除，故李某灵称并非因其单方原因导致合同解除的上诉理由成立。

4. 关于解除合同后李某灵是否应当返还已付的款项并支付利息的问题。依照前述《中华人民共和国合同法》第九十七条之规定，当事人可以要求恢复原状，就本案而言，即为李某灵一方返还莫某为履行合同已付的部分款项，莫某返还其在实际经营管理述灵铅锌矿期间的利益所得。莫某一审起诉请求返还的款项为350万元，而根据李某灵一方出具的两张收据显示总额为3395000元，其提供的一审银行转账凭证及李某灵一方认可收到的合计仅为1955000元，且在李某灵一方出具收据前后莫某一方均有银行转款行为，其中最少一笔为5000元。尤其值得注意的是，莫某一审提供的银行转账凭证中显示其通过案外人黄某华向广西壮族自治区国土资源厅转款20万元用于办理采矿权证，时间是2007年10月17日，而这明显是在2007年10月10日用于办理采矿权的250万元收据出具之后，另一张895000元收据出具后，莫某还通过银行转账支付给李某灵一方合计有18万元，故两张收据并不足以证明莫某的支付义务在出具收据之前或同时已经履行完毕。因此，莫某证明其已经支付3395000元给李某灵一方的举证责任未完成。另承前所述，签订《出资转让协议书》后，李某灵已于2007年11月将述灵铅锌矿交给莫某实际管理经营，应视为其履行自身的合同义务，2010年1月莫某将述灵铅锌矿转包给案外人正祥公司经营，并收取了部分费用，在此期间莫某并未向李某灵一方支付费用，采矿权及股份被法院诉讼保全只是暂时不能转让或变更，并未有证据证明影响正常的采矿生产经营，故莫某已经实际管理经营述灵铅锌矿获得利益。对于该部分利益，因是莫某实际管理经营，故莫某负有举证责任证实其获得的利益是多少，但在本案一审和二审中均未能举证证明，应承担举证不能的不利后果。莫某请求退还其为履行合同支付的部分款项，依法推定已经因其实际经营管理述灵铅锌矿获利而得到相应补偿。又承前所述，合同解除并非李某灵单方违约所致，故莫某请求退还该部分款项的主张缺乏事实和法律依据，李某灵不应再予返还该部分款项。因此，李某灵的该部分上诉理由成立，应予支持，一审对该部分判决有误，应予纠正。

广西壮族自治区来宾市中级人民法院依照《中华人民共和国民法总则》第七条，《中华人民共和国合同法》第四十二条、第四十五条、第九十四条、第九十七条，《最高人民法院关于适用〈中华人民共和国合同法〉若干问题的解释（一）》第九条，《最高人民法院关于审理矿业权纠纷案件适用法律若干问题的解释》第六条，《最高人民法院关于审理民事案件适用诉讼时效制度若干问题的规定》第一条和《中华人民共和国民事诉讼法》第一百七十条第一款第一项、第二项的规定，判决：

一、维持武宣县人民法院（2017）桂1323民初1897号民事判决第一项、第二项和第四项；

二、撤销武宣县人民法院（2017）桂1323民初1897号民事判决第三项。

【法官后语】

本案是因采矿权转让引发的合同纠纷。

1. 合同解除权是否适用诉讼时效。诉讼时效制度针对的是债权请求权，合同解除后的债权请求权应当自合同解除时起算。根据《最高人民法院关于审理民事案件适用诉讼时效制度若干问题的规定》第一条的规定，我国诉讼时效的适用对象是债权请求权，而非解除权。原告的债权请求权是建立在其合同解除请求权之上的，应从合同解除之日起算其诉讼时效。

2. 采矿权转让合同的成立与生效。依照《最高人民法院关于审理矿业权纠纷案件适用法律若干问题的解释》第六条的规定，采矿权等矿业权转让合同自依法成立之日起具有法律约束力，当事人仅以矿业权转让申请未经国土资源主管部门批准为由请求确认转让合同无效的，人民法院不予支持。且依照《探矿权采矿权转让管理办法》第十条的规定，矿业权转让合同自批准之日起生效。故涉案的采矿权转让合同依法成立，具有法律约束力，但未生效。

3. 受让人实际经营管理矿场期间所获利益的举证责任承担。对于该举证责任，因受让人在此期间实际经营管理，实际控制，故受让人应当负有举证责任证实其获得的利益多少，未能举证证明的，应承担举证不能的不利后果。受让人请求退还其为履行合同支付的部分款项，依法推定已经因其实际经营管理涉案矿场获利而得到相应补偿。又承前所述，合同解除并非出让人单方违约所致，受让人亦负有责任，故受让人请求退还该部分款项的主张缺乏事实和法律依据，出让人不应再予返还该部分款项。

编写人：广西壮族自治区来宾市中级人民法院　石晓志

三、违约责任

14

新冠肺炎疫情并非当然的不可抗力免责事由

——北京铺铺旺科贸集团有限公司诉孙某晗房屋租赁合同案

【案件基本信息】

1. 裁判书字号

北京市西城区人民法院（2020）京0102民初8631号民事调解书

2. 案由：房屋租赁合同纠纷

3. 当事人

原告：北京铺铺旺科贸集团有限公司（以下简称铺铺旺科贸公司）

被告：孙某晗

【基本案情】

2019年10月29日，铺铺旺科贸公司与孙某晗签订《合作经营协议书》，约定：铺铺旺科贸公司出租西城区一处房屋，孙某晗承租该房屋用于经营超市，租金标准为9000元/月，支付方式为半年一付，押金18000元，首期租金应于合同签订后三日内支付。合同签订后，铺铺旺科贸公司依约交付房屋，但孙某晗仅支付押金18000元及5个月房租，拖欠1个月房租迟迟未予支付。经多次催收未果，铺铺旺科贸公司起诉至法院，请求判令：孙某晗继续履行双方之间的《合作经营协议书》；立即支付拖欠的1个月房租9000元及违约金33300元。孙某晗以新冠肺炎疫情爆发，以疫情影响，公众消费需求降低，导致其收入巨减为由，以合同履行过程出现不可抗力抗辩，拒绝承担违约责任。

【案件焦点】

1. 新冠肺炎疫情是否属于法律意义上的不可抗力；2. 若新冠肺炎疫情构成不可抗力，孙某晗能否以此为由免除违约责任。

【法院裁判要旨】

北京市西城区人民法院经审理认为：根据《中华人民共和国民法总则》第一百八十条和《中华人民共和国合同法》第一百一十七条的规定，不可抗力，是指不能预见、不能避免且不能克服的客观情况。“不能预见”是指依据现有技术水平，一般对某事件的发生没有预知能力；“不能避免并不能克服”是指一般社会人已经尽到最大努力，并采取了一切可以采取的措施，仍不能避免某一事件的发生且不能克服事件所造成的后果。当前我国发生了新冠肺炎疫情这一突发公共卫生事件，为了保护公众健康，政府也采取了相应疫情防控措施。对于因此不能履行合同的当事人来说，新冠肺炎疫情属于不能预见、不能避免并不能克服的不可抗力。

既然新冠肺炎疫情属于不可抗力，那么本案承租人能否以此为由主张免除违约责任呢？

根据《中华人民共和国合同法》第一百一十七条的规定，因不可抗力不能履行合同的，根据不可抗力的影响，部分或者全部免除责任，但法律另有规定的除外。当事人迟延履行后发生不可抗力的，不能免除责任。本案中，孙某晗应于《合作经营协议》签订后三日内支付租金，但其未能按时足额支付，故应当按照合同约定承担违约责任。孙某晗迟延支付租金之时新冠肺炎疫情尚未爆发，故其以疫情爆发导致收入巨降为由主张免除责任，缺乏法律依据。因此，本案承租人无权要求免除因未及时足额支付租金而产生的违约责任。

经北京市西城区人民法院主持调解，双方自愿达成如下协议：

一、孙某晗于 2020 年 3 月 12 日之前支付拖欠铺铺旺科贸公司的一个月房租 9000 元；

二、本案纠纷一次性解决完毕，双方再无争议。

【法官后语】

当前我国发生了新冠肺炎疫情这一突发公共卫生事件。为了保护公众健康，政府也采取了相应疫情防控措施。这导致很多合同——特别是房屋租赁合同的当事人无法继续履行合同，也因此引发了很多诉讼。本案系北京市首例涉新冠肺炎疫情不可抗力抗辩的租赁合同纠纷案件，其处理思路能为后续类似案件的审理提供一些借鉴。

第一，全国人大常委会法制工作委员会相关室负责人在答记者问时已明确表示，对于因新冠肺炎疫情或政府防控措施不能履行合同的当事人来说，新冠肺炎疫情属于不能预见、不能避免并不能克服的不可抗力。司法机关在审判实践中应当贯彻落实这一立法意见。

第二，根据《中华人民共和国合同法》第九十四条的规定，因不可抗力致使不能实现合同目的，当事人可以解除合同。因此，新冠肺炎疫情，虽然属于不能预见、不能避免并不能克服的不可抗力，但并不必然导致合同免责解除。新冠肺炎疫情作为不可抗力，是否构成合同解除免责事由，与房屋用途、合同期限、履行情况、疫情影响程度及因果关系等相关。只有在疫情直接导致合同无法继续履行，从而致使合同目的不能实现情形下，承租人才能以疫情构成不可抗力为由主张解除租房合同，同时免除责任。如疫情仅仅导致合同履行难度增加，则并不能以此为由主张解除合同，而应按照公平和诚实信用原则协商变更合同内容。

第三，在一般情况下，承租人可以新冠肺炎疫情为由主张不可抗力，要求减免房租，但仍需注意以下特殊情形：不可抗力作为免责事由，免除的是承租人的违约责任，而非全部合同义务，因此，只有在不可抗力直接导致合同履行不能，合同目的不能实现情形下，承租人才有权请求减免剩余租期的租金；承租人未能及时通知出租人，在合理期限内未提供不可抗力证明的，不能免除责任；承租人迟延履行支付义务后发生不可抗力的，不能免除责任；疫情发生之后签订合同，又以疫情爆发为由主张不可抗力免责的，不能免除责任；迟延履行金钱债务的，不因不可抗力而免除责任。

第四，注意区分经营性商业用房与个人居住用房在适用不可抗力制度时的不同。经营性商业用房租赁合同一般存在合同期限长，承租人装修投入大以及合同主体多为公司等特点，短期的疫情影响一般不会导致合同目的不能实现，故对此类合同的解除，法院应持谨慎态度：合同能够继续履行的，鼓励继续履行；一方可以履行而拒绝履行的，应当承担违约责任。与经营性商业用房租赁合同相比，个人居住用房租赁合同一般存在合同期限短、装修投入少及人身附随性高等特点，对确因疫情原因无法使用承租房屋的，如承租人要求解除合同，已及时通知出租人，并在合理期限内提交了不可抗力证明，法院一般可以准许解除合同。

第五，对疫情结束后，可能出现的类似纠纷，法官建议：首先，根据法律规定和合同约定审慎评估合同是否能够继续履行，能够履行的，应当继续履行；其次，确实无法继续履行的，应当及时通知对方，减少其损失，并在合理期限内提交不可抗力证明材料；最后，积极友好协商，按照公平和诚实信用原则变更合同条款或另行签订补充协议，降低双方损失。

编写人：北京市西城区人民法院　韩永飞

15

“组团社”与“地接社”的违约责任认定

——赵某平诉北京和平天下国际旅行社有限公司、北京天元假期国际旅行社有限公司旅游合同案

【案件基本信息】

1. 裁判书字号

北京市第一中级人民法院（2018）京01民终4315号民事判决书

2. 案由：旅游合同纠纷

3. 当事人

原告（被上诉人）：赵某平

被告（上诉人）：北京和平天下国际旅行社有限公司（以下简称和平天下公司）

被告：北京天元假期国际旅行社有限公司（以下简称天元假期公司）

【基本案情】

2016年8月15日，赵某平（旅游者）与和平天下公司（出境社）签订《团队出境旅游合同》一份，约定：“和平天下公司为赵某平、王某芳提供巴厘岛6日旅游服务，旅游费用4900元/每人，旅游者同意采用拼团方式拼至‘金阳假期’出境社成团。”

和平天下公司与天元假期公司均认可“金阳假期”为天元假期公司经营的品牌名称，和平天下公司委托天元假期公司接待其公司的旅游团队，天元假期公司实际为赵某平提供巴厘岛境内的旅游服务，安排领队、导游。为此提交和平天下公司与天元假期公司《接待合作协议》一份。天元假期公司认可其为和平天下公司旅游团队的实际接待方。

2016年8月27日，天元假期公司安排旅游者到巴厘岛一处私人沙滩自由活动，赵某平在海岸边行走时，被海浪拍伤。

和平天下公司主张其已对赵某平履行了安全告知义务，在双方旅游合同中有相关约定，行程单中告知旅游者应根据自身情况谨慎斟酌后下水，领队和导游在旅游者下水前也会告知下水风险。天元假期公司亦主张其已对赵某平履行了安全告知义务。

事发后，领队、导游将赵某平送至当地医院治疗，天元假期公司为赵某平垫付了境外治疗费用。赵某平于2016年8月28日随团回国，并住院手术治疗。

【案件焦点】

1. 天元假期公司作为实际接待方，是否应承担事故责任；2. 和平天下公司是否尽到安全提示义务。

【法院裁判要旨】

北京市海淀区人民法院经审理认为：依法成立的合同，对当事人具有法律约束力，当事人应当按照约定履行自己的义务。当事人一方不履行合同义务或者履行合同义务不符合约定的，应当承担继续履行、采取补救措施或者赔偿损失等违约责任。本案中，赵某平与和平天下公司签订的《团队出境旅游合同》系双方当事人真实意思表示，未违反国家法律、行政法规的强制性规定，应认定为有效。天元假期公司与和平天下公司存在合同关系，实际为赵某平提供旅游服务，是该旅游合同的履行辅助人。旅游经营者、旅游辅助服务者对可能危及旅游者人身、财产安全的旅游项目未履行告知、警示义务，造成旅游者人身损害、财产损失，旅游者请求旅游经营者、旅游辅助服务者承担责任的，人民法院应予支持。赵某平有权向和平天下公司、天元假期公司主张责任。依据双方的旅游合同，和平天下公司及天元假期公司均负有以谨慎提供旅游合同项下旅游服务、保障旅游者安全的义务，但因外界的自然环境或人文环境中存在固有风险，旅游者自身亦应承担保护自身安全的合理注意义务。本案中，根据查明的事实，天元假期公司在赵某平进入事发海滩前进行了一般性的安全提示，履行了部分告知和警示义务。和平天下公司主张其在旅游合同、行程单中约定了安全注意事项，但该约定内容仅具有概括性。和平天下公司称领队和导游在旅游者下水前也会告知下水风险，但就此未提交任何证据。和平天下公司与天元假期公司均无法证明其对赵某平提示过涉案沙滩的海浪风险。安全告知义务的内容虽不可能面面俱到，但应针对具体场所的危险内容进行提示，而不能仅作概括性告知。告知义务是否适当履行的判断标准应为实质性标准，即能够起到提示风险的作用。涉案海滩具有发生海浪事故的可能性，在此情况下，旅行社至少应告知旅游者有海浪风险。同时，其还应考虑赵某平年龄较大的实际情况，在事发海滩已矗立警告标志的情况下，更有针对性地对其进入或靠近海边可能带来的各种危险进行充分提示和告知，避免受伤。鉴于和平天下公司及天元假期公司未能完全履行义务，故其应在违约责任范围内对损害后果承担相应责任。同时，赵某平作为完全民事行为能力人，具有正常的自我保护能力，应当知晓在海边游玩的危险性，其更应保持小心、谨慎，其对自身安全并未尽到审慎注意义务，其行为具有一定冒险性，亦应对损害结果的发生承担责任。基于上述理由，法院认为，和平天下公司及天元假期公司应对损害后果承担60%违约责任为宜。

北京市海淀区人民法院依照《中华人民共和国合同法》第八条、第六十条、第一百零七条，《最高人民法院关于审理旅游纠纷案件适用法律若干问题的规定》第八条，《最高人民法院关于审理人身损害赔偿案件适用法律若干问题的解释》第十七条之规定，判决：

一、和平天下公司与天元假期公司于本判决生效后七日内赔偿赵某平医疗费5060.57元、急救交通费207元、鉴定费900元、营养费2160元、护理费2082元、伤残赔偿金100642.5元，以上共计111052.07元；

二、和平天下公司于本判决生效后十日内退还赵某平旅游费1000元；

三、驳回赵某平的其他诉讼请求。

和平天下公司不服一审判决，提起上诉。北京市第一中级人民法院同意一审法院裁判意见，判决：

驳回上诉，维持原判。

【法官后语】

本案审理的重点在于天元假期公司作为实际接待方，是否应承担事故责任以及和平天下公司是否尽到安全提示义务。

第一，天元假期公司作为实际接待方，是否应承担事故责任。本案中，和平天下公司委托天元假期公司接待其公司旅游团队，天元假期公司实际为赵某平提供巴厘岛境内的旅游服务，安排领队和导游服务。根据《中华人民共和国旅游法》第一百一十一条第四项和第五项规定，上述情况下，和平天下公司为组团社，天元假期公司为地接社。而根据该法第七十一条第一款的规定，由于地接社、履行辅助人的原因导致违约的，由组团社承担责任；组团社承担责任后可以向地接社、履行辅助人追偿。本案中，赵某平以旅游合同纠纷为由起诉请求和平天下公司进行违约损害赔偿，根据上述规定，即使是由于地接社天元假期公司的原因违约，也仍应由组团社和平天下公司承担责任，和平天下公司在承担责任后可以向地接社追偿。因此，即使天元假期公司最终可能需要承担责任，但根据《中华人民共和国旅游法》第七十一条第一款的规定，也应由和平天下公司首先承担违约责任。和平天下公司以“天元假期公司作为实际接待方，应承担事故责任”为由，并不能否定其作为本案旅游合同相对方所应承担的违约责任。

第二，和平天下公司是否尽到安全提示义务。本案中，和平天下公司和天元假期公司对赵某平履行了一般性的安全提示义务。但是法院认为，旅游合同项下的安全提示义务并非一般性的安全提示义务。在旅游活动中，旅游者与旅行社之间基于有偿的旅游合同所产生的安全提示义务不应采取一般性的形式化标准，而应采取有针对性的实质化标准。这一实质化的标准应能有针对性地起到风险防范的作用。如果只是采取格式化的书面告知提醒方式，或其他概括性提示告知的方式，而对特定旅游地点的特定风险未进行安全提示和告知，则很难认定旅行社尽到了实质上的安全提示义务。本案中，考虑到赵某平的年龄、涉案海滩的海浪情况，作为和平天下公司的受托人，天元假期公司应对赵某平在私人沙滩上的自由活动进行针对性的安全提示。但现有证据未能证明天元假期公司进行过这样的安全提示。

另外，要求旅行社就尽到实质性安全提示义务提供证据，在一定程度上的确会加重旅行社的负担。但是，旅行社作为旅游合同的当事人一方，理应就其履行了合同义务和法定义务这一事实提供证据。要求旅行社就尽到实质性安全提示义务提供证据，实质上是为了督促旅行社更为审慎地履行安全提示义务，这将积极地促进旅行社的管理规范化水平，并不会导致旅行社义务的无限扩大。和平天下公司认为要求旅行社对安全提示留有证据，就会无限制加大旅行社的责任，这一理由不能成立。

编写人：北京市海淀区人民法院　梁珊

16

股权众筹平台居间义务及违约赔偿范围的认定

——李某兵诉北京原始会投资管理有限公司、北京网信众筹网络科技有限公司居间合同案

【案件基本信息】

1. 裁判书字号

北京市第三中级人民法院（2018）京03民终5264号民事判决书

2. 案由：居间合同纠纷

3. 当事人

原告（上诉人）：李某兵

被告（被上诉人）：北京原始会投资管理有限公司（以下简称原始会投资公司）

被告（原审被告）：北京网信众筹网络科技有限公司（以下简称网信众筹公司）

【基本案情】

原始会投资公司名下经营的原始会平台，是中国证券业协会首批吸纳的互联网非公开股权融资平台会员。原始会投资公司是网信众筹公司的全资子公司。2015年7月，原始会平台上线了江西巨峰竹木业有限公司（以下简称巨峰竹木业公司）拟通过股权融资600万元的项目，载明项目的“投资亮点”包括：本轮融资达成，预计2016年2月前在新三板挂牌，投资者可在市场转让；项目增信，大股东承诺连续三年年化8%分红和本金回购，确保安全退出等。2015年6月27日，李某兵通过注册认证，成为原始会平台的会员。2015年9月2日，在先期支付2400元保

证金的基础上，李某兵通过原始会平台投资了巨峰竹木业公司股权融资项目，向原始会平台指定的第三方支付平台支付投资款237600元。2015年9月10日，苏州金枫创业投资有限公司（以下简称金枫创投公司）作为无限责任合伙人、李某兵及其他27名自然人投资者作为有限责任合伙人，签订了合伙协议，成立苏州金枫巨峰投资企业（有限合伙）（以下简称金枫有限合伙）。2015年8月29日，巨峰竹木业公司作为甲方，金枫有限合伙作为乙方，巨峰竹木业公司的原始股东洪甲春、洪乙春作为丙方签订了《巨峰竹木业公司增资扩股协议书》，乙方以600万元认购新增注册资本400万元。同时约定股权回购，乙方持股每满一年后，如甲方上一年度实际净利润未能达到年度保证净利润的100%，且乙方未能将其所持有股权全部转让给第三方的情况下，乙方有权要求甲方的控股股东、实际控制人回购其持有甲方的全部股权。2015年12月11日，巨峰竹木业公司被列入最高人民法院失信被执行人名单。2016年，洪甲春、洪乙春作为甲方，金枫有限合伙作为乙方，巨峰竹木业公司作为丙方，签订了一份《协议书》，就终止2015年8月29日的《巨峰竹木业公司增资扩股协议书》达成如下一致意见：乙方投入丙方合计600万元，乙方将其名下所有股份即5.5169%的股份转让给甲方，甲方支付乙方全部投资款项600万元。洪甲春、洪乙春和巨峰竹木业公司未按照约定退还600万元款项，金枫有限合伙将洪甲春、洪乙春、巨峰竹木业公司起诉至江苏省苏州市吴中区人民法院。苏州市吴中区人民法院判令洪甲春、洪乙春支付金枫有限合伙股权转让款600万元，但截至2017年9月30日，被执行人洪甲春、洪乙春均未能履行生效法律文书确定的义务。

原始会投资公司述称：投资者在原始会平台注册过程中，需勾选《用户注册服务协议》《风险揭示书》，并提交了一份《用户注册服务协议》，李某兵对原始会投资公司提交的上述两份文件的真实性均不予认可，称注册时勾选内容只是“我同意”三个字，并无文件内容。原始会投资公司自认平台披露的《用户注册服务协议》内容进行过变更，提交的《用户注册服务协议》即李某兵注册时使用的版本，但是通过平台电子数据无法确认李某兵注册时勾选的文件内容；《风险揭示书》内容没有变更过，在原始会平台网站“投资者手册”中一直可以查询到。巨峰竹木业公司项目的领投人金枫创投公司与网信众筹公司存在协议关系，金枫创投公司曾以“众筹网江苏站”的名义进行经营。故李某兵起诉要求原始会投资公司、网信众筹公司共同赔偿其投资款24万元及利息损失（以24万元为基数，自2015年9月1日起算至2016年12月31日止，按照中国人民银行同期贷款利率4倍的标准计算），并承担本案全部诉讼费用。

【案件焦点】

1. 投资者与股权众筹平台之间法律关系的性质；2. 股权众筹平台义务的认定；3. 股权众筹平台存在违约的情况下，损害赔偿的范围应如何确定。

【法院裁判要旨】

北京市朝阳区人民法院经审理认为：原始会平台在承诺有专业的投资团队及风控团队对项目进行全面分析和严格审核的同时，并未尽到融资项目审查义务，亦没有通过足以引起投资人注意的特别方式来告知交易模式和相应风险，也未尽到风险提示义务。原始会投资公司是网信众筹公司的全资子公司，领投人金枫创投公司与网信众筹公司存在协议关系，且曾以“众筹网江苏站”名义经营，上述事实足以对投资人的决策产生倾向性的影响，可以认定原始会投资公司违反了居间方的中立性。故原始会投资公司在项目审查、风险提示、保持中立三个方面存在违约行为，应当依法承担违约损害赔偿责任。李某兵在投资巨峰竹木业公司之前，没有要求平台或融资企业披露林权有关信息，未对融资企业情况进行调查核实，亦存在一定的过错，应对其损失承担部分责任。因此，根据责任与过错相适应原则及可预见性原则，综合考虑原始会投资公司、李某兵各自的过错程度，居间报酬的金额以及金融秩序维护等因素，法院酌定原始会投资公司向李某兵赔偿36000元。李某兵要求网信众筹公司赔偿损失，缺乏事实依据，法院不予支持。

北京市朝阳区人民法院依照《中华人民共和国合同法》第一百零七条、第四百二十五条，《中华人民共和国民事诉讼法》第一百四十四条，《最高人民法院关于适用〈中华人民共和国民事诉讼法〉的解释》第九十条之规定，判决：

一、原始会投资公司于判决生效之日起十日内赔偿李某兵损失36000元；

二、驳回李某兵的其他诉讼请求。

李某兵不服一审判决，提起上诉。北京市第三中级人民法院经审理认为：传统的居间合同关系中，居间人应承担媒介服务、如实报告义务。本案中，原始会投资公司作为股权众筹平台已尽到为李某兵提供媒介服务的义务，虽然李某兵因投资涉案项目造成损失，但是此结果亦不能否认原始会投资公司媒介义务的履行。关于如实报告义务，居间人有义务对报告的内容进行必要的审查。因股权众筹涉及金融领域，从金融法的角度，并参考一般金融中介机构的共有义务来确定股权众筹平台至少应尽到的义务，故除媒介义务、如实报告义务，股权众筹平台的义务范围还应包括投资风险提示、融资方及融资项目的信息披露、融资方的资质及融资项目的合法性审查、融资项目真实性进行必要的审查以及忠实、勤勉对待投资人等。原始会投资公司作为股权众筹平台未尽到风险提示、项目审查以及忠实勤勉义务，存在一定程度的违约行为，应承担相应的违约赔偿责任。本案中，在确定原始会投资公司的损害赔偿范围上应结合可预见性规则、各方过错程度等因素，法院据此酌定原始会投资公司向李某兵赔偿36000元。

北京市第三中级人民法院依照《中华人民共和国民事诉讼法》第一百七十条第一款第一项之规定，判决：

驳回上诉，维持原判。

【法官后语】

股权众筹是众筹融资的一种类型，其商业模式可概括为：资金需求方（通常为初创企业）在网站上发布项目信息，投资者根据相关信息对项目进行小额投资并取得股权。当前我国在法律、行政法规层面对于股权众筹的规定尚属空白，对于股权众筹的性质及相关主体权利义务的确定亦存在争议。在此背景下，本案审理过程中涉及的法律难点即为以下三点：1. 投资者与股权众筹平台之间法律关系的性质；2. 股权众筹平台义务的认定；3. 股权众筹平台存在违约的情况下，损害赔偿的范围应如何确定。

一、投资者与股权众筹平台之间法律关系的性质

关于投资者和股权众筹平台之间法律关系的性质主要有居间合同说、展台租赁合同说以及委托合同说。我们认为，投资者与股权众筹平台之间系一种特殊的居间合同法律关系。投资者与股权众筹平台之间的法律关系虽可概括认定为居间合同关系，但亦存在特殊性，主要有以下三方面：1. 投资者的无偿性与融资者的有偿性；2. 股权众筹平台角色的金融属性；3. 促成交易原因的复杂性。

二、股权众筹平台义务的认定

股权众筹平台作为新兴的互联网融资平台，涉及的法律关系和法律规则比较复杂，并非单一的居间人可以概括。从金融法的角度看，众筹平台不仅是撮合交易的

居间人，也是引导资源配置、防范金融风险和保护投资者的看门人。考虑到股权众筹平台的双重属性，故界定其义务时亦应分别从传统民法（主要为合同法）和金融法的双重视角下展开。我们认为，除传统民法的媒介义务、如实报告义务外，股权众筹平台的义务范围还应包括投资风险提示、融资方及融资项目的信息披露、融资方的资质及融资项目的合法性审查、融资项目真实性进行必要的审查以及忠实、勤勉对待投资人等。

三、股权众筹平台承担违约责任的情形及违约损害赔偿的范围

1. 在股权众筹平台承担违约责任的情形。无论是违反合同法上居间人的义务，还是违反金融法中股权众筹平台作为中介机构的义务，都应当对其责任部分承担相应责任，该种责任属于严格责任，不应仅仅限于合同法规定的存在故意隐瞒或提供虚假信息的情形，即只要客观上股权众筹平台没有履行其义务，对投资人造成损失，即应当承担违约赔偿责任。

2. 对股权众筹平台违约损害赔偿的范围。结合股权众筹平台的地位特点及义务类型，我们认为，股权众筹平台应就其责任部分赔偿投资者的投资损失，而非对投资者的全部投资损失均承担赔偿责任，其责任部分主要是在权利义务相一致的原则下根据其违反义务的程度和收取佣金的情况来定，同时结合可预见性规则、各方过错程度以及投资者的损失程度等因素综合确定。

编写人：北京市第三中级人民法院　刘茵　唐大利

17

政府行为导致出租人瑕疵履行的违约责任认定

——厦门平陆贸易公司诉游某丰房屋租赁合同案

【案件基本信息】

1. 裁判书字号

福建省厦门市中级人民法院（2018）闽02民终4383号民事判决书

2. 案由：房屋租赁合同纠纷

3. 当事人

原告（上诉人）：厦门平陆贸易公司（以下简称平陆公司）

被告（被上诉人）：游某丰

【基本案情】

2015 年 8 月 22 日，平陆公司（甲方）与游某丰（乙方）签订一份《租赁合同》（以下简称讼争合同），约定：甲方将思明区鼓浪屿旗山路 4 号、6 号房屋（以下简称讼争房屋）出租给乙方用于经营家庭旅馆；租赁期限自 2015 年 12 月 1 日至 2023 年 11 月 30 日，甲方给乙方三个月免租期，因此租赁期限相应顺延三个月至 2023 年 11 月 30 日；如果由于政府行为（包括但不限于对风景区集体作出保护措施）导致乙方超过一个月无法正常使用房屋的，甲方同意租期无偿相应顺延；租金为年付，每年租金 78 万元，无须交付押金；首期租金在本合同签订之日起二日内支付，以后各年度租金在每年度前三个月支付；如乙方未能按期支付租金的，甲方有权解除合同，乙方已投资装修无偿归甲方所有，租金支付至甲方指定的曾某左银行账户；甲、乙双方若因本协议发生争议，应本着诚实信用的原则友好协商解决，如协商不成可向法院起诉；等等。合同签订后，平陆公司向游某丰交付讼争房屋，游某丰对讼争房屋进行装修后用于经营家庭旅馆（民宿）——鼓浪屿那岛那海度假酒店。游某丰分别于 2015 年 8 月 13 日、2015 年 8 月 24 日、2015 年 9 月 22 日、2016 年 8 月 26 日分别向平陆公司支付租金 10 万元、72 万元、10 万元、68 万元。

2017 年 4 月起，游某丰及其合伙人欲向政府申请办理“鼓浪屿那岛那海度假酒店”的家庭旅馆特种行业许可证，其间与平陆公司相关人员多次沟通，但因讼争房屋存在权属问题始终未能办理。2017 年 10 月 10 日，平陆公司以曾某左名义向游某丰邮寄《通知书》称：游某丰须于每年 8 月 30 日前支付租金，今年游某丰至今未交付租金已严重违约，故通知解除讼争合同。通知邮件由游某丰的配偶签收。2017 年 11 月 21 日，游某丰通过张某芳账户向平陆公司汇款 50 万元，汇款用途为“旗山路 4 号、6 号 2018 年度房租”。

另查明：讼争房屋尚未办理产权证，以致承租讼争房屋经营家庭旅馆无法取得特种行业许可证。2017 年 9 月，金砖国家领导人第九次会晤（以下简称金砖会晤）

在厦门举行，政府对未取得特种行业许可证的鼓浪屿家庭旅馆进行管制。金砖会晤后政府的管制取消，此后讼争房屋能够正常用于经营家庭旅馆。证人陈某（“鼓浪屿那岛那海度假酒店”工作人员）述称：金砖会晤期间由于政府管制，2017年4月17日至2017年9月8日，鼓浪屿那岛那海度假酒店的广告在各大旅游网站上下线；未取得特种行业许可证。证人张某木（游某丰的亲戚、“鼓浪屿那岛那海度假酒店”的股东）述称：2017年9月，鼓浪屿那岛那海度假酒店在网上不能挂出营业了。证人陈某龙（促成原、被告签订讼争房屋租赁合同的中间人之一）述称：其在鼓浪屿上经营店面，金砖会晤期间无特种行业许可证的家庭旅馆政府都要求停止营业。证人谢某琪（促成原、被告签订讼争房屋租赁合同的中间人之一）述称：其为鼓浪屿观海园管理公司员工，金砖会晤期间鼓浪屿上所有旅馆关闭一星期左右；无特种行业许可证的家庭旅馆在金砖会晤一个多月前就从网上下线，没有什么客人了；金砖会晤会期以外，政府没有干预无特种行业许可证的家庭旅馆的经营。

【案件焦点】

政府行为造成租赁房屋无法按合同目的使用的，出租人应当承担何种违约责任。

【法院裁判要旨】

福建省厦门市思明区人民法院经审理认为：本案争议焦点为游某丰未于2017年9月1日前向平陆公司足额支付78万元租金是否违约并构成解除讼争合同条件。金砖会晤期间政府加强对家庭旅馆的管制，并要求无特种行业许可证的家庭旅馆从网站上下线是周知的事实并得到了证人证言证实。因平陆公司尚未取得讼争房屋产权证书，讼争房屋上经营的家庭旅馆无法办理特种行业许可证，以致金砖会晤期间讼争房屋上经营的家庭旅馆受到政府管制，讼争房屋用作经营家庭旅馆的约定用途受到影响。平陆公司未能保证讼争房屋在金砖会晤期间符合合同约定的用途在先，游某丰据此止付租金系依法行使抗辩权。在争议原因即政府管制消失后，游某丰于2017年11月21日向平陆公司支付50万元作为2018年度租金，可见游某丰并非恶意欠租拒不履行合同。游某丰迟延支付租金存在合理理由并采取了履行合同的补救措施，平陆公司单方发函并不产生解除讼争合同的法律后果。

游某丰将讼争房屋用于经营家庭旅馆，金砖会晤期间房屋使用受到影响，其余时间均能正常使用。金砖会晤期间对房屋使用产生影响的政府管制措施：一是会议召开期间家庭旅馆停止经营，二是会议召开前一段时间无特种行业许可证的家庭旅馆在旅游网站上下线，前者造成讼争房屋约定用途完全无法实现，后者则造成家庭旅馆入住人数减少以致讼争房屋约定用途正常实现受到限制。讼争合同约定：如果由于政府行为导致超过一个月无法正常使用房屋的，租期无偿相应顺延，据此约定内容可知，平陆公司同意因政府行为导致讼争房屋无法正常使用时在相应期间免租。游某丰主张旅游网站下线的时间自2017年4月17日至2017年9月8日，其间租金应免除，但该主张与大多数到庭证人证言不一致，且没有其他客观证据和直接证据佐证。综合证人证言和本案其他证据，考虑金砖会晤期间政府不同管制形式对房屋用途的不同影响，法院酌情认定因金砖会晤政府管制影响讼争房屋正常使用可相应减免两个月租金13万元，亦即2017年12月1日至2018年11月30日讼争房屋的租金为65万元，扣除已支付的50万元，游某丰还应支付15万元。

福建省厦门市思明区人民法院依照《中华人民共和国合同法》第六十条第一款、第六十七条、第一百零七条、第一百二十一条、第二百一十六条、第二百二十六条，《中华人民共和国民事诉讼法》第六十四条第一款，《最高人民法院关于适用〈中华人民共和国民事诉讼法〉的解释》第九十条的规定，判决：

一、游某丰于本判决生效之日起十日内向平陆公司支付租金15万元；

二、驳回平陆公司的其他诉讼请求。

平陆公司不服上诉。福建省厦门市中级人民法院经审理同意一审法院裁判意见，判决：

驳回上诉，维持原判。

【法官后语】

本案争议焦点为政府行为导致出租人瑕疵履行的责任如何认定。

一、出租人违反租赁物瑕疵担保义务具有或然性

虽然讼争房屋尚未办理产权证致使家庭旅馆无法取得特种行业许可证，然而出于鼓励旅游业发展、激发民间经济活力等目的，地方政府并未明令禁止家庭旅馆这一业态，无论是否取得特种行业许可证的家庭旅馆均纳入公安部门酒店住宿人员登记系统进行统一管理，在平日里诸如“鼓浪屿那岛那海度假酒店”的未取得特种行

业许可证的家庭旅馆也是能够正常经营的。但在国家举办重大活动期间，出于安保稳控需要，地方政府对鼓浪屿家庭旅馆行业采取特殊管制政策：对取得特种行业许可证的家庭旅馆允许会期内经营，对未取得特种行业许可证的家庭旅馆则要求在会期内停止经营。对于讼争房屋经营的“鼓浪屿那岛那海度假酒店”属于后一种情形。由于平陆公司无法提供讼争房屋产权证，“鼓浪屿那岛那海度假酒店”无法取得特种行业许可证，在金砖会晤期间被政府限制经营成为必然。可见，平日里讼争房屋能够正常用于经营家庭旅馆，平陆公司履行了提供符合约定的租赁物的出租人义务；当政府对未取得特种行业许可证的家庭旅馆进行管制时，平陆公司方才违反租赁物瑕疵担保义务构成违约。

二、租赁物瑕疵担保责任形式以酌情减免租金为宜

平陆公司出现违反租赁物瑕疵担保义务的原因在于政府管制这一自身意志之外的因素，属于《中华人民共和国合同法》第一百二十一条规定的因第三人的原因造成违约的情形。根据合同相对性原则，平陆公司并不因此免除对游某丰的违约责任。本案讼争房屋的瑕疵并非物理缺陷，而是用途上受到管制，故无法通过维修的方式使租赁物恢复约定用途，唯一的办法是等待政府解除管制。在合同没有明确约定此种情形出租人违约责任的情况下，酌情减少或免除政府管制期间的租金是最为合适的责任承担方式。应当全面考虑政府管制对房屋用途的影响，酌定公平合理地减免金额。除此之外，不宜判定出租人另行承担违约责任。

三、租赁物存在瑕疵期间承租人止付租金不构成违约

平陆公司提供的租赁物产生瑕疵是暂时性的，政府管制解除后租赁物瑕疵自然解除。游某丰在租赁物产生瑕疵期间止付租金系依法行使抗辩权，在政府管制解除后的合理期限内其恢复支付租金说明其欠租并非恶意，故而游某丰不构成违约，平陆公司不因此享有合同解除权。当然，若政府行为对房屋用途受限的影响是长期的，在可预见时期内无法消除，那么当事人可考虑主张因不可归责于双方的原因解除租赁合同。

编写人：福建省厦门市思明区人民法院　郭泽喆

18

居间合同的违约责任应当包括合理的房屋价值损失

——李某诉千氏（北京）房地产经纪有限公司居间合同案

【案件基本信息】

1. 裁判书字号

北京市第三中级人民法院（2018）京03民终8237号民事判决书

2. 案由：居间合同纠纷

3. 当事人

原告（被上诉人）：李某

被告（上诉人）：千氏（北京）房地产经纪有限公司（以下简称千氏公司）

【基本案情】

2015年4月27日，黄某彬与李某签订《北京市存量房屋买卖合同》，合同约定：黄某彬将其案涉房屋出售给李某，房屋的成交价为208万元，买卖合同载明的居间机构为千氏公司。2015年4月27日，黄某彬（甲方）、李某（乙方）与千氏公司（丙方）签订《居间服务合同》，约定甲乙双方同意共同委托丙方作为交易居间人，丙方提供居间服务。李某按照居间合同的约定向千氏公司支付居间费用25000元。

2015年10月，黄某彬以房屋买卖合同纠纷为由将李某作为被告，千氏公司作为第三人起诉至北京市通州区人民法院，要求法院判令解除黄某彬与李某于2015年4月27日签订的《北京市存量房屋买卖合同》及《补充协议》；判令李某立即将非法占有的案涉房屋腾退；判令李某支付自2015年5月20日起至李某实际腾房之日止的房屋占有使用费（按每日62.47元计算，至起诉之日止暂估价为9620.38元）。北京市通州区人民法院于2016年2月3日作出（2015）通民初字第23681号民事判决，确认黄某彬与李某签订的《北京市存量房屋买卖合同》及《补充协议》

有效；确认黄某彬与李某签订的《北京市存量房屋买卖合同》及《补充协议》于2015年11月9日解除。李某不服上述一审判决提起上诉，北京市第三中级人民法院于2016年4月作出（2016）京03民终4771号民事判决：驳回上诉，维持原判。

2017年1月，李某以房屋买卖合同纠纷为由将黄某彬起诉至北京市通州区人民法院，要求判令：1. 黄某彬给付李某购房款50万元；2. 黄某彬给付李某房屋装修款68000元；3. 黄某彬退还房款并支付装修款后，李某将涉案房屋腾退并交付给黄某彬；4. 黄某彬承担诉讼费用。北京市通州区人民法院于2017年8月25日作出（2017）京0112民初945号民事判决，判决如下：

一、黄某彬支付李某购房款人民币50万元，于判决生效之日起十日内执行清；

二、黄某彬支付李某装修补偿款人民币61385元，于判决生效之日起十日内执行清；

三、李某于黄某彬完成上述第一项、第二项给付义务后二十日内将案涉房屋腾退并交付给黄某彬；

四、驳回李某的其他诉讼请求。

上述一审判决作出后，李某和黄某彬达成了庭外和解：1. 黄某彬返还李某购房款20万元（购房定金30万元不予退还），于2017年9月15日前付清；2. 黄某彬支付李某装修补偿款68000元，于2017年9月15日前付清；3. 李某及第三人韩某敏于2017年10月12日前将涉案房屋腾退并交付给黄某彬；4. 李某及第三人韩某敏协助黄某彬办理涉案房屋的撤销网签备案手续，于2017年10月12日前执行清；5. 黄某彬放弃向李某及第三人韩某敏主张房屋占有使用费的权利。双方一致同意（2017）京0112民初945号民事判决不再执行，均按照上述和解协议履行。李某和黄某彬均已按照上述庭外和解协议履行完毕。

【案件焦点】

中介机构履行居间合同存在违约情形，违约损失如何认定，可得利益范围的认定以及可预见规则的适用。

【法院裁判要旨】

北京市通州区人民法院经审理认为：（2015）通民初字第23681号一案审理过程中，千氏公司作为第三人的开庭陈述、余某国及周某军出具的情况说明及本案开庭过程中千氏公司的陈述、千氏公司后来以韩某敏名义办理的网签手续等证据，形成一条完整的证据链，足以证实李某在买卖合同签约过程中，已经将购买房屋系为母亲居住使用、不能确定是写李某还是其母亲名字的情况告知了千氏公司的事实。居间合同中明确约定了千氏公司作为居间人的居间服务范围和内容，千氏公司作为专业的房地产经纪服务机构，应当根据合同约定的居间服务范围和内容，遵循房地产行业的管理规范，充分运用其房地产从业的经验和掌握的专业经纪知识，将存量房交易的一般流程及可能存在的风险充分提示和告知李某，但千氏公司未履行充分的提示和告知义务。买卖合同中载明的买受人为李某，千氏公司作为专业的房地产从业机构，应当以买卖合同中买受人李某的名义办理网签，如果以李某母亲韩某敏的名义办理网签，应当在征得出卖人黄某彬同意、重新签订买卖合同或补充协议变更买受人的情况下方可进行，千氏公司在未履行上述一般交易流程的情况下径直以韩某敏的名义办理网签手续的行为，违反了存量房交易的一般流程和行业惯例，直接导致黄某彬对以韩某敏名义办理网签和过户提出异议，并要求以李某名义履行合同，办理网签和过户。因千氏公司在提供居间服务过程中存在违反居间服务义务的行为，因此其应当将其收取的居间费用退还给李某，故对李某要求千氏公司退还居间费用的诉讼请求，法院予以支持。关于李某因合同解除遭受的损失问题。因法院的生效判决认定李某与黄某彬买卖合同解除的过错在于李某，因此按照法律规定及双方买卖合同约定，李某支付的购房定金30万元不予退还，李某与黄某彬达成的庭外和解也确认李某支付的购房定金不予退还，因此该30万元定金损失系李某因合同解除遭受的合理损失。李某与黄某彬的买卖合同解除，李某申请对涉案房屋的市场价值进行评估，并认为涉案房屋的现值与其从黄某彬处购买的价格之间的差额即房屋涨价损失，亦系其因合同解除遭受的合理损失的主张，具有充分的事实及法律依据，法院予以确认。但也应当注意到，李某作为完全民事行为能力人，在签订合同过程中负有谨慎的注意义务，对存量房屋交易的一般流程、存在的风险、网签和过户的注意事项等负有必要的核查和注意义务，对于交易过程中存在的交易风险等亦负有合理、谨慎的注意和防范义务，李某未尽合理的谨慎注意义务，对损失的产生亦负有责任。根据相关的法律规定，对于受损害方的损失赔偿应根据过错人的过错责任大小及原因力等因素予以确定。综合本案案情及上述论述意见，法院认为从过错责任的大小及原因力等方面考量，李某和千氏公司应当承担同等责任，李某因合同解除遭受的上述合理损失应当在双方之间均衡分担。北京市通州区人民法院依照《中华人民共和国合同法》第一百零七条、第四百二十四条、第四百二十五条之规定，判决：

一、千氏公司退还李某居间费用25000元，于判决生效之日起十日内执行清；

二、千氏公司赔偿李某经济损失1272450元，于判决生效之日起十日内执行清；

三、千氏公司赔偿李某购房定金损失15万元，于判决生效之日起十日内执行清；

四、驳回李某的其他诉讼请求。

千氏公司不服一审判决提起上诉。北京市第三中级人民法院经审理认为：

1. 关于千氏公司是否构成违约。本案中，就千氏公司的履约行为，存在以下几个方面瑕疵：其一，千氏公司并未提交证据证明其在签订《居间服务合同》前，向李某书面告知了《房地产经纪管理办法》第二十一条规定的事项，特别是“房屋交易的一般程序及可能存在的风险”。其二，千氏公司作为专业中介机构，应当知晓合同主体系合同的关键内容之一，并直接影响到后续一系列相关手续的办理，应当及时提示告知李某此种情况下合同履行存在的不确定因素，并通过约定特别条款、签订补充协议等方式，明确买卖双方当事人的意思表示并以书面形式固定下来。其三，在买卖双方并未书面变更合同当事人的情况下，千氏公司为李某的母亲韩某敏办理了网签手续，使李某进一步有理由相信出卖人同意其以母亲名义购买案涉房屋，房屋买卖合同可以继续履行。综合上述情况，应当认定千氏公司在履行《居间服务合同》过程中没有完全尽职履责，存在违约情形。

2. 关于千氏公司应当承担的违约责任。第一，关于定金损失。庭外和解协议中约定李某不再向黄某彬主张返还定金，该条约定符合法律规定，且即使庭外和解协议没有达成，黄某彬已经表示将另外起诉，故不属于李某没有采取适当措施致使损失扩大的情形，千氏公司对此应予赔偿。第二，关于房屋涨价损失。千氏公司作为专业房屋买卖中介机构，应当预见到因违反居间合同之约定，可能导致房屋买卖合同无法正常履行的法律后果。在本案房屋买卖合同解除的情况下，买受人已经丧失的定金，以及因购买同样区位、同类品质的替代物所需要支付更高的价款，属于产生的合理损失，应由违约方按照法律规定承担相应的赔偿责任。

3. 定金及房屋涨价损失的具体金额及承担。第一，李某作为完全民事行为能力人，应当知晓依法成立的合同对当事人具有法律约束力。在房屋买卖合同以及补充协议均未列明李某母亲可以作为房屋买受人，亦未约定李某有权单方指定其他买受人、出卖人亦未明确表示同意的情况下，李某以其母亲作为买受人，并单方提供了其母亲的相关资料交付千氏公司办理网签协议，对此李某存在明显过错。此外，在出卖人明确表示不同意由李某母亲作为房屋买受人后，李某未能及时使自身具备购房资格，亦导致了损害结果的发生。法院综合全案情况，认定李某与千氏公司对于损失金额发生具有同等过错，千氏公司承担一半的损失赔偿金额。第二，李某在接到黄某彬的解除合同通知后，可以及时通过购买替代房屋等方式防止损失扩大。如李某在合理的期间内进行了替代性房屋的购买，其所购同区位、同类型房屋所支出的额外成本，在合理的范围内应由千氏公司承担；如李某未在合理的期间内购买替代性的房屋，按照减损规则的要求，其对于此后房价上升的风险与损失应由自己承担。鉴于李某未进行替代性房屋购买，法院原则上只能确定合理的评估鉴定时点，以确定李某合理的可得利益损失金额。法院生效判决确认房屋买卖合同于2015年11月9日解除，此时点应作为合同无法履行的确定时点，法院亦应以此时点评估房屋价值，并作为对买受人的可得利益损失予以赔偿的依据。而本案鉴定机构作出《房地产估价报告》时，距离合同解除时间已两年有余，房屋价格的大幅上涨已超出了一般人的合理预期，一审法院以此估价结果作为确定李某可得利益损失的计算依据，明显不当。法院认为，考虑到诉讼的周期以及重新鉴定的时间成本，法院在认定李某预期可得利益损失时，对涉案房屋的价值及合理升值部分不再予以重新评估鉴定，而是参考房屋买卖合同解除时的市场价格及房屋升值的具体情况，并结合李某已经投入的购房成本等因素，酌定房屋涨价差值为50万元，根据前述李某与千氏公司的过错责任比例，千氏公司应当承担的房屋涨价损失法院调整为25万元。北京市第三中级人民法院判决：

一、维持北京市通州区人民法院（2018）京0112民初676号民事判决第一项、第三项；

二、撤销北京市通州区人民法院（2018）京0112民初676号民事判决第二项、第四项；

三、千氏公司赔偿李某经济损失25万元，于本判决生效之日起十日内执行清；

四、驳回李某的其他诉讼请求；

五、驳回千氏公司的其他上诉请求。

【法官后语】

本案的争议焦点是当中介机构履行居间合同存在违约情形，违约损失如何认定的问题。

第一，关于可得利益范围的认定。一旦在中介机构的撮合下，买卖双方签订并履行完成房屋交易合同，在正常情况下，买受人就能取得房屋所有权进而享受到房屋价值上涨的利益（当然也有可能是房屋贬值的损失），这本身也是中介服务的目的所在。因此，虽然居间合同直接的对价金额相对较小（一般居间费用仅占房屋交易金额的2%左右），但是就整个交易过程分析，居间行为以及随后的买卖行为实际上可以视为一个整体，共同实现了标的物所有权的转移，并使交易双方取得各自的利益。特别是就交易行为的发生时间而言，往往是居间行为在先，买卖行为在后，居间行为的违约往往导致买卖行为无法实现或存在瑕疵，实际上对于交易双方是否能够最终取得交易利益具有至关重要的作用，因此，不宜将可得利益损失仅仅局限在中介费用以及可能涉及的直接损失（如本案涉及的他案违约金上）。

第二，关于可得利益数额的确定。对于房屋差价损失之所以存在一定争议，除定性不明外，在定量上的难度也是原因之一。其一，确定可得利益的前提之一是对于标的物的确定，如果因为居间合同一方的违约行为导致买卖合同根本没有达成，买卖合同所指向的标的物尚未特定化，则自然难以确定具体的房屋价值损失，当事人不能笼统地以特定区域内的房屋普遍价值上涨而主张一个概括笼统的房屋价值损失。其二，房屋差价损失的确定往往与当事人的后续行为有关，即如果当事人在合理期限内进行了替代性购买，则原合同确定的价款与替代性购买的价款之间的差值可以作为守约方的可得利益损失；而一旦守约方没有在合理期限内进行替代性购买，则难以准确认定房屋价值损失的金额，容易引起当事人的争议。但定量上的技术性问题可以通过鉴定评估、法院酌定等方式确定，并不能因此否认房屋价值损失应当属于居间合同守约方可得利益损失范畴的基本属性。

第三，关于可预见规则的适用。虽然房屋差价损失属于可得利益损失，但是应当具有一定的确定性，即在合同一方订立合同时可以预见到或者应当预见到。如上所述，鉴于本案居间合同守约方并未进行替代性购买，则势必只能采取事后评估的办法来确定房屋差价损失的具体金额，在此过程中，选取计算房屋价值损失的参照点就至关重要。相比之下，以原房屋买卖合同解除时点作为比对价值的评估时点更为合理，因为此时买受人同时也是居间合同的委托人已经不受原房屋买卖合同约束，可以进行替代性购买；一旦其不进行替代性购买，则应当认定属于其自行扩大的损失，该部分损失不应由居间合同的违约方来承担，这样对于守约及违约方均较为公平，也有利于促进守约方及时减少并确定损失。在本案中，鉴于原合同的解除时间也已较远，重新评估周期较长且成本较高，故二审法院参照该时点相近地段、相近户型的成交价格，酌情确定了房屋差价损失。

编写人：北京市第三中级人民法院　曹炜

四、赠与合同

19

赠与人的继承人可在赠与房产过户前撤销赠与

——金某华诉刘某国等赠与合同案

【案件基本信息】

1. 裁判书字号

北京市第二中级人民法院（2018）京02民终191号民事判决书

2. 案由：赠与合同纠纷

3. 当事人

原告（上诉人）：金某华

被告（被上诉人）：刘某国、张某平、刘某玺

【基本案情】

崇文区琉璃井北里×号一处房产属于金某华、金某兰、金某英、金某林四人共同所有，各占四分之一。金某英于1993年2月12日去世。金某英的配偶刘某泉于2001年3月20日去世。金某英和刘某泉之子刘某于2006年10月24日去世。张某平是刘某的配偶，二人于1978年1月20日登记结婚，二人育有一子刘某国、一女刘某玺。

《房产共有执照》（崇房字00×××5号）内容为：崇文区琉璃井北里×号房屋五间系金某华等四人共同所有。除发给崇房字第00×××6号房产所有证由金某华收执外，金某英占有共有权利成数四分之一，特发给此执照。在注意事项下面的

空白处有两行手写文字，第一行内容为“我这份产权我同意给我弟弟金某华所有”，第二行内容为“金某英85.6.4”。金某华主张上面的手写文字“我这份产权我同意给我弟弟金某华所有。金某英85.6.4”是金某英所写，金某英同意将自己所有的四分之一房屋产权赠与金某华。张某平、刘某玺、刘某国称上面的手写文字不是金某英本人所书写，并申请笔迹鉴定。北京长城司法鉴定所于2018年3月26日出具《终止鉴定告知书》，称现有样本不充分、不完整，不具备检验条件，终止此次鉴定工作。之后，金某华提交了1969年7月5日和1970年12月11日的两封书信，称此为金某英当时写给金某华的信，表示此书信可以作为鉴定的比对样本。张某平、刘某玺、刘某国不认可其中文字是金某英书写的，不同意作为比对样本。除此之外，双方均无法提供其他材料作为比对样本。金某华表示其持有金某英的共有权证书，金某英生前已经将涉案房屋交给其使用，对方也未提出异议，故一直未办理房屋登记过户手续。张某平、刘某国、刘某玺不认可金某华的主张，称涉案房屋截至拆迁之前一直是金某林的孙子邵某军自己居住使用，之前一直由邵某军保管房屋产权证书。

【案件焦点】

1. 房产赠与合同是否成立；2. 原告能否要求被告配合办理房屋过户手续。

【法院裁判要旨】

北京市丰台区人民法院经审理认为：金某华虽主张金某英在崇房字00×××6号房产共有执照上手写了“我这份产权我同意给我弟弟金某华所有。金某英85.6.4”这句话，认为金某英将上述房产赠与了金某华，但是，张某平、刘某国、刘某玺不认可上述手写文字是金某英笔迹，并申请进行笔迹鉴定，鉴定机构称本案现有样本不充分、不完整，不具备检验条件，决定终止此次鉴定，而双方无法再提供均认可的比对样本。由于金某华持有金某英的涉案房产共有执照，从该书证证明内容的利益归属和对真实性证明能力来看，应当由金某华承担举证证明责任，而根据金某华提交的现有证据，法院难以确认“我这份产权我同意给我弟弟金某华所有。金某英85.6.4”是否为金某英的字迹，故金某华应当承担举证不能的不利后果，法院对金某华的全部诉讼请求，均难以支持。北京市丰台区人民法院依照《中华人民共和国民事诉讼法》第六十四条之规定，判决：

驳回金某华的全部诉讼请求。

金某华不服一审判决，提起上诉。北京市第二中级人民法院经审理认为：关于“我这份产权我同意给我弟弟金某华所有。金某英 85.6.4”手写字迹能否认定为金某英本人所书写，因一审法院已委托鉴定机构，但鉴定机构出具《终止鉴定告知书》，该鉴定因双方当事人无法再补充新的样本材料，且现有样本不充分、不完整，不具备检验条件，致使鉴定工作无法继续进行。虽金某华提供了自称是金某英分别在 1969 年、1970 年所写的两封信，但张某平等人对此不予认可，不同意作为比对的样本，双方又不能提供其他共同确认的样本，故一审法院从举证责任的角度确定金某华承担不利后果并无不当。即使该手写字迹系金某英本人书写，时至今日，其所有的部分仍未过户到金某华名下，故其产权未发生变动，故仍为金某英所有。现金某英去世，其房产份额应由其继承人继承。作为金某英的儿子刘某也已死亡，故应由刘某的继承人转继承金某英的遗产。作为继承人，在遗产房屋未过户的前提下，其三人亦可行使任意撤销权，撤销对金某华的赠与。现刘某的配偶张某平、子女刘某国、刘某玺均不认可共有执照上的手写字迹为金某英书写，实际上是不同意将金某英的该房产份额赠与金某华，故金某华的上诉请求，法院无法支持。此外，即使诉争房屋由金某华实际占有使用、共有执照在其手中，但此均非所有权转移的条件，其以此为由要求确认诉争房屋归其所有并要求对方配合办理产权过户手续，法院不予支持。

北京市第二中级人民法院同意一审法院裁判意见，依照《中华人民共和国民事诉讼法》第一百七十条第一款第一项规定，判决：

驳回上诉，维持原判。

【法官后语】

本案的核心问题是因赠与人所有的房产份额至今未进行过户，故其产权未发生变动，仍为赠与人所有。现赠与人去世，其房产份额应由其继承人继承，继承人可行使任意撤销权，撤销对被赠与人的房产赠与。

一、本案手写字据性质应属于赠与而非遗赠

赠与合同是赠与人将自己的财产无偿给予受赠人，受赠人表示接受赠与的合同。赠与合同属于诺成合同，有赠与合意即成立，即赠与人与受赠人达成赠与合意，则赠与合同即成立，不以赠与人交付赠与物为合同生效要件。《中华人民共和国合同法》第四十四条规定："依法成立的合同，自成立时即生效。法律、行政法规规定应当办理批准、登记等手续生效的，依照其规定。"赠与合同即属于该条第一款规定的合同类型。

遗嘱是指具有完全民事行为能力的自然人根据自己的意愿，通过遗嘱处分自己财产的民事法律行为，继承开始后，有遗嘱的按照遗嘱继承办理。从法解释学的角度看，遗嘱系单方民事法律行为。我国立法规定遗嘱具有不同的形式，如自书遗嘱、代书遗嘱、录音遗嘱、口头遗嘱和公证遗嘱，上述不同形式的遗嘱虽有不同的格式要求，但都要求立遗嘱人明确财产分割应以其去世为前提。

本案中，单从形式上讲，手写字据"我这份产权我同意给我弟弟金某华所有。金某英85.6.4"不符合遗嘱的形式要件，而是具有生前赠与财产的意思表示。理由如下：从遗嘱的定义可见，遗嘱系立遗嘱人生前订立的，明确其去世后遗产继承的问题，但从该字据的形式上看，字据内容均未体现"遗嘱""百年后""过世后"等内容，而是表达了赠与房产份额的意思，故该字据内容符合赠与合同的性质。若从实质上讲，要判断本案中赠与协议是否成立，需要确定该字据是否为金某英本人书写，如果是金某英本人真实意思表示，则该赠与合同成立。本案中，由于原、被告对字据的真实性各自持有不同意见，而书写人已去世，没有比对样本，无法通过鉴定确定字据是否具有真实性。此种情况下，承担字据真实性举证证明责任方将面临败诉风险，因此，举证证明责任分配具有实质意义。但如何对给字据真实性举证证明责任进行分配，实践中认识不一致。实务中，许多法官认为按照"谁主张，谁举证"的原则，应由对真实性表示异议一方承担真实性举证证明责任。但是，笔者认为，由于案涉字据属于私文书证，从书证证明内容的利益归属和对真实性证明能力来看，一般由持有该字据并主张字据真实一方承担真实性举证证明责任更为公平。一审法院即持此主张，判决字据持有人即原告对字据真实性承担举证责任。二审法院认同一审法院裁判观点。

二、赠与人的撤销权具有法理意义上的权利基础

关于赠与合同的撤销权，《中华人民共和国合同法》规定了任意撤销权和法定撤销权。所谓任意撤销权，即除了具有救灾、扶贫等社会公益、道德义务性质的赠与合同或者经过公证的赠与合同之外，赠与人在赠与财产的权利转移之前可以撤销

赠与。根据《中华人民共和国合同法》第一百八十六条第一款“赠与人在赠与财产的权利转移之前可以撤销赠与”之规定可知，任意撤销权必须在赠与财产的权利转移之前行使。所谓法定撤销权，即受赠人有下列情形之一的，赠与人可以撤销赠与：（一）严重侵害赠与人或者赠与人的近亲属；（二）对赠与人有扶养义务而不履行；（三）不履行赠与合同约定的义务，且该类赠与人的撤销权，自知道或者应当知道撤销原因之日起一年内行使。

在我国，赠与合同是一种有名合同，赠与人作为债权人，除了享有一般合同中债权人的地位，还享有特殊权利。由于赠与合同属于诺成合同、无偿合同、单务合同，受赠人为单纯利益获得方，赠与人并不能从受赠人处取得任何对价财产。假如赠与合同成立后，对赠予人与受赠人给予同等保护，不允许赠与人撤销赠与，则赠与人因自己一时冲动而作出的赠与行为，也需要承担相应的履行赠与合同的义务，则此种情况下对于赠与人而言显然过于苛刻，也欠缺公平。因此，法律基于平衡角度的考虑，从权利义务相对等的原则出发，赋予了赠与人的任意撤销权，该撤销权具有法理意义上的权利基础。换个角度讲，任意撤销权是立法将赠与合同设定为诺成合同的前提下，无偿性保护赠与人利益而专门创设的制度，是为弥补诺成性的赠与合同对赠与人要求过苛而设计的救济性手段。

三、赠与人的继承人可以行使任意撤销权

法律规定，若受赠人的违法行为致使赠与人死亡或者丧失民事行为能力的，赠与人的继承人或者法定代理人可以撤销赠与。但是，若赠与财产的权利尚未转移时，赠与人已去世，其继承人是否可以行使撤销权，法律并未规定。对此，笔者持肯定态度。理由为：《中华人民共和国继承法》第三条第七项规定了遗产包括公民的其他合法财产，《最高人民法院关于贯彻执行〈中华人民共和国继承法〉若干问题的意见》第三条规定：“公民可继承的其他合法财产包括有价证券和履行标的为财物的债权等。”赠与人作为债权人，其享有的任意撤销权从广义上讲应当是一种债权，赠与人死亡后，其继承人可以对此进行继承。

本案中，根据《中华人民共和国物权法》的规定，不动产物权变动实行登记要件主义，即只有登记才发生物权变动的效力。因涉案房产份额仍然登记在金某英名下，并未进行权利转移，故房产份额仍属于金某英。金某英去世后，该房产份额成为金某英的遗产，金某英的继承人对金某英的该遗产享有继承权，并享有对赠与财产的任意撤销权。因作为金某英的儿子刘某也已死亡，故应由刘某的继承人转继承金某英的遗产。现刘某的配偶张某平、子女刘某国、刘某玺均不认可共有执照上的手写字迹为金某英所书写，实际上是不同意将金某英的该房产份额赠与金某华，也可以理解为金某英的继承人有行使任意撤销权的权利，故法院判决驳回了金某华的全部诉讼请求。

编写人：北京市丰台区人民法院　李晓慧

20

无权处分并不必然影响赠与合同的效力

——赵某香诉李某等赠与合同案

【案件基本信息】

1. 裁判书字号

北京市第三中级人民法院（2018）京03民终15407号民事判决书

2. 案由：赠与合同纠纷

3. 当事人

原告（被上诉人）：赵某香

被告（上诉人）：李某、李某廷、何某凤

【基本案情】

李某廷、何某凤夫妻共有二子，长子李某德，次子李某胜。1985年左右，李某德与于某英结婚，李某系李某德和于某英所生之子。1995年左右，李某德和于某英离婚。

位于北京市平谷区东高村镇南张岱后街×××号的宅院内有两排正房，后排老房共6间，现由李某廷、何某凤居住使用。前排新房包括正房4间、西厢房3间，建于2014年年初，现由赵某香、李某居住使用。赵某香系李某德的后任妻子，二人于2015年3月9日登记结婚，未生育子女。2016年，李某德被检查出胸椎压迫神经、肾癌，因生活费、医疗费负担问题曾与李某发生争执，并于2017年以赡养纠纷诉至法院。2018年2月3日，李某德因病治疗无效去世。

本案审理过程中，赵某香主张：1. 判令李某德于2017年5月26日书写的《房屋赠予协议书》有效。2. 坐落在北京市平谷区东高村镇南张岱后街×××号东西15.8米、南北18米的宅院及后院老房3间属于原告所有。为此，赵某香提供了1989年2月16日的《分家单》作为证据。《分家单》记载："李某德、李某胜哥俩同意分居，由中间人说合，通过协商，老大分西边房子3间、厢房3间、猪圈、厕所、木柜一个""老二分东边房子3间，门楼归东边""赡养老人：老二结婚后，轮流住房，一年一轮。"《分家单》上有分家人李某德、李某胜和中间人张某洪、张某顺以及代笔人张某祥的签字。3. 前院新房由李某德建造，应属李某德所有。为此，赵某香提供了2017年3月16日李某德与李某廷、邻居李甲协商房后滴水和共用通道问题的书面协议，2016年8月20日李某德为张某田出具的欠建房款7000元的欠条复印件，以及赵某香与建房工人张某革的录音作为证据。4. 南张岱后街×××号的前院房屋和后院老房3间已经由李某德赠与赵某香，应属赵某香所有。为此，赵某香提供了2017年5月26日有李某德签字和指纹的《房屋赠予协议书》作为证据，《房屋赠予协议书》的主要内容为："甲方（李某德）自2016年6月患病后，查出胸椎压迫神经导致下身不能动弹，一直是乙方赵某香一个人精心照顾至今，所以甲方自愿将我的不动产赠予赵某香""双方自愿协议如下：1. 甲方自愿将其坐落于南张岱后街×××号面积东西15.8米、南北18米的宅院一套及后院老房3间赠予乙方赵某香，乙方自愿接受该房产；2. 甲乙双方确认，虽然房屋权证未作记载，如他人合法追索，将来此房产涉纠纷，均与乙方无关……5. 本协议自甲乙双方签字之日起生效。"

对于赵某香提供的《分家单》《房屋赠予协议书》、李某德与邻居协商房后滴水和共用通道的书面协议、欠条、录音证据，李某、李某廷、何某凤对此均不予认可，并提供了1951年土地房产所有证存根、2017年9月李某德被法院列为失信被执行人的信息，和张某刚、张某山、张某泉、张某田、史某生、李某廷的书面证言作为证据，以证明李某德没有对建造前院新房出资。赵某香对李某、李某廷、何某凤提供书面证言的真实性均不予认可。

【案件焦点】

1. 无权处分是否影响赠与合同效力；2. 赠与合同有效后涉案房屋所有权归属问题。

【法院裁判要旨】

北京市平谷区人民法院经审理认为：根据原告提供的《分家单》，能够确认南张岱后街×××号院后院旧房中的西侧3间已经通过分家的形式分给了李某德的事实，确认李某德对后院3间老房享有所有权，其将后院3间老房赠与原告的行为有效。根据原告提供的李某德与邻居协商房后滴水和共用通道的书面协议、欠条和录音证据，能够确认南张岱后街×××号院中的前院新房系在李某德的参与下建造而成，李某德对建造新房作出了一定贡献，即使李某德对前院新房不享有所有权或不享有完整的所有权，其将前院新房整体赠与原告可能无权处分了他人的财产，但因上述行为并不违反法律规定，赠与行为不应被认定为无效。被告指出原告并非南张岱村集体经济组织成员，无法成为涉案宅院的合法受赠人。原告以李某德妻子的身份与李某德签订的赠与协议并不违反法律法规关于农村房屋流转的禁止性规定，不应以原告未取得南张岱村户口为由否定赠与合同的效力。关于赠与合同有效后诉争房屋的所有权归属问题，根据现有证据，尚不足以确认原告与李某德订立赠与协议时李某德对诉争房屋享有单独的排他性的所有权，李某德的赠与行为可能涉及无权处分他人财产，因此，对于原告请求确认诉争宅院归原告个人所有的诉讼主张，法院不予支持。北京市平谷区人民法院判决：

一、确认李某德与原告赵某香于2017年5月26日签订的《房屋赠予协议书》有效；

二、驳回原告赵某香的其他诉讼请求。

李某、李某廷、何某凤不服一审法院判决，提起上诉。

北京市第三中级人民法院经审理认为：一审法院仅对上述协议书的效力进行了确认，但并未对该协议书所涉及的院落和房屋物权进行处理。根据庭审查明的事实和证据可以看出，本案中，涉案房屋赠与协议虽对涉案房屋和院落进行了处分，但就目前的证据情况来看，李某德就涉案院落内的哪些房屋享有物权并不确定。同时，涉案分家单直接涉及涉案外人，赠与协议亦涉及居住在上述院落内的他人权利，一审法院在本案中直接确认该分家单真实有效，明显缺乏相应的事实依据，二审法院在此予以纠正。但是这并不影响李某德与赵某香之间赠与合同本身的效力，原因在于赠与合同对于房屋权属的处分和物权能否取得是两个不同层面的法律问题，赠与合同有效并不必然导致必然取得物权，赵某香能否依据赠与协议取得房屋，还要审查李某德在该赠与协议中是否存在无权处分他人财产的行为，需在析出李某德对于哪些房屋享有物权后，方能对该赠与协议所涉及的房屋权属，并依照国家有关法律法规及相关政策，同时结合赵某香的身份、户籍情况和本案的其他具体情节予以处理。一审法院判理虽然失当，但实体处理结果正确，二审法院同意一审法院裁判意见，对一审判决予以维持。

【法官后语】

本案例最为重要的争议焦点是当事人主张的赠与合同效力与本案争议房屋归属问题。在本案审理过程中，赵某香要求确认《房屋赠与协议书》效力，进而主张要求涉案的×××号宅院前排新房及后院3间老房的所有权。被告则认为李某德存在无权处分行为，故赠与协议无效，原告不能取得所有权。这也投射在现实生活中，很多当事人在诉讼中会基于无权处分要求确认合同无效，进而要求返还财产。但实际诉讼过程中，当事人应注意区分合同效力与物权行为变动之间属于两个独立的法律关系，二者不能混同。另外，单纯以无权处分行为为由主张合同无效，也不能得到法院支持。

无处分权人与第三人签订债权合同的效力，只受民事法律行为有效要件的影响。《中华人民共和国民法通则》第五十五条规定了民事法律行为生效的三个要件，只要符合这三个条件，合同当然发生法律效力。此时的合同效力不受第三人主观是恶意还是善意的影响，只受《中华人民共和国合同法》第五十二条中关于合同无效条款的约束。此时判断债权合同变动能否引起物权变动要看处分权人是否有处分权，有处分权则发生物权变动的结果，没有则不会引起物权变动。

处分人实施负担行为之后，权利人知情并开始主张权利，请求处分人返还财产，并将处分人没有处分权的情况通知了第三人。此时无论处分人是否交付登记，都不会发生财产向第三人转移的情况，因为此时第三人如果在已经明知的情况下依然接受转移则应视为恶意，这种情况下物权合同不生效。权利人认可无处分权人签订合同，且以明示方式通知了当事人，此种情况实际上是一种授予处分权的行为，可以看作一种认可，这种情况下物权合同有效。通过买卖或者继承的方式取得了所有权，这时处分人已经取得了处分权，合同可以继续履行，物权合同生效。

本案中关于农村房屋的赠与合同是一种债权合同，只受民事法律行为有效要件的影响。实际上关于无权处分并不导致合同无效这一观点，在我国法律上早就有相关规定，只是考虑到大众对此观点的接受程度，将此种含义规定在了比较隐蔽的法律条款中。例如，《最高人民法院关于适用〈中华人民共和国合同法〉若干问题的解释（二）》第十五条中关于多重买卖合同，其明确说明当事人主张追究违约责任的，法院应予支持。我们不难分析认可追究违约责任也就意味着前提是认可合同有效，换个意思表示就是没有处分权不影响合同的效力。之后，最高人民法院关于买卖合同司法解释中也明确规定，对于当事人仅以无权处分为由主张合同效力的，不予支持。

法官应注重在此类案件加强释明，本案在审理过程中，法官曾多次向本案双方释明，告知其合同效力与物权确认属于两种不同的法律关系，原告坚持主张要求确认《房屋赠与协议》有效，并据此主张对涉案房屋的所有权。一审法院在此种情况下，判决确认涉案的赠与协议有效。

但需要特别说明的是，赠与合同对于房屋权属的处分和物权能否取得是两个不同层面的法律问题，赠与合同有效并不必然导致必然取得物权，赵某香能否依据赠与协议取得房屋，还要审查李某德在该赠与协议中是否存在无权处分他人财产的行为，需在析出李某德对于哪些房屋享有物权后，方能对该赠与协议所涉及的房屋权属，并依照国家有关法律法规及相关政策，同时结合赵某香的身份、户籍情况和本案的其他具体情节予以处理。本案中，涉案房屋赠与协议虽对涉案房屋和院落进行了处分，但就目前证据情况来看，李某德就涉案院落内的哪些房屋享有物权并不确定。同时，涉案分家单直接涉及涉案外人，赠与协议亦涉及居住在上述院落内的他人权利，因此首先需要另案确认分家单是否真实有效，方能对其余财产进行相应处置。

编写人：北京市平谷区人民法院　郑飞飞　胡怀松

21

夫妻一方擅自将共同财产赠与他人的法律效力问题

——吴某荣诉李某赠与合同案

【案件基本信息】

1. 裁判书字号

山东省菏泽市中级人民法院（2018）鲁17民终2539号民事判决书

2. 案由：赠与合同纠纷

3. 当事人

原告（被上诉人）：吴某荣

被告（上诉人）：李某

第三人：刘某新

【基本案情】

刘某新与吴某荣为夫妻关系。2016年3月，刘某新与李某认识后，刘某新共计向李某赠与3625079元。吴某荣知晓此事后，于2017年10月诉至一审法院，要求法院判令刘某新向李某赠与财产的行为无效，要求李某返还3625079元赠款。李某辩称该款是用于与刘某新合伙投资经营，但并未提供证据证明。

【案件焦点】

夫妻一方擅自将共同财产赠与他人的行为是否有效。

【法院裁判要旨】

山东省菏泽市定陶区人民法院经审理认为：本案的焦点是第三人刘某新向被告李某转款3625079元的行为是否属于赠与行为，该赠与行为是否合法有效。依据《中华人民共和国合同法》第一百八十五条的规定，赠与合同是赠与人将自己的财产无偿给予受赠人，受赠人表示接受赠与的合同。本案第三人刘某新将其账户内的

3625079 元转给被告李某，之后被告李某并未将上述 3625079 元再转给第三人刘某新，视为被告李某接受了第三人刘某新的赠与，被告辩称该款部分用于与第三人合伙投资经营，部分取出现金返还给第三人刘某新，部分系第三人刘某新购买合伙经营的产品及作银行流水所用，但并未提供相应有效的证据证明这一说法，应承担对其不利的后果。因此，第三人刘某新给被告李某转款的行为应认定为赠与行为；涉案款项支付发生在原告与第三人夫妻存续期间，原告同意与第三人共同承担涉案债务，应视为夫妻共同财产。本案第三人刘某新陆续在一年多的时间里将夫妻共同共有财产 3625079 元，自行转给被告李某的行为，显然不是为了日常生活需要，且未取得原告的同意，也未经原告追认，李某系无偿取得，故第三人刘某新赠与给被告李某 3625079 元的行为无效，被告李某应当将接受第三人刘某新赠与的 3625079 元返还给原告吴某荣。

李某不服原审判决，提起上诉。山东省菏泽市中级人民法院经审理认为：《最高人民法院关于适用〈中华人民共和国婚姻法〉若干问题的解释（一）》第十七条规定："婚姻法第十七条关于'夫或妻对夫妻共同所有的财产，有平等的处理权'的规定，应当理解为：（一）夫或妻在处理夫妻共同财产上的权利是平等的。因日常生活需要而处理夫妻共同财产的，任何一方均有权决定。（二）夫或妻非因日常生活需要对夫妻共同财产做重要处理决定，夫妻双方应当平等协商，取得一致意见。他人有理由相信其为夫妻双方共同意思表示的，另一方不得以不同意或不知道为由对抗善意第三人。"本案中第三人赠与上诉人大额财产，显然不是因日常生活需要而处理夫妻共同财产的行为，其未经其妻子吴某荣即被上诉人的同意，即赠与上诉人大额钱款，显然侵犯了被上诉人的财产权益，该赠与行为应认定为无效。

另外，夫妻共同财产是基于法律的规定，因夫妻关系的存在而产生的。在夫妻双方未选择其他财产制的情形下，夫妻对共同财产形成共同共有的一般原理，在婚姻关系存续期间，夫妻共同财产应作为一个不可分割的整体，夫妻对全部共同财产不分份额地享有所有权，夫妻双方无法对共同财产划分个人份额，在没有重大理由时也无权在共有期间请求分割共同财产。夫妻对共同财产享有平等的处理权，并不意味着夫妻各自对共同财产享有一半的处分权。只有在共同共有关系终止时，才可对共同财产进行分割，确定各自份额。因此夫妻一方擅自将共同财产赠与他人的行为应为全部无效，一审法院认定第三人向上诉人转款的行为无效并无不当。

山东省菏泽市中级人民法院依照《中华人民共和国民事诉讼法》第一百七十条第一款第一项、第一百七十五条之规定，判决：

驳回上诉，维持原判。

【法官后语】

本案在审理过程中出现两种观点，第一种观点认为：1. 刘某新和李某婚外同居有违公序良俗，但该行为的无效并不能等同于赠与无效，对刘某新向李某的赠与行为应依合同法的规定单独判断。而刘某新对李某的赠与行为已完成，故该赠与行为不应予以撤销。2. 刘某新的赠与并不必然侵犯吴某荣的夫妻共有财产权。虽然夫妻关系存续期间所得的财产一般属于夫妻共同共有，但刘某新作为夫妻一方应享有独立处分权。而且即使刘某新侵犯了吴某荣的夫妻共有财产权，也应由刘某新对吴某荣承担责任，而不应由李某承担责任。3. 刘某新与李某婚外同居，虽双方均有过错，但刘某新应属主要过错方。如果判令李某将刘某新赠与的财产返还，不能体现对刘某新作为主要过错一方的惩罚。

第二种观点认为：1. 刘某新赠与李某的钱财均系刘某新与吴某荣的夫妻共同财产，刘某新未征得吴某荣的同意即将财产赠与李某，侵犯了吴某荣的财产权。2. 刘某新基于与李某之间存在的不正当婚外同居关系而赠与李某涉案款项，该行为违反了公序良俗的法律原则，依法无效。3. 李某取得的3625079元并非善意取得，而刘某新非因日常生活需要、在未与其妻吴某荣协商一致的情形下，擅自赠与他人，应认定无效。4. 从良好的社会导向考虑，亦应当认定刘某新在未与吴某荣协商一致的情形下、非因日常生活需要、对基于不正当婚外同居关系向李某无偿赠与的擅自处分行为无效。

本案是典型的有配偶者与他人婚外同居发生的赠与纠纷，处理时应从法律、情理与当事人之利益平衡方面综合考虑。其一，《中华人民共和国婚姻法》第三条规定"禁止有配偶者与他人同居"，刘某新在已有配偶的情况下与李某婚外同居，其行为违反了《中华人民共和国婚姻法》的禁止性规定，其与李某的同居关系属于违法关系。

其二，夫妻共同财产是基于法律的规定，因夫妻关系的存在而产生的。在夫妻双方未选择其他财产制的情形下，夫妻对共同财产形成共同共有，而非按份共有。根据共同共有的一般原理，在婚姻关系存续期间，夫妻共同财产应作为一个不可分割的整体，夫妻对全部共同财产不分份额地共同享有所有权，夫妻双方无法对共同财产划分个人份额，在没有重大理由时也无权于共有期间请求分割共同财产。夫妻对共同财产享有平等的处理权，并不意味着夫妻各自对共同财产享有一半的处分权。只有在共同共有关系终止时，才可对共同财产进行分割，确定各自份额。因此夫妻一方擅自将共同财产赠与他人的行为应当全部无效，而非部分无效。

《最高人民法院关于适用〈中华人民共和国婚姻法〉若干问题的解释（一）》第十七条规定："婚姻法第十七条关于'夫或妻对夫妻共同所有的财产，有平等的处理权'的规定，应当理解为：（一）夫或妻在处理夫妻共同财产上的权利是平等的。因日常生活需要而处理夫妻共同财产的，任何一方均有权决定。（二）夫或妻非因日常生活需要对夫妻共同财产做重要处理决定，夫妻双方应当平等协商，取得一致意见。他人有理由相信其为夫妻双方共同意思表示的，另一方不得以不同意或不知道为由对抗善意第三人。"本案中刘某新赠与李某大额财产，显然不是因日常生活需要而处理夫妻共同财产的行为，其未经妻子吴某荣同意的赠与，侵犯了吴某荣的财产权益，该赠与行为应认定为无效；李某明知刘某新有配偶而与其婚外同居并接受大额财产的赠与，显然也不能视为善意第三人。

有观点认为，实际生活中一方不知道对方有配偶而"被小三"的情况也不鲜见，此种情况应区别处理，对"被小三"一方的利益该保护也得保护。对此，笔者不赞同这种观点，审判实践中对方是否属于"被小三"的事实，认定难度比较大。另外，感情问题不是商业行为，有付出未必定有收获，在当事人双方均为成年人的情况下，其应当明确预知自己行为的法律后果。有人提出这样的问题，即夫妻一方擅自赠与婚外情人大额财产，是否属于《最高人民法院关于适用〈中华人民共和国婚姻法〉若干问题的解释（三）》第四条"转移夫妻共同财产"的情形。从辞典的解释来看，"转移"一词是指改换位置，从一方移到另一方；另外还有"改变"之意。笔者认为，一方擅自赠与婚外情人大额夫妻共同财产的行为与"转移"夫妻共同财产的概念有重合之处，应当认定属于《最高人民法院关于适用〈中华人民共和国婚姻法〉若干问题的解释（三）》的情形，即构成分割夫妻共同财产的"重大理由"，另一方可以要求在婚姻关系存续期间分割夫妻共同财产。

编写人：山东省菏泽市中级人民法院　王群

22

附离婚条件民事调解书的赠与条款不能被任意撤销

——黄某荧诉吴某阳、黄某才赠与合同案

【案件基本信息】

1. 裁判书字号

福建省泉州市中级人民法院（2019）闽05民终815号民事判决书

2. 案由：赠与合同纠纷

3. 当事人

原告（反诉被告，被上诉人）：黄某荧

被告（反诉原告，上诉人）：吴某阳

被告：黄某才

【基本案情】

黄某才与吴某阳原系夫妻关系，双方于1999年2月4日办理结婚登记手续，于2000年4月26日生育婚生女黄某荧。黄某才与吴某阳在婚姻关系存续期间共同购买了位于福建省南安市水头镇蟠龙开发区香港花园B型13幢××室3层的套房（房屋所有权证号：352××××493）。2013年4月24日，法院作出（2013）南民初字第3008号民事调解书，调解书主文第三项的调解内容为“位于福建省南安市水头镇蟠龙开发区香港花园B型13幢××室3层的套房（房屋所有权证号：352××××493）暂时由吴某阳保管，待到婚生女黄某荧年满18周岁时再过户到黄某荧名下”。黄某荧认为其已年满18周岁，两被告仍未履行赠与合同义务，故起诉至法院，请求法院判令：1. 确认（2013）南民初字第3008号民事调解书中第三项将位于福建省南安市水头镇蟠龙开发区香港花园B型13幢××室3层的套房（房屋所有权证号：352××××493）赠与原告的条款合法有效；2. 被告吴某阳、黄某才配合办理将福建省南安市水头镇蟠龙开发区香港花园B型13幢××室3层的

套房过户给原告；3. 被告吴某阳、黄某才承担本案全部受理费。

反诉原告认为，反诉被告已经能够独立生活，但不孝顺，以后也不会赡养反诉原告，反诉原告又居无定所，老了无所依靠，只能居住在福建省南安市水头镇蟠龙开发区香港花园 B 型 13 幢 × × 室 3 层的套房。因为赠与合同是诺成合同，也是无偿合同，根据法律规定赠与人享有任意撤销权，且当时反诉被告并没有接受赠与的意思表示。该套房并没有转移所有权，也没有实际交付给反诉被告，故反诉原告在赠与财产的权利转移之前可以撤销赠与。反诉原告吴某阳请求法院判决：1. 撤销反诉原告吴某阳与黄某才赠与给反诉被告黄某荧位于福建省南安市水头镇蟠龙开发区香港花园 B 型 13 幢 × × 室 3 层套房的条款；2. 本案诉讼费用由反诉被告承担。

【案件焦点】

经人民法院主持调解而达成的民事调解书中所确认的赠与条款，赠与人是否可任意撤销。

【法院裁判要旨】

福建省南安市人民法院经审理认为：《中华人民共和国合同法》第一百八十六条规定："赠与人在赠与财产的权利转移之前可以撤销赠与。具有救灾、扶贫等社会公益、道德义务性质的赠与合同或者经过公证的赠与合同，不适用前款规定。"本案中，吴某阳依据《民事调解书》将应属本人的房产份额赠与黄某荧，并解除与黄某才的婚姻关系，赠与财产的对象系其婚生女，该赠与行为是父母为了子女以后的生活有保障，这种发生在特定身份关系当事人之间的、有目的的赠与，具有一定的道德义务性质，也属一项诺成性的约定。在黄某才、吴某阳婚姻关系事实上因该离婚调解协议得以解除，且离婚调解协议的其他内容已经履行的情况下，应当视为赠与财产的目的已经实现，吴某阳赠与房产行为依法不能随意撤销。且双方系在人民法院主持下达成协议并制作的《民事调解书》，其法律效力并不低于经过公证的赠与合同，依法律规定亦属不可撤销之情形，故吴某阳要求撤销赠与的上诉主张缺乏事实和法律依据，法院不予采信。

黄某才、吴某阳自愿将诉争房屋赠与黄某荧的事实已经法院发生法律效力的《民事调解书》予以确认，黄某荧无须再通过诉讼程序予以重复确认，故对黄某荧请求确认赠与条款有效的诉讼请求，不予支持。

黄某才、吴某阳在法院主持调解时自愿将本案讼争房屋赠与黄某荧，对黄某才、吴某阳具有法律约束力，黄某荧已年满18周岁，黄某才、吴某阳应当按照约定履行自己的义务，不得擅自变更或解除。本案讼争房屋原系黄某才、吴某阳的夫妻共同财产，因此，黄某荧要求黄某才、吴某阳共同协助办理该房的产权变更登记符合法律规定，对黄某荧的该项请求，法院予以支持。

福建省南安市人民法院依照《中华人民共和国合同法》第八条第一款、第一百八十五条、第一百八十六条、第一百八十七条，《中华人民共和国民事诉讼法》第六十四条、第一百四十四条，《最高人民法院关于适用〈中华人民共和国民事诉讼法〉的解释》第九十条的规定，判决：

一、吴某阳、黄某才应于本判决生效之日起十日内协助黄某荧将位于福建省南安市水头镇蟠龙开发区香港花园B型13幢××室3层房屋（房屋所有权证号：352××××493）的产权过户登记至黄某荧名下；

二、驳回黄某荧的其他诉讼请求；

三、驳回吴某阳的反诉诉讼请求。

被告吴某阳不服原审判决，提起上诉。福建省泉州市中级人民法院经审理认为：吴某阳与黄某才在（2013）南民初字第3008号离婚案件中，自愿共同将案涉房屋在黄某荧年满18周岁时变更登记至黄某荧名下，该行为系双方对夫妻财产的共同处分行为，并经生效《民事调解书》确认，对吴某阳与黄某才具有约束力及强制力，且黄某才在本案一审中亦表示同意履行调解书确定的变更登记义务，即黄某才并不同意撤销赠与，故吴某阳仅其一人主张行使任意撤销权，属无权处分，不予采纳。而吴某阳关于黄某荧存在谩骂、殴打吴某阳及履行赠与将严重影响吴某阳生活的主张，证据不足，不符合《中华人民共和国合同法》第一百九十三条“因受赠人的违法行为致使赠与人死亡或者丧失民事行为能力的，赠与人的继承人或者法定代理人可以撤销赠与。赠与人的继承人或者法定代理人的撤销权，自知道或者应当知道撤销原因之日起六个月内行使”及第一百九十五条“赠与人的经济状况显著恶化，严重影响其生产经营或者家庭生活的，可以不再履行赠与义务”规定的情形，亦不予采纳。综上，吴某阳的上诉请求不能成立，应予驳回；一审判决认定事实清楚，适用法律正确，应予维持。

福建省泉州市中级人民法院认为依照《中华人民共和国民事诉讼法》第一百七十条第一款第一项规定，判决：

驳回上诉，维持原判。

【法官后语】

本案处理重点在于离婚诉讼中民事调解书的赠与条款能否被任意撤销。

赠与的撤销分为任意撤销和法定撤销。任意撤销是指赠与人不论何种理由均可任意撤销赠与。《中华人民共和国合同法》第一百八十六条“赠与人在赠与财产的权利转移之前可以撤销赠与。具有救灾、扶贫等社会公益、道德义务性质的赠与合同或者经过公证的赠与合同，不适用前款规定”的规定，法定撤销是指赠与合同生效后，在发生法定事由，赠与人或赠与人的继承人或监护人有权撤销赠与时，因撤销权的行使而撤销赠与。根据《中华人民共和国合同法》第一百九十二条的规定，受赠人有下列情形之一的，赠与人可以撤销赠与：(一）严重侵害赠与人或者赠与人的近亲属；(二）对赠与人有扶养义务而不履行；(三）不履行赠与合同约定的义务。赠与人的撤销权，自知道或者应当知道撤销原因之日起一年内行使。另外，根据《中华人民共和国合同法》第一百九十五条的规定，赠与人的经济状况显著恶化，严重影响其生产经营或者家庭生活的，可以不再履行赠与义务。及根据《最高人民法院关于适用〈中华人民共和国婚姻法〉若干问题的解释（二)》第九条的规定，男女双方协议离婚后一年内就财产分割问题反悔，请求变更或者撤销财产分割协议的，人民法院应当受理。人民法院审理后，未发现订立财产分割协议时存在欺诈、胁迫等情形的，应当依法驳回当事人的诉讼请求。

第一种观点认为，根据《中华人民共和国合同法》第一百八十六条的规定，赠与人在赠与财产的权利转移之前可以撤销赠与。具有救灾、扶贫等社会公益、道德义务性质的赠与合同或者经过公证的赠与合同，不适用前款规定。并且，《中华人民共和国物权法》第六条规定：“不动产物权的设立、变更、转让和消灭，应当依照法律规定登记。动产物权的设立和转让，应当依照法律规定交付。”且赠与合同属于实践性合同。具有无偿、单务的基本法律特征，未成年子女受赠取得的房产没有支付对价，赠与人在标的物权属变更前有权撤销赠与。赠与房屋所有权转移，应当以办理产权登记，取得房屋产权证书为准，赠与房屋未办理产权登记转移手续的，可以撤销赠与。因此，民事调解书中对于赠与房产的约定，在该房产未办理产权登记手续之前，赠与人均可行使撤销权。

第二种观点认为，离婚调解书中的房产赠与条款与整个离婚协议是一个整体，不能单独撤销。《中华人民共和国物权法》第二十八条规定："因人民法院、仲裁委员会的法律文书或者人民政府的征收决定等，导致物权设立、变更、转让或者消灭的，自法律文书或者人民政府的征收决定等生效时发生效力。"两被告离婚时达成的民事调解书能够引起物权变动的结果，且该民事调解书中不仅包括将房屋赠与原告，还包括婚姻关系的解除、子女的抚养以及财产的处理等达成一揽子协议，原告不能仅撤销其中一条。

法院持第二种观点判决。赠与合同是一种无偿的行为，立法上对赠与人与受赠人进行利益衡量时，重点保护的是赠与人。但单纯的赠与合同与离婚协议中的赠与行为性质并不相同，赠与合同赠与人将自己的财产无偿给予受赠人，受赠人表示接受赠与合同，赠与人在赠与财产的权利转移之前可以撤销赠与；而经法院调解达成的离婚协议中关于财产赠与的条款，与解除婚姻关系密不可分，一般情况下不能直接适用合同法规定的任意解除权。夫妻双方基于离婚事由将夫妻共同财产处分给子女的行为，可视为一种附协议离婚调解的赠与行为，在双方婚姻关系已经解除的前提下，基于诚信原则，不允许任意撤销赠与，这也有效避免了部分当事人恶意利用赠与的撤销达到既离婚又占有财产的目的。《民事调解书》中的房产赠与条款与整个离婚协议内容是一个整体，不能单独撤销，黄某才、吴某阳婚姻关系事实上因该离婚调解协议得以解除，离婚调解协议的其他内容已经履行，且经人民法院主持达成协议并制作的《民事调解书》，其法律效力应该同于或者高于经过公证的赠与合同，具有与判决书同等的法律强制力，赠与内容具有道德性质，依法律规定均属不可撤销之情形。

编写人：福建省南安市人民法院　姚聪晓　黄振东

五、供用电、水、气、热力合同

23

计量错误导致多收用电人电费的，供电人应返还多收电费

——广西壮族自治区昭平县现代页岩砖厂诉
昭平县水利电业有限公司供用电合同案

【案件基本信息】

1. 裁判书字号

广西壮族自治区贺州市中级人民法院（2018）桂11民终450号民事判决书

2. 案由：供用电合同纠纷

3. 当事人

原告（被上诉人）：广西壮族自治区昭平县现代页岩砖厂（以下简称昭平县现代页岩砖厂）

被告（上诉人）：昭平县水利电业有限公司（以下简称水利电业公司）

【基本案情】

昭平县现代页岩砖厂于2006年11月正式投产。2006年11月11日，昭平县现代页岩砖厂与水利电业公司签订了《供用电合同》，合同第一条第3项约定用电设备总容量为400千瓦；第四条第1项约定由甲方（水利电业公司）根据乙方（昭平县现代页岩砖厂）不同电价类别的用电，分别安装用电计量装置，用电计量装置的一切费用由乙方负责，产权归乙方所有，用电计量装置的记录作为向乙方计算电费的依据。昭平县现代页岩砖厂所安装的用电计量装置为中山市东风高压电器有限公

司生产的型号JLSJWH3－10II（Y/Y）三相四线电力计量箱。2015年11月，由于昭平县现代页岩砖厂原电力计量箱出现故障，2015年12月1日，原告砖厂更换了电力计量箱。2017年3月29日，因计算倍率有误，故水利电业公司电能计量测试中心与水利电业公司城厢供电所工作人员赶赴现场后，与用电方昭平县现代页岩砖厂核对用户高压计量装置的接线，并签订《关于现代页岩砖厂退补电量情况说明》，确认在2015年12月1日更换电力计量箱后，昭平县现代页岩砖厂高压计量装置的实际电流比应为25/5，电量计算倍率应为500倍，而实际电量计算倍率是1000倍（即多计量1倍的电量），应退补电量为520020度。对2015年12月1日之前的计量是否存在计量错误问题双方意见不一致。因此，双方产生纠纷，昭平县现代页岩砖厂要求水利电业公司返还多收取的电费。

在审理过程中，根据昭平县现代页岩砖厂的申请，法院委托广西诚信达保险公估有限公司进行公估鉴定，公估鉴定结论为：1. 本案JLSJWH3－10型高压计量箱三相接线桩头上的标示牌所标示的电流变比与实际的电流变比不相符；2. 本案JLSJWH3－10型高压计量箱，在2006年11月到2015年11月在线使用期间，实际连接的电流比是25/5；3. 在2006年11月到2015年11月十年期间，由于高压计量箱三相接线桩头上的标示牌所标示的电流变比与实际的电流变比不相符，导致水利电业公司多收昭平县现代页岩砖厂生产用电的电费共计3965859.3元。

【案件焦点】

水利电业公司是否存在电量计量错误从而导致多收昭平县现代页岩砖厂电费的行为。

【法院裁判要旨】

广西壮族自治区昭平县人民法院经审理认为：昭平县现代页岩砖厂与水利电业公司于2006年11月11日签订供用电合同，合同成立并生效，双方应按合同的约定全面履行各自的义务。

1. 关于2006年11月至2015年11月30日水利电业公司是否存在多收昭平县现代页岩砖厂电费3965859.3元的问题。广西壮族自治区计量检测设计院的专业技术检测结果认定2015年11月30日前昭平县现代页岩砖厂使用的型号为JLSJWH3－10II（Y/Y）三相四线电力计量箱的标识牌电流比为50/5，接线端实际电流比为

25/5，存在多计一倍用电量的可能性。现代工业产品生产过程中，采用同种技术和生产设备，在正常生产条件下，其单位产品的电能消耗水平是相同或者相近的。广西诚信达保险公估有限公司在公估鉴定过程中，选用“单位产品电能耗调查比较法”对相同制砖企业生产单位产品平均耗电量进行比较分析，确认昭平县现代页岩砖厂在2006年11月至2015年11月30日生产的单位产品平均耗电量高出行业平均水平一倍左右，印证了此期间水利电业公司多计量昭平县现代页岩砖厂一倍电量的事实。广西诚信达保险公估有限公司根据本案供用电合同所适用的供电规则以及电费收费发票测算出2006年11月至2015年11月30日水利电业公司多收昭平县现代页岩砖厂的电费为3965859.3元，法院予以确认。

2. 关于2015年12月1日至2017年1月15日水利电业公司是否存在多收昭平县现代页岩砖厂电费338505.92元的问题。2017年3月29日，经昭平县现代页岩砖厂要求，水利电业公司电能计量测试中心与水利电业公司城厢供电所对昭平县现代页岩砖厂高压计量装置的接线进行核对。根据核对结果，三方签订了《关于现代页岩砖厂退补电量情况说明》，该情况说明的内容确认了因计算电量倍率有误而多计量昭平县现代页岩砖厂一倍的电量，即520020度，合计金额338505.92元，法院确认该情况说明的效力。

关于昭平县现代页岩砖厂因多缴电费造成利息损失如何计算的问题。昭平县现代页岩砖厂因长期多缴巨额电费，资金被占用造成了利息损失，按年利率6%计算利息损失合情合理，法院予以支持。

广西壮族自治区昭平县人民法院依照《中华人民共和国合同法》第一百零七条、第一百七十六条之规定，判决：

一、被告水利电业公司退还原告昭平县现代页岩砖厂从2015年12月1日起至2017年1月15日止多收电费338505.92元；

二、被告水利电业公司退还原告昭平县现代页岩砖厂从2006年11月起至2015年11月止多收电费3965859.3元；

三、被告水利电业公司支付原告昭平县现代页岩砖厂多收电费利息合计1487591.03元（计至2017年12月31日），并从2018年1月1日起，按2006年11月至2015年11月30日多收当月电费数额×截至实际履行之日总月数×0.5%/月（年利率6%）计算利息。

水利电业公司不服原审判决，提起上诉。广西壮族自治区贺州市中级人民法院同意广西壮族自治区昭平县人民法院的裁判意见，依照《中华人民共和国民事诉讼法》第一百七十条第一款第一项的规定，判决：

驳回上述，维持原判。

【法官后语】

本案的难点在于如何认定水利电业公司是否存在电量计量错误从而导致多收昭平县现代页岩砖厂电费的情形。

双方对于计量电量有争议的期间自2006年12月起至2017年1月15日止，其中2015年12月1日至2017年1月15日计量电量及电费，经昭平县现代页岩砖厂、水利电业公司电能计量测试中心与水利电业公司城厢供电所三方核对用电人的高压计量装置接线情况后，确认了在此期间多收一倍电量的事实，并签订了《关于现代页岩砖厂退补电费情况说明》。关于该情况说明，虽然水利电业公司电能计量测试中心与水利电业公司城厢供电所并非供用电合同相对人，但是分别作为供电人的内设机构及分公司其实际承担了水利电业公司的具体职能，其核实计量电量错误系履行供电人的职务行为，故一、二审法院均认定该情况说明的效力。另外，2006年11月至2015年11月的计量电费，在2015年11月30日以前，昭平县现代页岩砖厂使用型号为JLSJWH3－10II（Y/Y）三相四线电力计量箱是客观事实，按水利电业公司提交的《计量装置装（拆、换工作单）》记录，其也确认了2005年11月至2015年11月30日是按电流比50/5，计量电量倍率为1000倍的计算方式向用电人计收电费，结合广西壮族自治区计量检测设计院的专业技术检测结果和广西诚信达保险公估有限公司的公估鉴定，可认定在上述期间供电人向用电人供电过程中因电力计量箱接入桩头与计算电量倍率不匹配的错误导致多计收一倍电费的事实。

水利电业公司与昭平县现代页岩砖厂签订的供用电合同系双方真实意思表示，合法有效，双方均应全面履行合同之义务。水利电业公司因电量计量错误导致多收昭平县现代页岩砖厂一倍电费，有违诚实信用原则，应向昭平县现代页岩砖厂返还多收电费并赔偿损失。

编写人：广西壮族自治区昭平县人民法院　叶琦

24

收取城市供热配套设施费系行政强制征收行为，不属于人民法院民事案件受理范围

——淄博民通热力有限公司诉淄博市临淄区辛店街道窝托社区居民委员会供用热力合同案

【案件基本信息】

1. 裁判书字号

山东省淄博市中级人民法院（2018）鲁03民终622号民事裁定书

2. 案由：供用热力合同纠纷

3. 当事人

原告（被上诉人）：淄博民通热力有限公司（以下简称民通热力）

被告（上诉人）：淄博市临淄区辛店街道窝托社区居民委员会（以下简称窝托社区）

【基本案情】

2015年2月3日，被告窝托社区供暖欠原告供热配套费2014566.45元。因被告资金紧张，为不影响该小区用户冬季的按时供暖，经过双方协商，就支付事宜达成还款协议，被告保证于2015年6月1日前付清欠款2014566.45元，如不能按时支付，被告则以欠款2014566.45元为基数按照日3‰的标准支付滞纳金，该款到期后被告一直未支付。原告提起本案诉讼要求被告偿还该欠款2014566.45元并支付逾期还款违约金。被告则辩称本案属于行政征收的范围，不属于民事案件的受理范围。

【案件焦点】

民通热力主张城市供热配套设施费是否属于人民法院民事案件受理范围。

【法院裁判要旨】

山东省淄博市临淄区人民法院经审理认为：双方签订的集中供热协议书、还款协议书，系双方真实意思表示，窝托社区拖欠民通热力费用，事实清楚，证据充分，予以支持。民通热力主张窝托社区支付逾期还款违约金，符合法律约定，法院予以支持。山东省淄博市临淄区人民法院依照《中华人民共和国合同法》第一百零七条、第一百一十四条，《中华人民共和国民事诉讼法》第六十四条之规定，判决：

一、窝托社区于本判决生效后十日内支付民通热力欠款2014566.45元；

二、窝托社区支付民通热力违约金（本金2014566.45元，自2015年6月2日起至本判决确定的还款之日止，按照中国人民银行同期同类贷款利率的四倍计算），与上述款项同时付清。

窝托社区不服一审判决提起上诉称：本案涉及的供热配套费协议属于行政协议，其性质属于行政征收，不属于民事案件的受理范围。根据有关文件，供暖配套费属于民通热力依据授权代为收取的政府性基金；民通热力性质为国有公司，收取供暖费之外的配套费是基于有关文件授权，不是平等主体之间的民事行为。山东省淄博市中级人民法院经审理认为：根据《财政部关于城市基础设施配套费性质的批复》（财综函〔2002〕3号），城市供热配套设施费统一归并为城市基础设施配套费，城市基础设施配套费是城市人民政府有关部门强制征收用于城市基础设施建设的专项资金。故收取城市供热配套设施费是人民政府行政强制征收的行为，并非平等民事主体的民事行为。本案不属于人民法院民事案件的受理范围。山东省淄博市中级人民法院依照《最高人民法院关于适用〈中华人民共和国民事诉讼法〉的解释》第三百三十条规定，判决：

一、撤销山东省淄博市临淄区人民法院（2017）鲁0305民初784号民事判决；

二、驳回民通热力的起诉。

【法官后语】

本案主要涉及对于行政征收和民事合同的正确区分认定问题。

被告窝托社区欠原告民通热力的2014566.45元款项的性质为供热配套费。民通热力按民事合同纠纷提起本案诉讼而要求窝托社区偿还该欠款，窝托社区则一直主张民通热力作为国有公司收取供热配套费是基于有关文件授权的行政征收行为。

因此，厘清本案法律关系为行政征收还是民事合同则无疑是正确处理此类案件的关键。

民事合同是平等主体的自然人、法人、其他组织之间设立、变更、终止民事权利义务关系的协议。当事人订立民事合同后因履行合同而产生的纠纷显然属于民事纠纷。与此截然不同的是，行政征收系行政主体凭借国家行政权，根据国家和社会公共利益的需要，依法向行政相对人强制性征集一定数额金钱和实物的行政行为。行政征收主要由税和费组成。税是国家税收机关（包括税务机关和海关）依法强制取得财政收入的一种手段。费即各种行政收费，是行政主体为行政相对人提供一定的公益服务，或者授予国家资源和资金的使用权而收取的代价。行政征收具有强制性、无偿性和法定性特征。关于城市基础设施配套费，2002 年 3 月 19 日财政部对于辽宁省财政厅的相关请求所作出的《财政部关于城市基础设施配套费性质的批复》（财综函〔2002〕3 号）明确规定：“一、按照《国家计委、财政部关于全面整顿住房建设收费取消部分收费项目的通知》（计价格〔2001〕585 号）规定，各省、自治区、直辖市财政、价格主管部门要对各类（市政建设）专项配套费进行整顿，将其统一归并为城市基础设施配套费，取消与城市基础设施配套费重复收取的水、电、气、热、道路以及其他各种名目的专项配套费。因此，各地征收的市政基础设施配套费应统一归并为城市基础设施配套费。二、城市基础设施配套费是城市人民政府有关部门强制征收用于城市基础设施建设的专项资金，其征收主体与征收对象之间不存在直接的服务与被服务关系；同时，收益者与征收对象也没有必然的联系，与各级政府部门或单位向特定服务对象提供特定服务并按成本补偿原则收取的行政事业性收费有明显区别。因此，城市基础设施配套费在性质上不属于行政事业性收费，而属于政府性基金。”因此，收取城市供热配套设施费是人民政府或经授权组织所进行的行政强制征收行为，并非平等民事主体的民事合同行为。

窝托社区在一审时就抗辩该案属于行政征收的范围，不属于民事案件的受理范围。但一审对此没有审查和回应，而是直接以民事案件作出实体判决。本案涉及的供热收费合同从形式上看虽系民事合同，但相关的配套费协议却属于行政协议，而民通热力在本案中主张的 2014566.45 元款项正是供热配套费。供热配套费属于民通热力依据授权代为收取的政府性基金；民通热力在性质上为国有公司，其向窝托社区收取供暖费之外的配套费是基于有关文件授权，其性质属于行政征收，不是平等主体之间的民事行为。对此应由在行政机关或授权部门按照行政法律规定处理。涉案争议并非民事诉讼法规范的公民之间、法人之间、其他组织之间以及他们相互之间因财产关系和人身关系提起的民事诉讼，即不属于人民法院民事案件的受理范围。二审法院根据《财政部关于城市基础设施配套费性质的批复》规定，认定本案不属于人民法院民事案件的受理范围，进而裁定撤销一审判决并驳回原告的诉讼。

编写人：山东省淄博市中级人民法院　荣明潇　刘海红

六、租赁合同

25

租赁物致人损害，如租赁人未履行赔偿义务则不能要求出租人承担赔偿责任

——吴某春诉李某租赁合同案

【案件基本信息】

1. 裁判书字号

黑龙江省鸡西市中级人民法院（2018）黑03民终952号民事判决书

2. 案由：租赁合同纠纷

3. 当事人

原告（上诉人）：吴某春

被告（被上诉人）：李某

第三人：孙某发

【基本案情】

2017年10月14日，原告吴某春将位于鸡西市鸡冠区涌新小区A区18号楼2单元××室房屋室内砸墙、抠电线槽、水箱槽钢眼、摘门等工作交给第三人孙某发。工作之前，孙某发要求吴某春提供卡凳，吴某春遂以5元的价款从位于该楼一楼的一家建材店租了一个木质卡凳，并由孙某发挑选、扛送至工作场所。孙某发站在该卡凳上工作时，凳腿折断而摔伤。2017年1月5日，孙某发将吴某春诉至法院，要求吴某春赔偿其医疗费、残疾赔偿金、误工费、护理费、住院伙食补助费、

营养费、交通费，合计89765.42元。法院于2018年6月27日作出（2018）黑0302民初117号民事判决，判决由吴某春赔偿孙某发损失16873.62元，并负担该案的诉讼费173元、司法鉴定费2100元，由孙某发自负67494.47元。截至目前，吴某春未将赔偿款及诉讼费、司法鉴定费交付孙某发。经法院释明，吴某春仍未向孙某发履行赔偿义务。庭审中，吴某春表示案涉卡凳租自李某经营的明顺建材店，李某则表示不知何人将该卡凳放在明顺建材店门口、未收到吴某春交付的租金。对此辩解，李某没有提交证据证实。李某认可曾告知吴某春卡凳上只能放置轻物，不能放重物、不能站人。孙某发表示卡凳租自该建材店。另查明：李某经营的建材店未办理营业执照。

【案件焦点】

1. 原、被告双方之间是否存在合法有效的租赁合同关系；2. 原告在未履行赔偿义务的情况下能否要求被告给付赔偿款。

【法院裁判要旨】

黑龙江省鸡西市鸡冠区人民法院经审理认为：被告李某经营建材店，对外租赁卡凳与其经营事项具有关联性，李某辩称吴某春租赁的卡凳由他人存放在自家门前，对此，李某未能提交证据证实，并自认曾告知吴某春卡凳承重要求，吴某春、孙某发坚持指认卡凳系租自该建材店，可以认定卡凳系吴某春租自李某经营的建材店，吴某春与李某之间形成租赁合同关系，李某应向吴某春提供符合安全要求的卡凳以保证操作安全，避免人身损害的发生，对于孙某发所造成的损害，李某应承担相应的赔偿责任，该部分赔偿责任，吴某春在先行赔偿完毕孙某发后，可要求李某承担。吴某春为孙某发租赁卡凳，应预见到孙某发在使用卡凳工作过程中存在的人身损害风险，却仍然坚持为孙某发租赁木质卡凳，且对孙某发未进行提示也未采取适当措施加以避免，放任危险的存在，对于孙某发受到的损害，吴某春具有相应过错，在其过错责任范围内，应承担孙某发的损害赔偿责任。结合双方的过错程度和注意义务程度，吴某春、李某可酌情分别承担60%、40%责任。吴某春以租赁合同纠纷之诉要求被告李某承担赔偿责任，应以其履行完毕赔偿义务、已实际造成损失为前提，现吴某春并未给付孙某发赔偿款，现阶段吴某春不能要求被告李某给付赔偿款16873.62元，待其履行完毕赔偿义务后，可另行向李某提出给付赔偿款请求。

综上所述，应认定吴某春与李某之间形成租赁合同关系，对于孙某发的损害，二人应分别承担60%、40%的赔偿责任。目前吴某春未向孙某发履行赔偿义务，经法院释明，吴某春仍未向孙某发履行赔偿义务，对其要求李某给付赔偿款的诉讼请求，法院不予支持。

黑龙江省鸡西市鸡冠区人民法院依照《中华人民共和国民事诉讼法》第六十四条第一款，《最高人民法院关于适用〈中华人民共和国民事诉讼法〉的解释》第九十条之规定，判决：

驳回原告吴某春要求被告李某给付诉讼费173元，司法鉴定费2100元在内的各项赔偿款19146.62元的诉讼请求。

吴某春不服原审判决，提起上诉。黑龙江省鸡西市中级人民法院依照《中华人民共和国民事诉讼法》第一百七十条第一款第一项规定作出判决：

驳回上诉，维持原判。

【法官后语】

本案处理重点主要在于：租赁物造成第三人损害，第三人通过诉讼要求承租人承担赔偿责任，承租人是否向第三人履行完毕赔偿责任，将决定承租人是否有权另行向出租人以租赁合同纠纷之诉要求出租人承担相应的赔偿责任。按照我国法律规定，债是按照合同约定或依照法律规定，通过合同、侵权行为等法律事实所产生的人与人之间特定的权利和义务关系，债的关系从它发生时候起就具有拘束力，在法律上就有强制力，在规定的期限内债务人不履行债务时，债权人就可以按照法律规定，强制债务人履行其义务。债的关系是特定人之间的关系，亦即权利主体和义务主体均是特定的，债权人只享有要求债务人而不是其他人履行一定义务的权利，债务人也只负有向债权人而不是其他人履行特定行为的义务。孙某发以承揽合同纠纷之诉要求吴某春承担损失赔偿责任，吴某春所承担赔偿之债，与本案吴某春要求李某承担合同之债并非基于同一法律关系而产生。吴某春在向孙某发履行完毕赔偿责任之后，其向李某所主张的租赁合同之债方实际成立，此时才可另行向李某主张相应赔偿责任。否则，因吴某春与李某之间并未实际形成债权债务关系，吴某春亦不能因此而要求李某承担相应的赔偿责任。故法院作出驳回吴某春要求李某承担赔偿责任的诉讼请求。

编写人：黑龙江省鸡西市鸡冠区人民法院　谭满昌

26

经营性房屋租赁合同中，出租方违反开具租金发票的义务导致承租方不能实现合同目的的，承租方有权解除合同

——吴某涛诉无锡蓝光置业有限公司租赁合同案

【案件基本信息】

1. 裁判书字号

江苏省无锡市中级人民法院（2018）苏02民终3384号民事判决书

2. 案由：租赁合同纠纷

3. 当事人

原告（被上诉人）：吴某涛

被告（上诉人）：无锡蓝光置业有限公司（以下简称蓝光置业）

【基本案情】

2016年12月26日，吴某涛与蓝光置业订立商品房租赁合同，约定将19号商品房出租给吴某涛，租赁物吴某涛用于从事餐饮经营；租赁期限为三年；吴某涛于2017年2月1日自行前往租赁物所在项目物业中心办理房屋交接手续；吴某涛租赁该商品房的租金应按季度支付；蓝光置业在收到租金后按吴某涛支付的金额向其出具商品房租赁发票；自租赁物移交之日起，吴某涛根据经营需要，在保证不影响商品房结构安全和消防安全的原则下对租赁物进行装修；吴某涛承诺2017年5月1日开始营业，如吴某涛逾期开始正式营业的，吴某涛需按本合同约定的金额及时间向蓝光置业足额支付租金；另外，在双方的权利和义务中约定：蓝光置业须于收到吴某涛租金后按其缴纳的金额开具合法有效的商品房租赁发票；吴某涛必须为其在租赁物内进行经营取得一切必要的合法手续、证件，否则吴某涛不得开业；合同另

对其他相关事宜作出约定。

合同订立后，吴某涛按照合同约定缴纳首期租金16885.8元，蓝光置业收款后却未能开具租赁发票。2017年2月1日，双方办理涉案房屋的交接手续。后吴某涛对该房屋进行装修。2017年3月29日，吴某涛取得味之道小吃店个体工商户的预先核准通知书，该通知书载明：上述名称保留至2017年9月28日，在保留期内至领取营业执照前不得用于从事经营活动，不得转让。

2017年7月2日，吴某涛向蓝光置业发出律师函，认为蓝光置业收到租金后迟迟不开具商品租赁发票，导致吴某涛不能办理营业执照，不能实现合同目的，系根本性违约；要求蓝光置业见函起七日内开具发票并支付因不能营业的实际损失30900.83元。

为查清事实，法院至无锡市锡山区东亭街道办事处个体税收委托代征工作站进行调查，该工作站工作人员陈述：因味之道小吃店一直没有提交租赁发票，故营业执照未办妥；租赁发票是办理营业执照的必备条件。

审理中，吴某涛申请对涉案房屋的装修及房屋内设备之价值进行评估，经评估：涉案房屋的装修及房屋内设备的价值为91900元。

【案件焦点】

蓝光置业违反开具租金发票的从合同义务，吴某涛是否有权解除合同。

【法院裁判要旨】

江苏省无锡市锡山区人民法院经审理认为：吴某涛与蓝光置业所订房屋租赁合同系双方的真实意思表示，均应恪守；双方合同项下的主要权利义务为吴某涛支付租金、蓝光置业交付租赁房屋。关于吴某涛现主张蓝光置业存在违约行为要求解除租赁合同的诉请，法院认为，因合同目的不能实现而解除合同适用于迟延履行、不能履行、不适当履行、拒绝履行等各种违约形态，判断某一违约行为是否属于合同目的不能实现（根本违约），应根据违约的具体形态结合案件的客观情况进行判断。本案中，吴某涛与蓝光置业订立房屋租赁合同中约定“涉案商品房出租给吴某涛，租赁物吴某涛用于从事餐饮经营”；且合同中另就餐饮经营等事项作了明确约定。合同履行中，吴某涛依约履行了缴纳租金的义务，则蓝光置业亦应根据约定及时履行开具租赁发票的义务；该开具发票的约定虽属蓝光置业合同项下的从义务，但根据法院至相关部门调查的情况，吴某涛领取营业执照的必备条件为提交租赁发票，但蓝光置业收款后至今未能向吴某涛开具租赁发票；此后虽经吴某涛催告，蓝光置业至今仍未能履行开票义务。因蓝光置业未能依约开具租赁发票，导致吴某涛根本无法办妥味之道小吃店的营业执照进行依法经营；法院注意到双方所订的租赁合同中对吴某涛开业时间以及逾期开业由此产生的法律后果均作出了相应约定，故蓝光置业未履行合同项下的从义务已然导致吴某涛租赁房屋用于餐饮经营的合同目的不能实现，应认定为根本违约；现吴某涛请求解除租赁合同，法院依法予以支持。江苏省无锡市锡山区人民法院依照《中华人民共和国合同法》第九十四条第四项、第九十七条，《中华人民共和国民事诉讼法》第一百四十二条之规定，判决：

一、解除吴某涛与蓝光置业订立的商品房租赁合同；

二、蓝光置业于判决生效后十日内赔偿吴某涛装修及设备损失91900元；

三、吴某涛于本判决生效后十日内将涉案房屋（含装修）及房屋内的设备交付蓝光置业；

四、驳回吴某涛的其他诉讼请求。

蓝光置业不服一审判决，提起上诉。江苏省无锡市中级人民法院经审理后同意一审裁判意见，依照《中华人民共和国民事诉讼法》第一百七十条第一款第一项之规定，判决：

驳回上诉，维持原判。

【法官后语】

在租赁合同中，出租人的基本义务为按照约定将租赁物交付承租人，并在租赁期间保持租赁物符合约定的用途。承租人的基本义务为按照约定的方法使用租赁物。在租赁合同的章节中并未涉及出租人的开票义务，可见出租人的开票义务并不是出租人的主要合同义务。但是合同义务中除主给付义务外，还涉及从给付义务及附随义务。因从给付义务与附随义务都是非核心合同义务，故实践中比较容易混淆。在本案的审理过程中，原、被告双方对于出租人的开票义务为从给付义务抑或附随义务亦产生了分歧。学理上，区分从给付义务与附随义务的基本标准为是否可诉，能够独立以诉讼方式请求履行的为从给付义务，反之则为附随义务。通常情况下，附随义务基于法律规定而产生，无须通过约定明确，而从给付义务需要通过当事人的约定明确。本案中，原、被告双方签订的租赁合同中明确约定了出租人于收到承租人租金后按其缴纳的金额开具合法有效的商品房租赁发票；且若合同一方未履行开票义务，另一方可以通过诉讼的方式来请求开票，故出租人开票行为的性质应认定为从给付义务。

关于合同解除，可分为约定解除和法定解除。《中华人民共和国合同法》第九十三条、第九十四条对此作出规定。本案主要涉及合同的法定解除。关于合同的法定解除，《中华人民共和国合同法》第九十四条规定了五种情形，综观该条文规定，本案所涉情形并不符合前两种情形。如前所述，开具发票的义务并非出租人的主要义务，故案涉情形亦不符合该条文规定的第三种情形。针对出租人的不开票行为，出租人是否可以解除合同就在于是否符合该条文规定的第四种情形即出租人未开具租金发票的行为是否导致承租人签订租赁合同的目的不能实现。在通常情况下，合同一方当事人不履行开具发票的义务无法导致另一方当事人的合同目的无法实现，如买卖合同中，买受人的合同目的是得到标的物的所有权，故出卖人的不开票行为不会导致买受人的合同目的无法实现。同样在用于居住的房屋租赁合同中，承租人租赁房屋的目的为居住，故出租人的不开票行为亦无法导致其合同目的无法实现。而本案中，因双方于签订租赁合同中已明确约定承租人租赁房屋的用途为餐饮经营。从事餐饮经营需办理营业执照等一系列的证照也是一名普通人应当知晓的事项，更何况本案的被告是一个拥有众多商铺的专业置业公司。蓝光置业不开票的行为导致原告吴某涛无法办理开店所需的营业执照，进而导致吴某涛的小吃店无法开业，即吴某涛租赁房屋的合同目的无法实现，故法院支持了吴某涛要求解除案涉租赁合同的诉讼请求。

编写人：江苏省无锡市锡山区人民法院　谢妍　华伟

27

以无偿赠与使用年限的约定规避法定租赁期限的租赁合同效力应如何认定

——袁某白诉东莞市亿洲实业投资有限公司房屋租赁合同案

【案件基本信息】

1. 裁判书字号

广东省东莞市中级人民法院（2018）粤19民终7903号民事判决书

2. 案由：房屋租赁合同纠纷

3. 当事人

原告（被上诉人）：袁某白

被告（上诉人）：东莞市亿洲实业投资有限公司（以下简称亿洲公司）

第三人：东莞市虎门国际购物中心有限公司（以下简称虎门购物中心公司）

【基本案情】

2011年12月30日，亿洲公司作为甲方，袁某白作为乙方签订三份《虎门国际购物中心商铺租赁合同》，约定：乙方向甲方承租“虎门国际购物中心”1－2中庭号楼2层B2××8、B2××9、B2××0号商铺；租赁期限从2013年12月1日起至2033年11月30日止；上述租期届满后，甲方将租赁商铺赠送给乙方继续使用25年，使用期限从2033年12月1日起至2058年11月30日止，前述期限内，乙方无需向甲方计付租金，上述租赁期限加上使用权赠送期间合计为45年；甲方指定虎门购物中心公司为本商场的统一运营管理机构，乙方同意在租赁期限内的前四年将租赁商铺委托给该公司经营，并与该公司签订《虎门国际购物中心运营管理服务合同》；在上述20年租赁期限内，租赁商铺的租金总额分别为938439元、943274元、946731元，乙方于本合同签订当日一次性分别付清568439元、573274元、576731

元给甲方，并于同日办妥三笔37万元的银行贷款手续。同日，袁某白、陈克远（甲方）与虎门购物中心公司（乙方）签订三份《虎门国际购物中心商铺委托经营协议》，约定：上述三个铺位委托给乙方经营管理，委托经营期限从2013年12月1日起至2017年11月30日止，委托经营期限内前三年为固定回报期，乙方在此期间不论实际经营收益如何，均须由乙方按照商铺折后租金总额的24%于签订本协议时一次性向甲方预付固定回报，支付方式为乙方代甲方支付给亿洲公司，用于冲抵合同约定的甲方应支付给亿洲公司的部分租金，上述委托期限届满后，甲方可继续委托乙方经营，亦可收回商铺自行经营，由双方另行商定。同日，袁某白向虎门购物中心公司出具三张收款收据，确认收到案涉三个铺位的三年固定回报租金。亿洲公司向袁某白出具六张收款收据，确认收到袁某白交来案涉三个商铺的首期款。2012年4月30日，袁某白就三笔37万元贷款与银行签订《个人贷款合同》，全款贷款于同年5月29日发放给亿洲公司。袁某白于2016年9月27日还清上述三笔贷款本息合计1315975.77元。

2017年，袁某白以上述三份租赁合同超过《中华人民共和国合同法》第二百一十四条规定的法定20年租赁期限的部分无效且亿洲公司已将所谓免费赠送期的成本计入20年租金总额当中为由，向一审法院起诉请求确认上述三份《虎门国际购物中心商铺租赁合同》超过20年租赁期限的部分无效并要求亿洲公司返还无效部分已支付的租金1571357.78元及占用应返还租金的利息及赔偿袁某白贷款利息损失。亿洲公司辩称案涉合同约定超过20年租赁期限的部分为免费赠送使用的25年，经双方平等自愿协商达成，未违反法律禁止性规定，不应被否定。

【案件焦点】

以无偿赠与使用年限的方式延长租赁物使用期限的租赁合同约定的效力认定问题。

【法院裁判要旨】

广东省东莞市第二人民法院经审理认为：虽然案涉三份《虎门国际购物中心商铺租赁合同》约定租赁期限为20年，租期届满后，甲方将租赁商铺赠送给乙方继续使用25年，在前述期限内，乙方无需向甲方计付租金，上述租赁期限加上使用权赠送期间合计为45年，但是袁某白作为投资人，在选定租赁铺位作为投资对象时，是考虑到其支付该20年租金的对应使用期限为45年的。亿洲公司主张超过20年的剩余25年系免费赠送期，但是其作为营利性企业，在考量该笔交易时已经将该所谓的免费赠送期的成本计入20年租金总金额当中。因此，依法应认定案涉三份租赁合同所约定的租赁期限实为45年。依照《中华人民共和国合同法》第二百一十四条第一款“租赁期限不得超过二十年。超过二十年的，超过部分无效”的规定，袁某白主张案涉三份租赁合同约定的租赁期限超过20年的部分无效有理，依法应以支持。合同无效后，依照《中华人民共和国合同法》第五十八条“合同无效或者被撤销后，因该合同取得的财产，应当予以返还”的规定，亿洲公司应将其收取的超过20年的租金部分退回给袁某白，并应返还占用上述租金期间按照中国人民银行同期同类贷款利率计算所产生的利息。广东省东莞市第二人民法院判决：确认案涉三份《虎门国际购物中心商铺租赁合同》中约定的租赁期限超过20年的部分无效，亿洲公司应向袁某白返还租金1571357.78元并支付利息。

亿洲公司不服原审判决，向广东省东莞市中级人民法院提起上诉。广东省东莞市中级人民法院经审理认为：案涉租赁合同约定租赁期限为20年，租赁期限届满后赠与袁某白继续使用25年，即袁某白对案涉商铺实际使用期限为45年，亿洲公司是营利法人，是以获取利润为目的，并非以公益目的或者其他非营利目的成立的非营利法人，其称租赁期限届满后无偿赠与袁某白使用商铺25年与亿洲公司获取利润的目的相违背，且赠与使用的期限比有偿租赁期限还长，也不符合常理，租赁合同约定20年租赁期限届满后再赠送袁某白使用商铺25年是规避《中华人民共和国合同法》第二百一十四条第一款关于租赁期限不得超过20年的限制，法院采信袁某白的主张，认定案涉租赁合同的实际租赁期限为45年，租赁合同约定的20年租赁期限的租金应为45年租赁期限的租金。根据《中华人民共和国合同法》第二百一十四条第一款的规定，租赁合同的租赁期限不得超过二十年，超过二十年的，超过部分无效。一审法院判令亿洲公司将收取的超过20年期限的租金退还给袁某白正确，广东省东莞市中级人民法院同意一审法院裁判意见，对一审判决予以维持。

【法官后语】

《中华人民共和国合同法》第二百一十四条第一款规定：“租赁期限不得超过

二十年。超过二十年的，超过部分无效。”但为规避前述规定的法定租赁期限，司法实践中出现了“租赁20年+无偿赠与使用20年至30年”的“以租代售”形式，试图达到以合法形式掩盖非法目的。该类案件存在如下较为明显特点：1. 双方当事人约定租赁标的物的有偿使用期限为20年，合同有偿使用期满后，赠与一定年限的无偿使用期限延长租赁标的物的使用期限（常为20年至30年）。2. 签订合同时，使用人须一次性缴纳租赁标的物的20年有偿使用费。3. 使用人获得租赁标的物使用权后将委托所有权人或其关联公司经营管理一定年限，并由受托人保证一年年限的经营收益并在委托租赁标的物的有偿使用费中予以扣除。4. 租赁标的物往往存在土地性质、建设规划许可方面的法律瑕疵。

具体到本案中，本案审理重点主要在于如何认定以无偿赠与使用年限的方式规避20年法定租赁期限的租赁合同的效力。对此，本案一、二审法院的审理思路基本一致，均认为无偿赠与使用年限的做法实质上有违营利法人的营利性特点，其实质是为规避《中华人民共和国合同法》第二百一十四条关于法定租赁期限的规定，试图以合法形式掩盖其非法目的，以存在权利瑕疵的租赁物以租代售的形式达到谋取经济收益的效果，故依法应认定无偿赠与使用年限属于整体租赁期限的一部分，如整体租赁期限超过20年法定租赁期限的，则超过部分无效，出租人应返还无效部分所对应的财产利益并赔偿相应损失。

编写人：广东省东莞市中级人民法院　姚渠旺

28

保障性住房租赁合同纠纷的程序适用问题

——广西壮族自治区上思县房地产管理所诉韦某祺房屋租赁合同案

【案件基本信息】

1. 裁判书字号

广西壮族自治区防城港市中级人民法院（2018）桂06民终627号民事裁定书

2. 案由：房屋租赁合同纠纷

3. 当事人

原告（被上诉人）：上思县房地产管理所

被告（上诉人）：韦某祺

【基本案情】

2017年5月22日，上思县住房和城乡建设局向韦某祺户作出《关于限期腾退公共租赁住房决定书》，载明：上思县住房和城乡建设局住房保障办公室查明韦某祺户（韦某祺、刘某娇、韦某懂）在上思县华兰镇那岩村那岩屯建有钢混私房80平方米，人均使用面积26.7平方米，建此房后，韦某祺户并未将住房条件改变情况报告该局住房保障办公室。根据文件（上证办发〔2015〕31号）第六十二条、第六十三条的规定，该局决定如下：1. 解除该局与韦某祺户于2012年11月12日签订的《上思县廉租住房租赁合同书》，收回韦某祺户承租的公共租赁住房；2. 限韦某祺户于2017年6月22日前腾出公共租赁住房；3. 公共租赁住房腾退前，由韦某祺户搬迁房屋自有物品，请打扫室内卫生，妥善维护房屋内设施，如有损坏，要及时维修或照价赔偿；4. 生活用水、电产生的费用，以及房租费、物业管理费，请韦某祺户在腾退前到相关管理部门结清；5. 期限内未腾退住房的，该局将强制腾房。韦某祺不服上述行政决定，向上思县人民政府提起行政复议。上思县人民政府经审查后于2017年7月25日作出上政复决〔2015〕13号《行政复议决定书》，维持上思县住房和城乡建设局作出的《关于限期腾退公共租赁住房决定书》。2017年11月11日租期届满后，韦某祺未与上思县房地产管理所续签租赁合同，也未与上思县房地产管理所办理腾退房屋交接手续。2018年3月13日，上思县房地产管理所起诉。上思县人民法院立案受理后于2018年3月30日向韦某祺送达了起诉状副本等诉讼材料。韦某祺二审自认其已收到上述行政复议决定书，但至今未向上思县人民法院提起行政诉讼。上思县房地产管理所自认其未就上述《行政复议决定书》申请人民法院强制执行。

【案件焦点】

涉案保障性住房租赁合同纠纷是否属于人民法院民事案件受理范围。

【法院裁判要旨】

广西壮族自治区上思县人民法院经审理认为：涉案《上思县廉租住房租赁合同书》是双方真实意思表示，未违反法律、行政法规强制性规定，合法有效。租赁期满后，上思县房地产管理所让韦某祺继续使用涉案房屋，故涉案合同为不定期租赁合同且继续有效，韦某祺应按约定标准给付租金且上思县房地产管理所可随时解除合同；上思县房地产管理所起诉后，法院向韦某祺送达了诉讼材料，可视为其已在合理期限内通知承租人，故对其要求解除合同予以支持。合同解除后，出租人有权要求承租人返还租赁物。水、电、煤气、物业等费用按约定由韦某祺直接向第三人缴纳，上思县房地产管理所未提供证据证明韦某祺有未结清的费用，故对其要求韦某祺结清占有使用房屋期间产生的以上费用不予支持。广西壮族自治区上思县人民法院作出判决：

一、被告韦某祺将位于上思县思阳镇北布路城北廉租房小区 10 幢 × × 号房屋腾退给原告上思县房地产管理所；

二、被告韦某祺支付原告上思县房地产管理所自 2017 年 11 月 12 日起至 2018 年 3 月 11 日止的房屋租金 600 元；

三、驳回原告上思县房地产管理所的其他诉讼请求。

一审宣判后，被告韦某祺提起上诉。

广西壮族自治区防城港市中级人民法院经审理认为：根据《公共租赁住房管理办法》的规定，韦某祺与上思县房地产管理所签订的《上思县廉租住房租赁合同书》不属于平等民事主体之间签订的民商事合同。对于韦某祺户是否符合公共租赁保障对象条件、涉案合同是否解除等问题，上思县住房和城乡建设局已作出《关于限期腾退公共租赁住房决定书》。韦某祺就此提起行政复议后，上思县人民政府已作出《行政复议决定书》。韦某祺收到该行政复议决定书后至今未向上思县人民法院提起行政诉讼。根据《中华人民共和国行政复议法》第三十三条的规定，腾退房屋及支付水电费、房租、物业费等问题，应由作出上述具体行政行为的行政机关即上思县房地产管理所依法强制执行，或者申请人民法院强制执行。故本案不属于人民法院民事案件受案范围，一审法院受理本案并作出错误判决，予以纠正。广西壮族自治区防城港市中级人民法院裁定：

一、撤销上思县人民法院（2018）桂 0621 民初 283 号民事判决；

二、驳回被上诉人上思县房地产管理所的起诉。

【法官后语】

本案涉及行政案件与民事案件受理范围边界、特殊群体权益保障等时下热议的法律及社会话题，在法律适用上具有参考研究价值，在社会治理上具有典型指导意义。

随着社会福利保障制度日益健全，为解决低收入、无房人口的住房问题，政府越来越多地参与到房屋建设、出租等民事领域。民事纠纷应当发生于平等主体之间，然而本案涉及的合同系在行政机关即房产管理部门与个人之间，合同的标的系具有社会保障性价值的公共租赁住房（以下简称公租房）。住房和城乡建设部出台了《公共租赁住房管理办法》，详细规范了公租房租赁的申请与审核、配租、使用与退出等具体事宜。对于该类房屋租赁产生的纠纷，应属于“民与官”之间发生的纠纷，应当适用行政诉讼有关法律规范。

《中华人民共和国行政诉讼法》第四十四条第一款规定：“对属于人民法院受案范围的行政案件，公民、法人或者其他组织可以先向行政机关申请复议，对复议决定不服的，再向人民法院提起诉讼；也可以直接向人民法院提起诉讼。”本案中，针对是否准予韦某祺继续租赁涉案公租房的问题，上思县住房和城乡建设局作出《关于限期腾退公共租赁住房决定书》，韦某祺不服该决定申请行政复议，上思县人民政府就其复议申请已作出决定书。根据《中华人民共和国行政复议法》第三十三条第一项“申请人逾期不起诉又不履行行政复议决定的，或者不履行最终裁决的行政复议决定的，按照下列规定分别处理：（一）维持具体行政行为的行政复议决定，由作出具体行政行为的行政机关依法强制执行，或者申请人民法院强制执行”的规定，上思县房地产管理所有权强制执行或申请人民法院强制行政复议决定。本案已经进入行政纠纷处理程序，且行政纠纷处理程序能够充分保障当事人权益，不属于民事纠纷审判程序管辖范畴。按照《最高人民法院关于适用〈中华人民共和国民事诉讼法〉的解释》第三百三十条“人民法院依照第二审程序审理案件，认为依法不应由人民法院受理的，可以由第二审人民法院直接裁定撤销原裁判，驳回起诉”的规定，法院依法驳回上思县房地产管理所的起诉。

本案另一新颖之处是涉及退伍军人的住房保障问题。近年来，从中央到地方，已出台大量法规政策切实保障退伍军人的安居定业大计。涉案公租房的承租人系退伍军人，其在诉讼中自认已经政府审批获得房屋改造经费补贴并建成80平方米平顶房，但对分家人口与住房面积尚有异议。当地政府已切实落实韦某祺作为退伍军人应享受的住房安置政策，至于其分家问题应由其他法规政策解决。

编写人：广西壮族自治区防城港市中级人民法院　禤汉奇

29

触发房屋租赁合同解除条款是否一定能够解除合同

——江苏省启东市供销机械有限公司诉南通中恒螺旋桨有限公司房屋租赁合同案

【案件基本信息】

1. 裁判书字号

江苏省南通市中级人民法院（2018）苏06民终1287号民事判决书

2. 案由：房屋租赁合同纠纷

3. 当事人

原告（上诉人）：启东市供销机械有限公司

被告（被上诉人）：南通中恒螺旋桨有限公司

【基本案情】

2015年4月30日，原告启东市供销机械有限公司与被告南通中恒螺旋桨有限公司签订《房屋租赁合同》，主要内容为：租赁房屋坐落在原翻砂车间，租赁期限从2015年5月1日至2020年4月30日，租金10万元，每年租期开始七日内一次性支付租金，租赁用途为工业生产。有下列情形之一的，出租人有权解除合同，“1. 承租人不交付或者不按约交付租金达一个月以上……7. 承租人在出租房屋进行违法活动的行为……”，合同同时约定甲方另外将空闲的办公室和生活用房临时借给乙方使用，暂不计租金，甲方需要时有权收回。合同中未明确房间数。被告于2016年6月8日、9月14日、2017年1月24日、5月26日、7月28日分别向原告交付房租3万元、6万元、1万元、49900元、50100元。原告于2017年7月24日向被告出具了房租发票。

案涉厂区厂房系原告所有，经现场勘查和原、被告确认，被告使用除合同约定厂房外，还在使用案涉合同承租车间南门向南的房屋和场地（即示意图上编号2、3房屋和编号4、5场地）及宿舍楼三间（底楼编号1×0、1×1、二楼中间编号2×8）、办公室楼两间（三楼西侧两间标注董事长室、总工室）。

原告认为被告逾期支付房租的行为符合合同约定解除权的条件，应当解除合同。被告不同意原告的诉讼请求。

【案件焦点】

1. 在被告超期支付房租的情况下，原告是否有权解除双方租赁合同；2. 原告是否有权收回被告使用租赁合同以外的相应厂房。

【法院裁判要旨】

江苏省启东市人民法院经审理认为：原告要求解除合同，被告不同意解除合同。根据案涉合同约定，承租人不交付或者不按约交付租金达一个月以上，出租人有权解除合同。然而，原告在解除合同条件成就后，仍然接受被告交付的房租并开具发票，可以认定原告已经放弃合同约定的解除权，愿意继续履行合同。约定解除权条件成就后，解除权人有权就是否解除择一选择，如果解除权人继续接受相对方的履行，还允许其享有解除权，无疑会损害相对人的利益，违反诚信原则。为维护合同交易的稳定性，原告以被告迟延交付租金为由要求解除合同，不予支持。原告认为被告存在违法行为，但其提供的证据不足以证明其主张，不予采信。

当事人对自己提出的诉讼请求所依据的事实或者反驳对方诉讼请求所依据的事实有责任提供证据加以证明。没有证据或者证据不足以证明当事人的事实主张的，由负有举证责任的当事人承担不利后果。原告要求被告腾空案涉合同约定房屋以外的房屋和场地，被告称其目前使用的案涉合同约定房屋以外的房屋系经原告同意后使用的，但未提供证据证实，故对被告的意见法院不予采信。即便被告所述属实，根据案涉合同约定，原告也有权收回。综上，原告的该主张于法有据，予以支持。江苏省启东市人民法院依照《中华人民共和国合同法》第六条，《中华人民共和国合同法》第三十四条、第三十九条，《最高人民法院关于适用〈中华人民共和国民事诉讼法〉的解释》第九十条之规定，判决：

一、驳回原告启东市供销机械有限公司要求解除2015年4月30日其与被告南通中恒螺旋桨有限公司签订的《房屋租赁合同》的诉讼请求；

二、被告南通中恒螺旋桨有限公司于本判决生效之日起二十日内腾空其使用的案涉承租车间南门向南的房屋和场地（即示意图上编号2、3房屋和编号4、5场地）及宿舍楼三间（底楼编号1×0、1×1、二楼中间编号2×8）、办公室楼两间（三楼西侧两间标注董事长室、总工室）。

原告不服提起上诉，江苏省南通市中级人民法院依照《中华人民共和国民事诉讼法》第一百七十条第一款第一项之规定，判决：

驳回上诉，维持原判。

【法官后语】

本案没有判决解除双方的房屋租赁合同，是从公平正义和维护交易秩序稳定的角度出发，也是为房屋租赁各方提供一种司法理念，即合同的义务必须遵循，但权利的行使要有边界。

《中华人民共和国合同法》规定了合同的解除权，是为了维护守约方的正当权益，防止违约方因为违约获取不当利益，体现合同的公平原则，维护诚实信用原则。那么是否存在合同解除的情形时，守约方就能随时行使解除权，答案当然是否定的。因为权利的行使必须有一定的限制，没有约束的权利会导致新的不公平产生。

1. 从合同的稳定性来看。合同一旦订立，那么合同的双方都应当遵守，也就带给合同双方较为稳定的关系。合同的行使需要双方遵循合同法的原则，当一方不遵守合同约定时，就会导致合同解除权的产生。我国法律虽然没有规定解除权行使的期限，但如果解除权可以随时行使，会使得相对方将长期处于忐忑不安的状态，导致双方地位的不对等，不利于交易的稳定，影响正常的社会经济秩序。所以守约方应当及时地行使自己的权利，当导致合同解除的因素消除时，守约方也就丧失了合同解除权。本案中，在被告存在多次逾期支付房租的情形时，原告既没有向被告催要房租款，也没有向被告主张解除权，如果支持原告的诉请，那么会导致双方在长期的交易中存在不对等的情况，对于被告而言是不公平的。

2. 从合同的目的性来看。房屋租赁合同的目的对于出租方而言，是获取房屋的租金收益，承租方的目的是获得房屋的使用权。就本案而言，被告并未表明其不履行合同义务，被告的后续付款行为并未阻碍合同目的的实现，且原告也实际接收了被告交付的房租，说明原告的合同目的已经得到实现。但被告逾期付款的行为会给原告带来一定的损失，其违约行为应当受到批评，对于造成的损失也应当给予原告赔偿。

3. 从合同解除权行使的条件来看。就房屋出租而言，特别是实体产业的承租方会对房屋进行一定的添附，以适应生产的需要，投入是巨大的，如果轻易解除合同，会给承租方造成更大的损失，甚至会影响产业的平稳发展。这并不是说出租方就不能解除合同，但解除合同一定要达到根本违约的程度。比如，出租方催要房租并给予了合理期限，但承租方仍未支付或者承租方明确表示不支付房租，那么出租方的合同目的就无法实现，应当而且必须解除合同。

编写人：江苏省启东市人民法院　毛才华

30

商业地产租赁合同约定租金高于市场现价属于情势变更还是商业风险

——吴某芬诉吴某奋房屋租赁合同案

【案件基本信息】

1. 裁判书字号

福建省厦门市中级人民法院（2018）闽02民终4610号民事判决书

2. 案由：房屋租赁合同纠纷

3. 当事人

原告（反诉被告，上诉人）：吴某芬

被告（反诉原告，被上诉人）：吴某奋

【基本案情】

2015年4月，在中介服务有限公司的居间下，吴某奋与吴某芬签订一份《房屋租赁合同》，双方约定：吴某芬向吴某奋承租案涉房屋，建筑面积131.63平方米，租赁用途为商住办公；租赁期限从2015年5月18日起至2021年5月17日止，每月租金8000元；付款方式为半年一付，第2次付款应提前7天付清；合同签订之日，吴某芬应向吴某奋交付8000元作为押金，到合同期满无息退还；租赁期间如有拖欠租金每天按拖欠部分的2%加收滞纳金，拖欠达半个月以上的，吴某奋有权提前解除合同。合同第七条约定：租赁期间，双方不得借故解除合同，当事人双方如有正当理由要求解除合同时，须提前一个月书面通知对方，合同解除后，由提出解除合同的一方向对方支付一个月的房租作为违约赔偿金。在合同手写的备注部分约定：本合同为六年期，双方都不得中途提出解除合同，否则须承担10万元违约赔偿。合同签订后，吴某芬支付了押金8000元。双方已经结清截至2017年6月19日前的案涉房屋租金。后吴某芬又支付给吴某奋租金5300元，于2017年7月8日搬离案涉房屋，将房屋钥匙放置于案涉房屋小区物业。

2017年5月，吴某芬与吴某奋短信就房屋租金是否调整及解除合同的问题进行沟通无果。2017年6月8日，吴某芬向吴某奋发出《解除合同告知函》，吴某芬于告知函中称：因租赁价格明显高于当地房屋租赁的市场价格，明显违背当地市场交易习惯，导致吴某芬蒙受巨大损失。因经济不景气，公司经营状况不佳，无力支付高额租金等，依据合同第七条的约定，提前一个月通知吴某奋房屋租赁合同于2017年7月8日解除。吴某芬诉求确认该合同解除时间，由吴某奋返还押金8000元，并按40元/平方米的租金标准退还多收取的租金63182.4元。吴某奋确认收悉该告知函，但吴某芬单方面解除合同告知函无效，吴某芬应立即支付拖欠的房屋租金47500元，每日按拖欠租金2%的标准支付滞纳金，并支付违约金10万元。另，吴某芬提供三份周边房产的租赁合同，拟证实案涉房产周边房产租金价位约40元/平方米。

【案件焦点】

1. 先期约定的房屋租金高于当下周边房屋租金，属于情势变更还是商业风险；2. 吴某芬是否有解除合同的正当理由。

【法院裁判要旨】

福建省厦门市海沧区人民法院经审理认为：双方在中介机构的居间下，经过协商签订合同。吴某芬没有提供双方在订立合同时的权利义务明显不对等的情形，其提供的他人签订的租赁合同，均是在吴某芬与吴某奋签订合同之后、履行合同过程中，不符合《中华人民共和国合同法》对于可变更合同的规定。对于吴某芬要求按照40元/平方米的标准变更合同价格而返还租金的诉讼请求，不予支持。

房屋租赁合同涉及合同解除的问题有两条约定：一是合同第七条约定，有正当理由的，须提前一个月书面通知对方解除合同，并支付一个月的房租作为违约赔偿金；二是在备注部分约定，任何一方中途解除合同的，须承担10万元违约赔偿。两条规定的区别在于是否有正当理由。有正当理由提出解除合同的后果是支付一个月的房租租金，无正当理由解除合同的，则需支付10万元的违约赔偿。吴某芬提供解除合同的理由是房租高于当地租金价格，其无力承担。第一，案涉房屋所在小区的租金价格应由专业评估机构进行评估，吴某芬仅提供三份案外人的租赁合同，无法全面反映案涉房屋租金价格的真实情况。因此，吴某芬对于租金是否过高，证据不足。第二，吴某芬提出的其所经营的公司无力承担高额租金的问题，更是属于吴某芬履行能力的问题，不属于解除合同的正当理由。综上，吴某芬提出的两点理由均不能视为正当理由，其根据合同第七条的约定提出解除合同，依据不足。但合同赋予了当事人任意解除权，吴某芬提出于2017年7月8日解除合同的理由虽不正当，其仍然可以行使解除权。吴某芬行使解除权后，应支付10万元的违约金，租金应计算至2017年7月8日。双方确认截至2017年6月19日的租金已经结清，吴某芬还应支付2017年6月20日至2017年7月8日的租金5280元（8800元/月÷30天×18天）。吴某芬在原审起诉后已经支付了5300元给吴某奋，应视为已经支付了截至合同解除之日的全部租金。因对于合同是否于2017年7月8日解除存在争议，双方的权利义务处于不确定的状态，吴某芬在2017年7月8日前支付租金不应视为延迟支付。吴某奋主张延迟支付租金的滞纳金，不予支持。此外，合同约定双方在租赁期间的费用结清后，吴某奋应无息退还押金，应予以遵守，吴某奋应退还吴某芬8000元的押金。福建省厦门市海沧区人民法院依照《中华人民共和国合同法》第五十四条、第六十条、第一百一十四条、第二百一十二条，《中华人民共和国民事诉讼法》第六十四条第一款的规定，判决：

一、吴某芬与吴某奋于2015年4月4日签订的《房屋租赁合同》自2017年7月8日解除；

二、被告吴某奋应于本判决书生效之日起十日内向原告吴某芬返还押金8000元；

三、反诉被告吴某芬应于本判决书生效之日起十日内向反诉吴某奋支付违约金10万元；

四、上述第二项、第三项互相抵扣后，由吴某芬于本判决书生效之日起十日内向吴某奋支付92000元。

一审判决后，吴某芬不服，提起上诉。厦门市中级人民法院经审理认为：吴某芬与吴某奋签订的《房屋租赁合同》系双方的真实意思表示，不违反法律、行政法规的效力性强制性规定，应认定为有效合同。租金价格的确定既与租赁标的物的位置、状况、从事行业、租赁期限、其时的市场行情及趋势相关，亦受合同双方的商业判断及谈判能力等因素影响。故而，不应以签订合同时租金的高低来判断是否"公平"。本案中，吴某芬既未举证合同内容违背其真实意思表示，亦未证明合同成立以后客观情况发生了在订立合同时无法预见的、非不可抗力造成的不属于商业风险的重大变化，其上诉主张解除合同具有约定的正当理由缺乏事实与法律依据。根据合同约定，无正当理由中途解除合同的，应承担10万元的违约赔偿。结合本案租金价格、租赁期限、当事人违约程度和争议情况等因素，一审法院判令吴某芬向吴某奋支付违约金10万元并无不当，对吴某芬降低违约金的上诉请求不予支持。一审判决事实清楚，适用法律正确，应予维持。

福建省厦门市中级人民法院依照《中华人民共和国民事诉讼法》第一百五十三条第一款第一项之规定，判决：

驳回上诉，维持原判。

【法官后语】

本案的案涉房屋系新兴商业圈的商业地产，在吴某芬与吴某奋签订《房屋租赁合同》时该商业地产尚处于商业圈发展初期，周边商业地产租金价格尚无参照标准。吴某芬主张合同约定的租金远远高于周边房产的价格，显失公平，并以此为由要求解除合同。该主张属于情势变更，还是以情势变更之名行规避商业风险之实，在审理类似案件时应着重予以判别。

《最高人民法院关于适用〈中华人民共和国合同法〉若干问题的解释（二）》第二十六条确立了情势变更原则的法律基础，该条文规定："合同成立以后客观情况发生了当事人在订立合同时无法预见的、非不可抗力造成的不属于商业风险的重大变化，继续履行合同对于一方当事人明显不公平或者不能实现合同目的，当事人请求人民法院变更或者解除合同的，人民法院应当根据公平原则，并结合案件的实际情况确定是否变更或者解除。”而商业风险则是指在商业活动中，由于各种不确定因素引起的，给商业主体带来获利或损失的机会或可能性的一切客观经济现象。司法实践中，判断情势变更和商业风险，可从三个方面加以判定：

第一，是否具有可预见性。情势变更是在合同成立之后因客观情况的变化引起的情况，在合同订立时通常不具有预见性。法律虽未对可判定为情势变更的原因作出具体规定，但司法实践中诸如政府政策、自然因素等不可抗力因素可据以判断是否符合情势变更。商业风险则是商业主体对合同订立后可能发生变化的客观情况是可以预见的，或者是应当预见而没有预见，抑或预见后甘冒风险。本案中，新建商业小区所在的商圈发展是一个逐渐演变的过程，双方订立的合同期限为六年，吴某芬对于新兴商圈的发展应具有一定程度的预见和判断。双方约定的租金金额系协商的结果，也是吴某芬基于对商圈发展的预期。

第二，产生的后果。根据是否会导致“显失公平”的后果，可以进一步区分两者。情势变更导致合同签订时的客观情况发生重大变化，使一方或双方遭受损失或不能实现合同目的，继续履行合同将违背合同的公平性原则。商业风险则是因市场经济的变化不符合双方订立合同时的预期，继续履行合同可能使一方的履约成本高于市场行情，但并不因此造成显失公平。本案中，租赁合同履行两年后，租金价格未达到双方预期水平，吴某芬主张继续履行合同显失公平。笔者认为，吴某芬继续履行合同，并不会超出订立合同时预期付出的履约成本，只是其可以以更少的成本向其他人租到同样的房子，但这并非其可变更或解除合同的正当理由。

第三，归责原则不同。情势变更因具有不可预见性，合同当事人主观上不存在过错，均不需对情势变更承担责任，双方可通过对契约自由的修正，实现合同正义的目的。商业风险则具有可预见性，如当事人未充分预见风险或预见风险而甘冒风险，则应遵循风险自负原则，自行承担不利后果。本案中，双方基于对商圈发展的预期约定租金价格，租金价格低于周边房产价格是双方应当预见的风险，吴某芬应当自担风险。法院虽判定吴某芬可行使合同的任意解除权，但因其解除合同并无正当理由，按照合同约定应支付10万元的违约赔偿。

编写人：福建省厦门市海沧区人民法院　芦絮　李馨

31

作为基础的诉请已过诉讼时效时，则附属于基础的违约金诉请也随之超过诉讼时效

——四川省成都市永冠建筑设备租赁站诉成都市黄河建设（集团）有限公司建筑设备租赁合同案

【案件基本信息】

1. 裁判书字号

四川省成都市中级人民法院（2018）川01民终15363号民事判决书

2. 案由：建筑设备租赁合同纠纷

3. 当事人

原告（上诉人）：成都市永冠建筑设备租赁站（以下简称永冠租赁站）

被告（被上诉人）：成都市黄河建设（集团）有限公司（以下简称黄河公司）

【基本案情】

2012年4月9日，黄河公司与永冠租赁站签订一份《货用施工升降机租赁合同》，约定黄河公司租赁永冠租赁站货用施工升降机两台，每台的月租金为8000元，自实际使用之日后，每月10日前支付月租金，升降机退场后一个月内未付清全部租金，须每日按拖欠租金的1%支付违约金。杨某东作为黄河公司委托代表人，在上述《货用施工升降机租赁合同》中签名。2012年7月9日、2012年7月21日，黄河公司先后起用两台升降机。2013年4月23日，永冠租赁站与黄河公司签订《货用施工升降机停止使用日期确认单》，确定设备停止使用日期为2013年4月23日。2013年5月3日，杨某东签字确定总计产生租金165039元，已付租金107666元，未付租金57373元。

【案件焦点】

违约金的诉讼时效。

【法院裁判要旨】

四川省新津县人民法院经审理认为：永冠租赁站主张黄河公司应支付拖欠租金及违约金，黄河公司辩称其主张已超过了诉讼时效。依照法律规定，诉讼时效期间从知道或者应当知道权利被侵害时计算。双方签订的租赁合同约定，升降机退场后一个月内应当付清全部租金，否则要支付违约金，这一约定实际说明租金的最终支付时间应为退场后一个月内。本案中，升降机退场时间为2013年4月23日，按照合同约定黄河公司应于2013年5月23日前支付租金，故诉讼时效应从2013年5月24日永冠租赁站知道或者应当知道黄河公司未按期支付租金起算，而永冠租赁站于2018年7月20日才提起本案诉讼，明显已经超出诉讼时效。永冠租赁站未提交证据证明存在诉讼时效中止中断的情形，故黄河公司关于永冠租赁站的诉请已过诉讼时效的抗辩理由成立，永冠租赁站的诉讼请求已过诉讼时效，法院不予支持。

四川省新津县人民法院依照《中华人民共和国民法通则》第一百三十六条、第一百三十七条，《中华人民共和国民事诉讼法》第六十四条第一款的规定，判决：驳回永冠租赁站的诉讼请求。

永冠租赁站不服一审判决，提起上诉。

四川省成都市中级人民法院《中华人民共和国民事诉讼法》第一百七十条第一款第一项规定，判决：

驳回上诉，维持原判。

【法官后语】

本案中，双方权利义务产生的基础是《货用施工升降机租赁合同》，双方建立的是租赁合同关系，因此，诉讼时效期间为三年的普通诉讼时效期间。

普通诉讼时效是可变期间，适用中止、中断规则。诉讼时效的中止，是指因发生权利人不能行使权利的客观障碍，诉讼时效期间暂停计算，待该客观障碍消除后，诉讼时效继续计算的法律制度。诉讼时效的中止事由分为不可抗力和其他事由，其中其他事由包括权利人被侵害的无民事行为能力人、限制民事行为能力人没有法定代理人，或者法定代理人死亡、丧失代理权、丧失行为能力能力；继承开始后为确定继承人或者遗产管理人；权利人被义务人或者其他人控制无法主张权利；其他导致权利人不能主张权利的客观情形。诉讼时效中断是指因权利人不行使权利的状态被打破，经过的诉讼时效归于无效，诉讼重新计算的法律制度。诉讼时效中断事由一是权利人向法院提起民事诉讼；二是权利人向法院提出其他的保护自己权利的申请，包括申请仲裁、申请支付令、申请破产、申报破产债权、为主张权利而申请宣告义务人失踪或死亡、申请诉前财产保全、诉前临时禁令等诉前措施、申请强制执行、申请追加当事人或者被通知参加诉讼、在诉讼中主张抵消、其他与提起诉讼具有同等诉讼时效中断效力的事项。除此之外，诉讼时效中断还有几种特殊情况，一是在连带债权债务中，对于连带债权债务中的一人发生诉讼时效中断效力的事由，应当认定对其他连带债权债务人也发生诉讼时效中断的效力。其中连带担保，主债权人行使担保物权的行为，能够导致主债权诉讼时效的中断，主债权人行使保证权的行为，不会导致主债权诉讼时效的中断。二是债的转移，债权转让的，诉讼时效从债权转让通知到达债务人之日起中断；债务承担的，诉讼时效从债务承担意思表示到达债权人之日起中断。三是债权人行使代位权。本案中，永冠租赁站未提交证据证明存在诉讼时效中止中断的情形，故本案不存在诉讼时效中止中断的事由。

违约金是指按照当事人的约定或者法律直接规定，一方当事人违约的，应当向另一方当事人支付金钱，是对参与民事活动中的一方未能按约履行自身义务的惩罚，也是对无过错一方当事人所受损失的补偿，亦是对债务人履行义务的担保。由此可见，违约金是基于违约行为而产生的一项债务，支付违约金的前提是确定一方当事人的行为构成违约，其应当承担违约责任，因此，在违约责任尚未明确的情形下，只有在法院确定一方构成违约时，才能确定另一方请求支付违约金的权利存在。因此，违约金请求权不同于普通债权，其依附于违约行为的确定而产生。违约金的标的物一般是金钱，但当事人也可以约定违约金的标的物为金钱义务外的其他财产。

本案中黄河公司与永冠租赁站于 2012 年 4 月 9 日签订一份《货用施工升降机租赁合同》，约定黄河公司租赁永冠租赁站货用施工升降机两台，每台的月租金为 8000 元，自实际使用之日后，每月 10 日前支付月租金，升降机退场后一个月内未付清全部租金，须每日按拖欠租金的1%支付违约金。杨某东作为黄河公司委托代表人，在上述《货用施工升降机租赁合同》中签名。2012年7月9日、2012年7月21日，黄河公司先后起用两台升降机。2013年4月23日，永冠租赁站与黄河公司签订《货用施工升降机停止使用日期确认单》，确定设备停止使用日期为2013年4月23日，则租金的最终支付时间应为2013年5月23日前。黄河公司没有在2013年5月23日付清全部租赁费已经构成违约，应当承担每日按拖欠租金的1%支付违约金的违约责任。而诉讼时效期间从知道或者应当知道权利被侵害时计算，黄河公司应当于2013年5月23日付清全部租赁费，因此诉讼时效应当从2013年5月24日永冠租赁站知道或者应当知道黄河公司未按期支付租金起算，永冠租赁站于2018年7月20日才提起本案诉讼，明显已经超出诉讼时效。而违约金是基于黄河公司未付租金行为而产生的一种违约责任方式，具有从属性，依赖于基础合同关系而产生，现作为基础的租金诉请已过诉讼时效，则附属于租金的违约金诉请也随之超过诉讼时效。

编写人：四川省新津县人民法院　张琦琳

七、融资租赁合同

32

出租人解除融资租赁合同应考量承租人违约程度

——江某年诉福建成融融资租赁有限公司融资租赁合同案

【案件基本信息】

1. 裁判书字号

福建省厦门市中级人民法院（2018）闽02民终5229号民事调解书

2. 案由：融资租赁合同纠纷

3. 当事人

原告（上诉人）：江某年

被告（上诉人）：福建成融融资租赁有限公司（以下简称成融融资公司）

【基本案情】

2016年12月21日，江某年为购买一部宝马轿车向成融融资公司提出融资申请，该公司以售后回租方式为江某年提供融资支持，融资资金为102200元，融资期限为36个月，合计租金138256.2元。双方签订的《补充协议》第二条“规定行驶区域”约定，承租人驾驶租赁车辆必须在承租人所规定的区域内行驶，如驶出规定行驶区域需提前取得出租人的书面同意，否则出租人有权启动GPS并随时控制车辆，承租人应承担一切费用，规定行驶区域定义为承租人申请融资租赁业务所属分公司所在地市区范围。该协议系成融融资公司提供的格式合同。在办理业务时，江某年填写了该公司提供的《客户个人信息表》，填写的居住地址和工作单位地址均位于广州市天河区。签订合同后，江某年向成融融资公司缴纳履约保证金5110元。成融融资公司向其提供融资资金102200元。江某年购车后一直在广州使用该车辆。截至2017年6月，江某年已支付6期租金合计23042.7元，其中第6期租金迟延支付1天，江某年已支付逾期利息。2017年6月27日，江某年以车钥匙遗失为由要求成融融资公司提供备用钥匙以作配钥匙用途。成融融资公司要求其先缴纳保证金1万元，江某年不同意。成融融资公司又提出，可以委托他人携带备用钥匙到广州陪同江某年配钥匙，但要求其承担往来交通费和人工费约1000元，江某年不同意。2017年6月27日晚，成融融资公司未经通知江某年，通过GPS定位找到租赁车辆并自行取回。次日上午，成融融资公司口头通知江某年已将租赁车辆收回，并向其发出《融资租赁业务终止通知书》，要求江某年在三日内结清剩余全部租金，并支付拖车费用3000元和拖车人工费5110元，同时告知结清上述费用后，将按约定移交车辆，逾期未处理的，将处置变卖车辆。双方协商未果。2017年8月30日，成融融资公司以91000元的价格将车辆转让给案外人。江某年认为，成融融资公司无故将车辆收回，导致双方之间融资租赁合同无法继续履行，应依法承担违约责任，遂请求判令：成融融资公司赔偿损失26000元、返还履约保证金5110元、已付融资本金17033.34元和利息6009.36元，并赔偿因诉讼支出的律师费6000元。

【案件焦点】

1. 成融融资公司行使取回权，收回、处置租赁物的行为是否符合约定或法定的条件；2. 该行为是否构成违约。

【法院裁判要旨】

福建省厦门市湖里区人民法院经审理认为：第6期租金虽存在迟延付款，但仅迟延1天，且江某年已依约支付逾期利息，不影响成融融资公司订立合同目的的实现，合同中也未约定该情形为合同解除的充分条件，故该迟延履行行为不构成公司提前收回车辆的正当事由。车辆是交通工具，行驶区域需根据使用者的出行需求确定。《补充协议》限定租赁车辆的行驶区域，在一定程度上妨碍了江某年使用车辆的自由。该条款系成融融资公司提供的格式条款，但并未采用足以引起注意的文字、符号、字体等特别标识，未尽到合理提示义务，有违公平原则，故该条款对江某年不具有约束力。而且，在办理融资租赁业务过程中，江某年已明确告知其生活和工作地点在广州，成融融资公司对江某年租赁车辆在广州使用的现实需求应有合理预见，同时该车辆上安装了 GPS，对车辆实际行驶区域也是明知的。直至 2017 年 6 月 27 日双方发生争议前，成融融资公司对江某年使用租赁车辆的行为并未提出异议。因此，成融融资公司在诉讼中主张江某年未经书面同意在规定区域外使用租赁车辆构成违约，理由不充分。成融融资公司在合同到期前自行取回租赁车辆，正当性理据不足，解除合同并不符合法律规定。因案涉车辆已被转让给第三方，本案融资租赁合同事实上无法继续履行，江某年依法有权要求成融融资公司赔偿损失。

福建省厦门市湖里区人民法院依照《中华人民共和国合同法》第九十七条、第一百零七条，《中华人民共和国民事诉讼法》第六十四条第一款规定，判决：

一、成融融资公司应于判决生效之日起十日内向江某年返还履约保证金 5110 元，返还已付融资本金 17033.34 元，赔偿车辆商业险保险费损失 3154 元；

二、驳回江某年的其他诉讼请求。

一审判决后，双方均提起上诉。福建省厦门市中级人民法院主持调解，双方达成和解协议：成融融资公司同意在 2018 年 12 月 31 日前返还江某年履约保证金、融资本金及各项损失合计 30927 元。

【法官后语】

由于融资租赁交易具有融资性、周期长、利益重大、交易复杂等特点，因此，融资租赁合同的解除与一般合同的解除相比，有着更为严格的条件。出租人可据以行使解除权的违约情事，须在考察承租人违约情形的基础上，考量违约之程度，在解除合同之前应当为承租人提供一个补救机会。若承租人的违约程度为一般违约，即承租人虽违反融资租赁合同的约定，但并未致使合同目的不能实现，合同仍可继续履行，在此情形下，若出租人解除合同并行使取回权，将过于严苛。以逾期支付租金为例，即使符合约定的合同解除条件，出租人还需履行催告程序，承租人在合理期限内仍不支付的，方可解除合同；如承租人在催告后合理期限内付款，则合同应当继续履行。实践中，为提高交易效率，融资租赁出租人通常会制定格式合同。依照《中华人民共和国合同法》规定，提供格式条款的一方应当遵循公平原则确定当事人之间的权利和义务，并采取合理的方式提请对方注意。因此，对诸如限制租赁物使用区域等涉及承租人权利的条款，出租人应当在格式合同中采用足以引起注意的文字、符号、字体等特别标识，尽到合理提示义务，否则对承租人不具有约束力。

编写人：福建省厦门市湖里区人民法院　姚亮

33

融资租赁合同中出租人对自己有所有权的租赁物设立的抵押权不享有优先受偿权

——先锋太盟融资租赁有限公司诉王某融资租赁合同案

【案件基本信息】

1. 裁判书字号

内蒙古自治区包头市九原区人民法院（2019）内0207民初489号民事判决书

2. 案由：融资租赁合同纠纷

3. 当事人

原告：先锋太盟融资租赁有限公司（以下简称先锋太盟公司）

被告：王某

【基本案情】

2018年3月28日，被告向原告申请融资租赁购车，经原、被告双方协商自愿签订合同编号为68449172号的《先锋太盟公司融资租赁合同（通用条款）》，约定由原告向被告提供融资款117959元，被告分36期每期按4041.88元向原告支付租金。同时，原告与被告在2018年3月28日签订了合同编号为68449172号的《先锋太盟融资租赁抵押合同》，被告以所购车辆抵押作为保证，并且办理了抵押登记。合同签订后，原告依约向被告提供了融资款，全面履行了合同义务，但被告却未按合同约定按期付租，截至案件审理时，被告已经出现多期租金未付的情况，已经逾期6期，严重违反合同约定。原告经多方催要，但被告仍未能支付租金，已构成违约。根据合同约定，原告向被告追索所有合同项下已到期和未到期的租金和其他款项，并且对已到期的租金，原告有权收取违约金（按欠付租金及追索权利产生的合理费用10%的标准计算），同时，若被告发生违约行为，被告同意原告有权向被告追索因执行或保护本合同项下原告的权利而产生的合理费用，包括但不限于诉讼费、律师费、差旅等费用。

【案件焦点】

融资租赁合同中出租人对自己有所有权的租赁物设立的抵押权是否成立并就该抵押物优先受偿。

【法院裁判要旨】

内蒙古自治区包头市九原区人民法院经审理认为：原告先锋太盟公司与被告王某签订汽车融资租赁合同，是双方真实意思表示，双方之间形成融资租赁合同的法律关系，应受法律保护。先锋太盟公司依约履行了合同义务，但王某未能按约定支付租金，王某应承担本案的民事法律责任。

关于先锋太盟公司主张王某支付所欠的租金125298.28元、支付律师费2500元、支付违约金（按欠付租金及追索权利产生的合理费用10%的标准计算）的诉讼请求，是根据《先锋太盟公司融资租赁合同（通用条款）》中的约定提起，符合法律规定，法院予以支持。

关于先锋太盟公司主张对其具有抵押权的车辆（轻型仓栅式货车，机动车车架号：LG6ED××××××××3538）享有优先受偿权的诉讼请求，法院不予支持。

（1）本案中先锋太盟公司的行为是要用自己所有的租赁车辆给自己设立抵押，此种情形下，对所有权和抵押权叠加所形成的权利，法律没有规定。

（2）根据《最高人民法院关于适用〈中华人民共和国担保法〉若干问题的解释》第七十七条的规定，该条文不应理解为所有权人能够就自己所有的财产给自己设立抵押权。

（3）先锋太盟公司要求认可所有权人就自己所有的动产给自己设立抵押权，目前法律没有明确规定。

（4）《最高人民法院关于审理融资租赁合同纠纷案件适用法律问题的解释》第

九条规定，该条司法解释第一款第二项规定的内容，并未认可融资租赁合同中的出租人可以对自己有所有权的租赁物同时有抵押权。

（5）在本案中先锋太盟公司可依据所有权及合同的约定，实现维护自身合法权益之目的。

（6）先锋太盟公司已经主张王某支付全部未付租金、违约金及相关费用，若王某不履行，先锋太盟公司仍然可以解除租赁合同、收回租赁车辆，维护其合法权益。

（7）本案中不能认定原告所称的抵押权有效设立。本案中承租人王某无权处分租赁车辆，自然无权就租赁车辆设定真正意义上的抵押权。

（8）主张优先受偿权应属原告的诉讼策略，不应在融资租赁合同有效的同时确认原告具有优先受偿权。

综合以上八个方面的原因，法院对先锋太盟公司的该项诉讼请求不予支持。

内蒙古自治区包头市九原区人民法院依照《中华人民共和国民法总则》第一百一十六条，《中华人民共和国合同法》第八条、第一百零七条、第一百一十四条第一款、第二百三十七条、第二百四十三条、第二百四十八条，《最高人民法院关于审理融资租赁合同纠纷案件适用法律问题的解释》第二十条，《中华人民共和国民事诉讼法》第六十四条第一款、第一百四十四条规定，判决：

一、被告王某支付原告先锋太盟公司租金125298.28元；

二、被告王某支付原告先锋太盟公司律师费2500元；

三、被告王某支付原告先锋太盟公司违约金12779元；

四、驳回原告先锋太盟公司的其他诉讼请求。

【法官后语】

融资租赁是指出租人根据承租人对租赁物的特定要求和对出卖人的选择，出资向出卖人购买租赁物，并提供给承租人使用，由承租人分期向出租人支付租金，在租赁期内租赁物的所有权属于出租人所有，承租人拥有租赁物的使用权。

出租人抵押权，是指出租人就融资租赁项下的租赁物授权承租人为自己设定抵押而产生的意定抵押权。本案中，先锋太盟公司与王某先后签订了《先锋太盟公司融资租赁合同（通用条款）》《先锋太盟融资租赁抵押合同》。因此，先锋太盟公司具有出租人（所有权人）以及抵押权人的双重身份。实务中，将租赁物登记在承租人名下，以出租人为抵押权人办理抵押登记，是为了保护出租人的权利，方便承租人使用租赁物。但融资租赁合同中的出租人对自己有所有权的租赁物是否可以同时有抵押权，在实践当中颇有争议。

实践中，针对出租人抵押权优先受偿的问题，主要存在两种相对的观点。第一种观点认为，否定出租人抵押权的设立并否定优先受偿性。因司法管理中常见的类型为他主抵押，因此即使法无禁止，自主抵押也不能设立。而第二种观点认为，既然《最高人民法院关于审理融资租赁合同纠纷案件适用法律问题的解释》第九条第二项承认了出租人的抵押权，那么在出租人主张债权实现的情形下亦可主张优先受偿。

本案在审理过程中采纳了第一种观点，虽然原、被告已就涉案车辆的抵押担保事宜办理了抵押权登记，但是，按照我国法律法规规定，融资租赁合同的出租人享有租赁物的所有权，且《先锋太盟公司融资租赁合同（通用条款）》约定租赁车辆的所有权属于出租人，租赁期满后，承租人留购租赁车辆，故在被告支付完所欠租金之前，涉案车辆所有权属于原告。本案中被告即承租人王某不享有涉案车辆的所有权，无权在他人所有的物上设定真正意义上的抵押权；即使承租人设立抵押权是出于出租人的许可，但会导致出租人对该物既享有所有权，又享有抵押权，违背物权法“一物一权原则”，双方的抵押行为不得作为出租人抵押权的设立依据，所以出租人抵押权不具有优先受偿性。故对于原告要求对涉案车辆享有优先受偿权的诉请，法院不予支持。

编写人：内蒙古自治区包头市九原区人民法院　乌仁斯琴

八、承揽合同

34

存在漏算或者漏扣情形的结算协议是否应当得到支持

——重庆市高通工贸有限公司诉重庆台兴交通器材有限公司承揽合同案

【案件基本信息】

1. 裁判书字号

重庆市第一中级人民法院（2018）渝01民终3066号民事判决书

2. 案由：承揽合同纠纷

3. 当事人

原告（被上诉人）：重庆市高通工贸有限公司（以下简称高通公司）

被告（上诉人）：重庆台兴交通器材有限公司（以下简称台兴公司）

【基本案情】

从2009年起，被告台兴公司长期委托原告高通公司开发制作模具。2016年4月27日，高通公司（甲方）与被告台兴公司（乙方）就合作终止涉及的物资及费用结算达成《产品、模具结算协议》（以下简称《协议》），约定：1. 涉及费用：呆滞报废模具费637056元（未税），呆滞报废产品费206948元（未税），合计：844004元（未税）；甲方按合计总额的90%结算支付给乙方，折后金额为759604元（未税）；2. 涉及物资的处理方式：甲方将重量核准后的呆滞报废模具、呆滞报废产品，按废铁市场价1300元/吨委托乙方进行变卖处理，所得费用直接用于冲抵甲方应支付乙方的呆滞报废品费用（废品折算金额：51345 元）；3. 结算方式及期限：冲抵后剩余费用，甲方分两次在 5 月、6 月每月各按 50% 的比例支付给乙方。《协议》还附有《高通工贸自制台兴产品模具库存明细》（以下简称《库存明细》），《库存明细》载明，呆滞报废模具费合计 637056 元，呆滞报废模具重量 9119 千克，按照《协议》约定，按合计总额的 90% 结算和抵扣呆滞报废模具处理费后，被告应支付款项为 561495.7 元。

2016 年 5 月 5 日，原告高通公司（甲方）与被告台兴公司（乙方）就呆滞报废产品达成《补充协议》，载明：甲乙双方经协商，将乙方承制的 720 天窗、705、CA02 产品报废处理；其原总价值为 279211.9 元（未税）；乙方同意按照原总价 90% 折算为 251290.7 元（未税）；甲方将产品依实际重量 1300 元/吨折算给乙方；其产品折算金额为 39474.4 元（未税）；相互抵扣后甲方应支付乙方 211816.3 元（未税）。

【案件焦点】

台兴公司是否应当按照双方在 2016 年 4 月 27 日签订的《协议》（即《产品、模具结算协议》）约定，向高通公司支付结算款项。

【法院裁判要旨】

重庆市北碚区人民法院经审理认为：台兴公司与高通公司之间的承揽合同关系依法成立并有效。双方因终止合作关系，于 2016 年 4 月 27 日签订《协议》，该协议系双方当事人的真实意思表示，不违反法律和行政法规的强制性规定，合法有效，双方均应按合同约定履行义务。台兴公司未按协议约定支付款项，已构成违约，应当承担支付尚欠费用及资金占用利息的民事责任。

关于被告台兴公司辩称：因台兴公司工作人员疏忽，导致出现已经支付的 30 余万元费用未进行结算的问题。法院认为，首先，高通公司与台兴公司皆为商事主体，应当知道在《协议》及《库存明细》上盖章确认的法律后果。至于台兴公司委派签订合同的员工是否存在疏忽过失属于台兴公司内部管理问题，不足以对抗《协议》及《库存明细》的法律效力。其次，该协议由双方签字盖章并附有《库存明细》，约定了模具名称、模具价格、未摊销冲次、未摊销金额、结算方式等内容。协议中的每种模具虽具备一定的独立性，但该独立性不足以否认《协议》及《库存明细》的整体性。若对单一或多种模具金额进行调整，不仅割裂同一合同的整体性，而且将导致合同当事人意思表示的不真实以及权利义务的失衡。最后，如果台兴公司认为在签订的《协议》《库存明细》时其存在重大误解，亦应当依法通过行使撤销权主张权利。

重庆市北碚区人民法院依照《中华人民共和国民法总则》第一百四十七条、第一百五十二条、第一百九十九条，《中华人民共和国合同法》第八条、第一百零七条、第一百零九条、第一百一十二条、第二百五十一条、第二百六十三条和《中华人民共和国民事诉讼法》第六十四条、第一百四十二条之规定，判决：

一、由被告台兴公司于本判决生效之日起十日内偿付原告高通公司款项561495.7元，并从2016年7月1日起，按中国人民银行同期贷款利率计算资金占用利息，至付清时止；

二、驳回原告高通公司的其他诉讼请求。

台兴公司不服一审判决，提起上诉。重庆市第一中级人民法院经审理，同意一审法院裁判意见。

重庆市第一中级人民法院依照《中华人民共和国民事诉讼法》第一百七十条第一款第一项之规定，判决：

驳回上诉，维持原判。

【法官后语】

在商事活动中，商事主体就合同履行达成的结算协议，不仅包含对已履行合同的结算，也包括损害赔偿、补偿费用、资金占用损失等的确定。该结算协议是基于双方当事人对合同履行总体的评估，而非根据原合同的约定，故人民法院应该充分尊重商事主体在结算协议中的意思表示，无论结算协议是否存在漏算或者漏扣的情形，除非该结算协议依法被撤销。本案中，结算协议由双方签字盖章并附有《库存明细》，约定了模具名称、模具价格、未摊销冲次、未摊销金额、结算方式等内容。该协议中的每种模具虽具备一定的独立性，但该独立性不足以否认《协议》及《库存明细》的整体性。若对单一或多种模具金额进行调整，不仅割裂同一合同的整体性，而且将导致合同当事人意思表示的不真实以及权利义务的失衡。

审理此类案件，应对商事主体的商事行为予以司法考量和利益平衡，而非单纯以漏算或者漏扣作为判断结算协议效力的标准，力求作出公正的判决，督促广大商事主体审慎对待自身的权利义务，以诚实信用原则履行合同，进而保障市场经济的稳定、发展。

编写人：重庆市北碚区人民法院　肖俊

35

买卖合同与承揽合同的确定需根据合同履行方式

——天津吉润达研磨科技有限公司诉盐城展仕精密机械有限公司承揽合同案

【案件基本信息】

1. 裁判书字号

江苏省盐城市中级人民法院（2018）苏09民终3400号民事裁定书

2. 案由：承揽合同纠纷

3. 当事人

原告（反诉被告、被上诉人）：天津吉润达研磨科技有限公司（以下简称吉润达公司）

被告（反诉原告、上诉人）：盐城展仕精密机械有限公司（以下简称展仕公司）

【基本案情】

2016年1月5日，吉润达公司与展仕公司签订了一份产品供销合同，约定：吉润达公司向展仕公司购买一台型号为JYT—H的多功能热熔涂布印刷复合机，总价款为33万元，结算方式为预付18万元，余款15万元待调试结束后付清；吉润达公司支付18万元预付款后40天内向展仕公司交货，质保期为一年。合同签订后，吉润达公司于2016年1月7日将预付款18万元汇至展仕公司提供的账户，展仕公司收到预付款后未能按约在40天内提供JYT－H多功能热熔涂布印刷复合机。2017

年2月19日，吉润达公司发函催促展仕公司交付JYT－H多功能热熔涂布印刷复合机，同年的2月24日，展仕公司通过物流公司将JYT－H多功能热熔涂布印刷复合机发送给吉润达公司；2017年3月4日，吉润达公司再次书面致函展仕公司，催促展仕公司在收函后2日内派人至吉润达公司处进行设备安装调试。同年的3月28日，吉润达公司委托江苏国磊律师事务所向展仕公司出具律师函，通知展仕公司：针对展仕公司在履行合同过程中的行为已构成根本违约，要求解除双方于2016年1月5日签订的产品供销合同，并要求展仕公司返还支付的18万元预付款，展仕公司于2017年3月29日收到该律师函。现吉润达公司诉至法院。

【案件焦点】

本案属于买卖合同纠纷还是承揽合同纠纷。

【法院裁判要旨】

江苏省盐城市盐都区人民法院经审理认为：1. 本案的案由是否为买卖合同纠纷。从双方签订的合同约定供应的设备附有技术参数附件以及交付后需安装、调试和质保期等内容显示，该合同名为买卖合同实为承揽合同，故本案案由应为承揽合同纠纷。2. 吉润达公司与展仕公司之间的合同是否已解除，预付款是否应予返还。吉润达公司于2017年3月28日书面通知展仕公司解除合同，展仕公司收到解除合同通知书后一直未提出异议，现吉润达公司起诉主张确认合同解除，符合法律规定，故双方于2016年1月5日签订的产品供销合同已解除。对吉润达公司要求展仕公司返还预付款18万元，法院应予支持，对吉润达公司要求展仕公司承担利息的诉讼请求，因双方之间没有约定，宜从其主张权利之日起计算。3. 对原告主张的经济损失10130元是否应当支持。吉润达公司提供的证据不足以证明展仕公司已收到上述物品，故对吉润达公司的此项请求，法院不予支持。4. 对展仕公司的反诉请求是否应予支持。由于本案系承揽合同纠纷，作为承揽方的展仕公司对其提供的设备进行调试合格是其法定的义务，展仕公司辩称其提供的设备符合双方的合同约定，亦无质量问题，但未能提供相关证据予以证明，展仕公司的反诉主张实体权利证据缺失，故对展仕公司的反诉请求，法院不予支持。

江苏省盐城市盐都区人民法院依照《中华人民共和国合同法》第九十四条、第九十六条，《最高人民法院关于适用〈中华人民共和国合同法〉若干问题的解释

（二）》第二十四条之规定，判决：

一、确认原告吉润达公司与被告展仕公司于2016年1月5日签订的产品供销合同解除；

二、被告展仕公司于判决生效后十日内返还原告吉润达公司预付款人民币18万元，并从2017年7月21日起至还款之日止按同期银行贷款利率承担利息；

三、原告吉润达公司于判决生效后十日内返还被告展仕公司所供的设备，产生的费用由被告展仕公司负担；

四、驳回原告吉润达公司其他的诉讼请求及被告展仕公司的反诉请求。

展仕公司不服判决，提起上诉，后在二审审理过程中，申请撤回上诉。一审判决现已生效。

【法官后语】

买卖合同是出卖人转移标的物的所有权于买受人，买受人支付价款的合同。承揽合同是承揽人按照定作人的要求完成工作，交付工作成果，定作人给付报酬的合同。在案件审理中，双方当事人在业务往来的材料中所记载的合同名称不一定准确，需要法官依法核实，作出判断。因不同种类的合同适用不同的法律条款，准确认定案由有重要意义。本案中，合同注明是买卖合同，立案时的案由也定为买卖合同纠纷，但法官根据实际情况认定本案案由应为承揽合同。

承揽合同与买卖合同虽然都是双务、有偿、诺成、不要式合同，但二者的法律特征不同。承揽合同具有一定的人身性质，定作人选择承揽人往往有对承揽人能力、设备、技术等多方面的考虑。非经定作人同意，承揽人不得将其承揽的主要工作交由第三人完成。买卖合同、承揽合同的管辖地法院、举证责任分配方式也有区别。承揽纠纷的管辖法院为加工行为地，合同另有约定除外；买卖合同的管辖法院双方有约定的，以约定的交货地点为合同履行地，没有约定的，以交货方式确定合同履行地。买卖合同和承揽合同提供产品的一方投入的劳动不同，买卖合同虽然也包含安装调试，但远达不到承揽合同的程度。

本案中从双方签订的合同约定供应的设备附有技术参数附件以及交付后需安装、调试和质保期等内容显示，被告需提供大量专业技术服务及后期安装测试，定为承揽合同更能反映案件的特点，该合同名为买卖合同实为承揽合同。如仅仅将机器交付原告，离实际使用还差得很远，不能以买卖合同认定为履行完毕。故本案案由应为承揽合同纠纷。对展仕公司的反诉请求，由于本案系承揽合同纠纷，作为承揽方的展仕公司对其提供的设备进行调试合格是其法定的义务，展仕公司未履行该义务，故依法不予支持展仕公司的反诉请求。

编写人：江苏省盐城市盐都区人民法院　阴文超

36

关于提供劳务者受害责任与加工承揽合同承揽人受害责任的区分认定

——孙某霞诉潘某玲加工承揽合同案

【案件基本信息】

1. 裁判书字号

黑龙江省海伦市人民法院（2018）黑1283民初2532号民事判决书

2. 案由：加工承揽合同纠纷

3. 当事人

原告：孙某霞

被告：潘某玲

【基本案情】

2018年5月17日17时许，原告在海伦市一百南五道街路东因被告的折扒场地砖墙倾倒被砸伤。受伤后原告先被送往海伦市人民医院住院治疗，后被转院至哈尔滨医科大学第一附属医院住院治疗11天，现在家疗养康复。被告先后给付原告11000元。被告尚欠原告修理砖的费用4929元。庭审中，原告向法庭主张原、被告之间是雇佣合同关系，要求被告承担无过错赔偿责任。被告辩称，原、被告之间不是雇佣合同关系而是承揽合同关系，被告不应当承担无过错的赔偿责任。

【案件焦点】

1. 原告是如何受伤的事实认定；2. 原、被告之间法律关系的认定，系原告所主张的雇佣合同关系还是被告主张的承揽合同关系。

【法院裁判要旨】

黑龙江省海伦市人民法院经审理认为：原告为被告的拆扒工地从事清理砖块的工作，通过法院对事实的认定，原告受伤是由于做了本不该由其做的事情（扒墙）从而受伤，原告应对其自身遭到的伤害负责。

庭审中，原告主张原、被告之间是提供劳务者受害责任法律关系的法律依据是《最高人民法院关于审理人身损害赔偿案件适用法律若干问题的解释》第十一条的规定，雇员在从事雇佣活动中遭受人身损害，雇主应当承担赔偿责任。此条款中强调了雇员受伤，雇主的无过错责任。若法院认定提供劳务者受害责任法律关系，进而适用该法条，则无论原告对其自身受伤有无过错、多大过错，原告均可向被告主张损害赔偿。被告则辩称，原、被告之间应为加工承揽合同法律关系而不是提供劳务者受害的法律关系。在《中华人民共和国合同法》第二百五十一条，《最高人民法院关于审理人身损害赔偿案件适用法律若干问题的解释》第十条的规定中均限制了定作人的责任范围，定作人对承揽人在完成工作过程中造成自身损害的赔偿责任适用的是过错责任原则，即定作人除对定作、指示或者选任有过失的以外，都不承担赔偿责任。一旦依据此法律规范，若法院认定原告受伤的事实与被告无关，被告无过错，则原告不能向被告主张损害赔偿。黑龙江省海伦市人民法院判决：驳回原告的诉讼请求。

【法官后语】

本案案件事实本身并不复杂，案件的难点在于提供劳务者受害责任法律关系与加工承揽合同法律关系的区别，因两类法律关系在实际生活中是极为相近的，仅能通过构成要件之间细微的不同予以区分。

承揽合同中双方当事人法律地位平等，承揽人在完成工作的过程中具有独立的地位；而在雇佣合同中，双方当事人的法律地位不平等，双方之间存在管理与被管理、监督与被监督的隶属关系。

承揽合同是承揽人以自己的技能与设备为定作人提供工作，并提供符合定作人要求的工作成果；而雇佣合同中，雇员提供的是劳务本身，雇员只要按照雇佣人的要求提供劳务即可，而不能要求雇员必须有劳动成果。

承揽合同中，承揽人只有交付了符合定作人要求的工作成果，才能请求定作人支付报酬；雇佣合同中，雇员只要按照雇主的指示，完成了一定的工作，付出了劳动，就可以请求支付劳动报酬。

承揽合同一般是承揽人自备生产工具；雇佣合同中一般是由雇主提供生产工具。

承揽合同中，承揽人与定作人之间所建立的法律关系是临时的、短期的；在雇佣合同中一般是较为稳定的、长期的。

综合整体来看，因本案当事人之间无合同约定，无约定时按照法定原则，原告每修理完成一块砖被告向原告支付4-6分钱，原告修理砖的铲子等工具为原告自备，虽然原告的工作场所因劳动对象涉及不动产要接受被告的安排，但原告可以自由决定工作时间和工作进程，与被告之间并不存在控制、支配和从属的人身依附关系，原告完成工作的过程具有独立性，其提供的劳务不是被告的业务或生产经营活动的组成部分。法院对原告与被告之间为加工承揽合同的法律关系予以认定，适用了《中华人民共和国合同法》第二百五十一条，《最高人民法院关于审理人身损害赔偿案件适用法律若干问题的解释》第十条的规定作为本案裁判的依据。

编写人：黑龙江省海伦市人民法院　孙伟安

九、建设工程合同

37

建设工程违法承包方的雇佣人员可成为工程款的支付主体

——沧州临港九易市政工程有限公司诉宁夏煤炭基本建设有限公司等建设工程施工合同案

【案件基本信息】

1. 裁判书字号

河北省沧州市中级人民法院（2018）冀09民终字6669号民事判决书

2. 案由：建设工程施工合同纠纷

3. 当事人

原告（被上诉人）：沧州临港九易市政工程有限公司（以下简称九易公司）

被告（上诉人）：宁夏煤炭基本建设有限公司（以下简称宁煤公司）、宁夏石嘴山旭飞建设（集团）有限公司（以下简称旭飞公司）、尹某

第三人：钟某贤

【基本案情】

2014年1月16日、2014年12月25日、2016年2月3日，宁煤公司与案涉工程业主方神华铁路货车运输有限责任公司（以下简称神华公司）先后签订合同及补充协议等，承建黄骅机车车辆检修中心的1号、2号公寓楼、会议综合体、土方工程、配电室工程等工程（厂区道路、厂区管网、围墙等工程）、新增室外管线工程及新增道路、路灯、电力、电缆工程。承建上述工程后，宁煤公司与旭飞公司又

签订建设工程分包合同，将1号、2号公寓楼、会议综合体、厂区道路、围墙等工程分包给旭飞公司。2013年12月31日，旭飞公司与钟某贤签订合同，转包上述工程后，未实际参与施工及管理即将全部工程转包给钟某贤，并收取管理费。

2015年5月5日，钟某贤雇用的项目管理人员尹某与九易公司签订合同，由九易公司施工神华公司厂内路面，合同价款960万元，付款方式为“合同签订后预付150万元购料款，工程完工2个月内付至合同价款的80%，竣工验收后付至95%，余下5%为质保金，二年内无质量问题一次性付清（无利息）”。后经协商，案涉工程增加厂区内雨水井及检查井砌筑及调整工程。后案涉工程如期完成。2016年5月26日，尹某验收案涉工程并确认工程价款合计10201790.88元。

施工中及完工后，九易公司分别收到钟某贤的雇佣人员王玲、尹某、宁煤公司的受托财务人员所付款合计560万元。后九易公司与尹某签订拨款表，确认已付款570万元。10万元差额系付款中的四笔承兑汇票提前兑现的贴息，九易公司称尹某承诺最终承担贴息，但尹某对此否认。2015年5月23日，尹某向九易公司出具承诺书，承诺于2015年6月10日左右向九易公司付款，逾期按银行同期贷款利率的4倍支付资金占用费。2018年2月14日，宁煤公司再次通过其财务人员支付九易公司50万元。尹某始终未按承诺足额付款。

经法院当庭释明，九易公司选择尹某作为合同相对人。

【案件焦点】

建设工程违法承包方的雇佣人员可否成为工程款的支付主体。

【法院裁判要旨】

河北省黄骅市人民法院经审理认为：九易公司与尹某签订建设工程分包合同，由九易公司完成案涉工程施工，且工程经验收合格并实际交付使用，结算价格也经双方确定，九易公司与尹某已形成明确债权债务关系，九易公司有权按照结算价格向尹某主张权利。

《中华人民共和国合同法》第四百零三条第二款规定：“受托人因委托人的原因对第三人不履行义务，受托人应当向第三人披露委托人，第三人因此可以选择受托人或者委托人作为相对人主张其权利，但第三人不得变更选定的相对人。”尹某作为钟某贤委托的项目管理人员，以自己名义与九易公司签订合同，至九易公司起诉才披露委托人，经当庭释明，九易公司选择尹某作为合同相对人，故尹某应向九易公司承担合同责任。

九易公司与尹某均对实付款 610 万元及付款确认额 620 万元无异议。九易公司明知付款不足额（存在贴息差额 10 万元），却未对付款确认额提出异议，且在诉状中明确已付 570 万元（未计最后 50 万元），故尹某的主张更接近案件事实，也符合承兑汇票贴息交易习惯，因此，法院对于付款 620 万元的事实予以确认。九易公司主张尹某最终承担贴息，但尹某否认，加之九易公司未提供其他证据予以证明，故法院对九易公司该项主张不予支持。综上，尹某尚欠九易公司工程款本金 4001790.88 元及逾期付款利息 471357 元。尹某自愿承诺不按时付款则按银行同期贷款利率的 4 倍支付资金占用费，故尹某应付九易公司资金占用费 1885428 元（利息金额 ×4）。

《中华人民共和国合同法》第二百七十二条第二款、第三款规定："……承包人不得将其承包的全部建设工程转包给第三人……禁止承包人将工程分包给不具备相应资质条件的单位。禁止分包单位将其承包的工程再分包……"宁煤公司承建工程后，将大部分主体工程违法分包给旭飞公司，旭飞公司又将全部分包工程违法转包给不具备施工资质的钟某贤，宁煤公司、旭飞公司违反了法律的禁止性规定，对承包、分包的工程疏于管理，致使九易公司至今未获足额付款，依法应承担补充清偿责任。尹某与九易公司的结算、付息约定未经宁煤公司、旭飞公司同意，故宁煤公司、旭飞公司的责任范围酌定为：工程款本金 4001790.88 元及自 2015 年 5 月 20 日（工程交付日）起参照中国人民银行同期同类贷款利率计算至本判决生效日的利息。

河北省黄骅市人民法院依照《中华人民共和国合同法》第六十条第一款、第一百零七条、第一百零九条、第二百六十九条、第二百七十二条，《最高人民法院关于审理建设工程施工合同纠纷案件适用法律问题的解释》第十七条、第十八条规定，判决：

一、尹某于本判决生效之日起五日内支付九易公司工程款本金 4001790.88 元、逾期利息 1885428 元，并自 2018 年 2 月 15 日起按照中国人民银行同期贷款利率的 4 倍支付工程款本金 4001790.88 元的资金占用费至判决生效之日止；

二、宁煤公司、旭飞公司对尹某的上述债务承担补充清偿责任，责任范围：工程款本金4001790.88元及自2015年5月20日起参照中国人民银行同期同类贷款利率计算本判决生效之日的利息；

三、钟某贤在本案中不承担民事责任。

宁煤公司、旭飞公司、尹某不服一审判决，提起上诉。河北省沧州市中级人民法院经审理，同意一审法院裁判意见。

河北省沧州市中级人民法院依照《中华人民共和国民事诉讼法》第一百七十条第一款第一项规定，判决：

驳回上诉，维持原判。

【法官后语】

本案系建设工程合同纠纷民事案件，但尹某与钟某贤之间存在的委托合同关系对案件的审理带来了程序、实体两个方面的特殊影响。就程序方面而言，九易公司向人民法院提起民事诉讼，列明宁煤公司、旭飞公司及尹某作为案件被告。九易公司提起本次民事诉讼后，尹某向九易公司披露了钟某贤，并称其系钟某贤的雇佣人员，主张追加钟某贤为案件共同被告。而九易公司获知尹某披露的信息后，则主张不知晓钟某贤与案件所涉法律关系存在关联，坚持主张由宁煤公司、旭飞公司、尹某承担合同责任，并不向钟某贤主张权利。因涉及九易公司的诉讼权利行使，在九易公司明确不向钟某贤主张合同责任的情况下，不宜径行追加钟某贤作为案件被告，以免根据庭审查明的事实进行判决时出现拟判决内容超出九易公司的诉讼请求的情况。同时，钟某贤作为案件所涉法律关系的事实涉及方，也不宜径行将之排除于本次诉讼之外，以免出现案件列明被告之间存在法律关系割裂、无法查明案件全部事实的情况。故本案最终将钟某贤追加为第三人参加诉讼，配合本案全部事实的查明。

就实体方面而言，尹某、钟某贤均认可尹某系钟某贤雇用的项目管理人员，二者之间存在劳务合同及委托合同关系。《中华人民共和国合同法》第四百零三条第二款规定："受托人因委托人的原因对第三人不履行义务，受托人应当向第三人披露委托人，第三人因此可以选择受托人或者委托人作为相对人主张其权利，但第三人不得变更选定的相对人。"尹某作为钟某贤委托的项目管理人员，以自己名义与九易公司签订合同，至九易公司提起本次民事诉讼才向其披露委托人钟某贤，九易公司因此获得法律赋予的选择权，即既可以继续选择尹某作为合同相对人，也可以重新选择钟某贤作为合同相对人，九易公司可以择一进行权利主张，但该选择一经作出即不可变更。经当庭释明，九易公司继续选择尹某作为合同相对人，故尹某应当向九易公司承担合同责任、履行合同义务。但是，需要注意的是，本案系在建设工程违法承包方钟某贤系无施工资质的个人，且受托人尹某完全以自己的名义完成民事行为的情况下，作出了上述判决，在委托人系法人或者非法人组织且行为显名时，判决受托人承担合同责任还应当受到《中华人民共和国民法总则》中关于职务代理的法律规定的限制，而不宜径行向合同相对人释明上述选择权并依此作出与本案类似的判决。

编写人：河北省黄骅市人民法院　滕奉朝

38

法院可以直接依据非司法鉴定意见的其他专业性比较强的多方面证据来认定导致建设工程质量问题的原因

——湖南省保靖县城镇建设投资有限公司诉湖南水总水电建设集团有限公司等建设工程合同案

【案件基本信息】

1. 裁判书字号

湖南省湘西土家族苗族自治州中级人民法院（2018）湘31民终967号民事判决书

2. 案由：建设工程合同纠纷

3. 当事人

原告（被上诉人）：湖南省保靖县城镇建设投资有限公司（以下简称城投公司）

被告（上诉人）：湖南水总水电建设集团有限公司（以下简称水总公司）、湘西自治州水利水电勘测设计研究院（以下简称设计院）、湖南省水利电力工程建设监理咨询有限公司（以下简称监理公司）

【基本案情】

2008年3月8日，水总公司通过招投标，获得保靖县城市防洪工程（利用亚行贷款）土建一标承建权后，与城投公司签订了桩号为K0+000－K1+600堤防工程及附属的《施工承包合同》，并于同年4月进入工地开工建设。该工程的设计单位为设计院，监理单位为监理公司。2010年11月16日上午，水总公司承建的城投公司城市防洪土建一标工程K1+008.6—K1+052.6段发生垮塌。2011年3月至2014年7月，水总公司对该垮塌段进行了拆除与修复加固（未签订修复加固施工合同，所完成工程量已经计入一标总工程造价），恢复工程费用为1867100元（包括直接损失603000元）。

受城投公司的委托，发生垮塌事故后的第二天，湘西土家族苗族自治州建设局（以下简称湘西自治州建设局）即组织以该局总工程师为组长，湘西州建筑设计院总工程师及湘西州审图中心注册建筑师、岩土注册工程师、注册结构师各一人为成员的专家调查组，赶到保靖县进行了现场踏勘、听取汇报、查阅相关资料等工作，随后出具了《保靖县沿江大道防洪堤垮塌事故调查意见》（以下简称《专家组调查意见》）。《专家组调查意见》主要内容为："一、垮塌事故的发生现象。首先为K1+0.215—K1+0.42段发生倾覆。由于倾覆挠动相邻K1+0.42—K1+0.60段上部出现裂缝，继而产生该段部分墙体滑移，发生同时垮塌。二、垮塌产生的原因。从设计图纸资料上看，该挡土墙为衡重式挡土墙，由于衡重式挡土墙失去平衡，因而发生倾覆。K1+0.42—K1+0.60段经查阅隐蔽工程记录，挡土墙部分基底置于基岩表面，与基岩无嵌固，故造成滑移。失衡原因与挡土墙的断面、地基的处理、挡土墙内主动土压力以及挡土墙本身的砌筑质量、组砌方法、砂浆程度等级均有关系。由于未得到相关资料，无法判断何种原因造成挡土墙失稳。同时，下雨也是诱因之一。"

水总公司对垮塌现场完成开挖清理后，湘西自治州建设局专家组（此次增加该局建筑业管理科高级工程师一名）于2011年5月4日，再次对现场进行踏勘，听取汇报，查看相关资料，随后出具了《保靖县沿江大道防洪堤垮塌事故鉴定意见》（以下简称《专家组鉴定意见》）。《专家组鉴定意见》主要内容为："二、垮塌原因分析。1. 经现场踏勘及初步观测残留部分基础及与相邻未垮塌部分的防洪堤断面对照，防洪堤断面尺寸基本满足设计要求。2. 经对已垮塌挡土墙及未垮塌挡土墙的现场情况进行现场勘察，专家组认为挡土墙存在以下问题：主要是挡土墙墙身的组砌方法严重违反设计图纸和施工规范要求，墙身砌筑质量低劣。设计要求：挡土墙结构采用浆砌块石，砂浆标号 M7.5，石料抗压强度不小于 30MPa，块石大致方正，最小厚度不少于 25cm，砂浆必须充填密实，外侧墙面原浆勾缝。而实际施工情况是该段挡土墙块石尺寸过小，大量的墙体未采用浆砌，组砌方法混乱，特别是基础部分均为填筑堆砌，垮塌现场的砂浆基本无块状，全为松散粗砂，砌筑砂浆强度太低，而且极不饱满。由于墙身砌筑质量太差，稍遇外力作用，墙身不具备抵抗侧压力的能力，使墙身剪切破坏而后导致倾覆垮塌。”

水总公司对《专家组鉴定意见》不服，于 2011 年 7 月 14 日向城投公司提交《关于保靖防洪堤 K1 +008.6—K1 +052.4 段垮塌事故原因的函》（以下简称《异议函》），主张垮塌原因是多方面因素造成：1. 本段地质地形情况较为特殊，为一历史形成冲沟，附近居民生活污水排水系统，以及周边雨水均汇集于此，未有效引排（事故前曾下大雨），造成背部抗剪强度降低，土压力增大。2. 本段基岩为红砂岩，在与水浸泡、空气作用下容易风化、泡发变软，容易造成地基不均匀沉降，可能导致砌石挡墙墙身开裂，在填土压力作用下沿开裂面倾倒。3. 垮塌段挡墙建基面地势起伏较大，多倾向河床，建基面风化严重，没有坐落在持力层上，不符合相关规范要求，并与设计工况建基面水平不相符。4. 在砌石挡墙施工过程中，临近标段（污水管施工）多次无序施工爆破，产生的震动对正在施工的砌石挡墙的质量影响同样不容忽视，在砂浆没有达到设计强度前，导致挡墙结构松散、墙身开裂。5. 本段砌石挡墙靠近市区街道，在背部填土平整后，多有超标准重车在背部新填土上停靠、碾压，加大了背部填土的活动荷载。

受湘西土家族苗族自治州水利局（以下简称湘西自治州水利局）质检站委托，设计院根据湘西自治州长城水电工程材料检测有限公司出具的《保靖县城市防洪工程土建工程一标工程施工质量现场检测报告》及城投公司提供的《施工计量资料》，对保靖县城市防洪工程堤身稳定及应力，分别按照技施设计阶段、施工阶段等不同阶段的不同堤高进行了复核。2013 年 12 月，设计院向城投公司提交了《湖南省保靖县城市防洪工程桩号 0 +999 -1 +554.5 段堤身稳定复核报告》（以下简称《复核报告》）。

2014 年 6 月 16 日，城投公司委托湖南中大建设工程检测技术有限公司（以下简称中大检测公司）对保靖县城市防洪工程土建一标 K1 +302 - K1 +309 浆砌石挡墙进行安全性检测。同年 6 月 25 日，中大检测公司提交《保靖城市防洪土建一标 K1 +302 - K1 +390 段浆砌石挡墙检测鉴定报告》（以下简称《检测鉴定报告》）。

2014 年 7 月，湖南省水利厅水利工程质量监督中心站会同省水利厅重点办、湘西自治州水利质监站对保靖县城市防洪工程进行了质量与安全监督检查。同月 11 日，该水利工程质量监督中心站作出湘水质监〔2014〕6 号《关于湘西保靖县亚行贷款城市防洪工程的质量与安全监督检查意见》（以下简称《质量与安全监督检查意见》）。

另：城投公司在设计院尚未提交经审批的施工设计图的情况下，便在设计人员及设计院均未签名盖章的初步设计图（俗称白图）上签注“本图为施工附图”后，要求水总公司进场施工。监理公司发现后，于 2008 年 4 月 27 日向城投公司发出工作联系单，称现有文件仅有一本初步设计图，没有设计书及施工设计图，但按照工程建设程序，初步设计图是不能作为施工图用的，故请城投公司用书面形式给予确认和答复。城投公司签收该工作联系单后，没有书面确认和答复。

本案垮塌段垮塌前，水总公司施工未达到设计顶高程 215.73m，只计量到 213m 高程。根据水总公司的计算，该未完成部分的浆砌石、粗料石及回填土石方等的工程建设费用为 177700 元。水总公司在修复时则是直接修复至原设计顶高程。

原告城投公司以被告水总公司、设计院、监理公司在垮塌事故中均存在重大过错，依法应当承担连带赔偿垮塌段修复工程费用 5951100 元及检测费用 12 万元为由，诉于法院。

【案件焦点】

客观上已经不能针对垮塌段进行司法技术鉴定的情况下，应该如何认定造成建设工程严重质量问题的多种原因及其参与度。

【法院裁判要旨】

湖南省保靖县人民法院经审理认为：经湖南省水利厅水利工程质量监督中心站认定，设计不符合规范、施工质量低劣是造成本案发生垮塌的直接原因。城投公司起诉状所称要求三被告赔偿 6071100 元损失指的是桩号 K1 +008.6—K1 +052.6 垮塌段损失，并不包括其他段损失。6071100 元是由三部分组成，一是垮塌段修复加固费用1867100元（包括直接损失费用603000元），二是未垮塌段变更加固费用4084000元，三是鉴定检测费用12万元。由于城投公司未向法院提供鉴定检测费用发票，对该12万元不予认定；因城投公司未对其他段损失提起诉讼，而是将该未垮塌段变更加固费用4084000元视为垮塌段损失，与客观事实不符，法院不予认定。法院认定本案损失为垮塌段修复加固费用1867100元。本案垮塌原因主要是断面尺寸设计不合理，且设计单位在项目施工过程中，违反建设程序，随意变更设计。设计院应承担本案50%的民事赔偿责任。水总公司在施工过程中，未严格按照施工规范要求施工，导致部分浆砌石挡墙块石质量不符合要求，砂浆填充不密实以及部分砂浆强度不能满足设计要求。水总公司应承担30%的赔偿责任。监理公司在对项目施工单位施工监理过程中，对于发现的问题虽然尽到了一定职责，向业主或施工单位发出了多份相关工作联系单、暂时停工通知、监理通知，但未对设计存在的严重缺陷及变更设计存在的问题予以及时发现，未尽到合同第二十二条约定“发现设计文件不符合有关规定或合同约定时，应向委托人报告”之义务。监理公司应承担10%的赔偿责任。城投公司作为建设单位，未将经审查的施工图文件交给施工人，便擅自要求施工单位施工，违反了建设工程基本建设程序；且对于水总公司及监理公司在施工过程中发现的问题向其报告后，未作积极处理或答复，应负本案一定责任。城投公司应负本案10%的责任。湖南省保靖县人民法院判决：

一、设计院赔偿城投公司经济损失933600元；

二、水总公司赔偿城投公司经济损失560100元；

三、监理公司赔偿城投公司经济损失186700元；

四、驳回城投公司的其他诉讼请求。

三被告均不服，提起上诉。设计院提交《委托鉴定申请书》，请求委托专业鉴定机构对本案垮塌段的垮塌原因进行司法鉴定。

湖南省湘西土家族苗族自治州中级人民法院经审理认为：本案中，有《专家组调查意见》《专家组鉴定意见》《异议函》《复核报告》及《检测鉴定报告》《质量与安全监督检查意见》等诉讼证据。这些证据的内容，或者直接针对垮塌段本身，或者针对垮塌段的相邻部分。这些证据的作出者，或者是政府建设部门组织的专家组，或者是水利工程质量监督部门，或者是专门的技术检测公司，或者是本案的设计单位和施工单位本身。这些部门或单位作出的记录，具有相当的客观性、准确性，其中提出的分析意见及异议意见，应该具有不同程度的科学性和权威性。这些证据，从各方面全面分析了垮塌的直接原因或可能的间接原因。因此，人民法院完全可以依据这些诉讼证据，综合分析判断涉案工程垮塌的各种原因。对设计院提出的对涉案工程垮塌原因进行司法鉴定的申请，不予支持。

水利建设工程虽然有其一定的特性，但更多地拥有建设工程的共性。《专家组调查意见》及《专家组鉴定意见》系政府建设部门组织的专家组所作出，该专家组成员具有进行调查和鉴定所需要的相关方面特长，且系完全直接针对垮塌段，对垮塌事故的发生现象及垮塌后未清理时、清理完毕但未开始修复时的现场情况，描述客观、全面，表述的分析意见科学、谨慎，依据明确。在适当考虑《异议函》表述观点的前提下，《专家组调查意见》及《专家组鉴定意见》应该作为认定涉案工程垮塌原因的主要的直接证据。《复核报告》系设计院在垮塌段尚未修复时，对垮塌段所在的一标段的部分地段的堤身稳定情况进行复核，不是直接针对垮塌段，复核的目的又主要是对已经建成的挡土墙进行加固，且复核人设计院是可能的责任人，故只能作为认定涉案工程垮塌原因的间接的参考依据。中大检测公司是进行工程建设技术检测的专业性公司，其在《检测鉴定报告》中提出的分析意见和结论不具有司法鉴定意见的法律效力。且该公司进行工程建设技术检测，不是直接针对垮塌段，检测的堤段离垮塌段至少有 250 米远，故不能将《检测鉴定报告》作为认定涉案工程垮塌原因的直接证据。但《检测鉴定报告》表述的相关数据具有相当的专业性和客观性，可以作为审核认定其他相关证据证明力的重要参考。湖南省水利厅水利工程质量监督中心站进行监督时，并非完全针对垮塌段，且事实上将《检测鉴定报告》中提出的分析意见和结论作为分析认定的先决条件和主要直接依据，其《质量与安全监督检查意见》本身存在先天不足，因而也不能作为直接证据，但其提出的分析意见和结论可以作为人民法院审核认定其他相关证据证明力的重要参考。

水总公司虽然对《专家组鉴定意见》不服，提出异议，但在《异议函》中，并没有直接否定《专家组鉴定意见》明确提出的观点，只是主张垮塌还有其他方面原因共同造成。设计院在《复核报告》中也明确指出了水总公司的施工质量问题，水总公司对此并没有明确否定。设计院是针对垮塌段的左右部分进行复核，被复核部分的施工质量应该与垮塌段的基本一致。《复核报告》在相当程度上间接证明了

《专家组鉴定意见》的观点能够成立。因此，应认定水总公司负责施工的挡土墙墙身砌筑质量低劣，是导致发生垮塌事故的直接的、根本性原因。

国家对设计变更的相关程序，有着相应规定。设计院上诉称其不具有随意变更设计的客观条件和组织能力，应认为理由基本能够成立。但是，根据《专家组调查意见》记载，发生垮塌的挡土墙部分基底置于基岩表面，与基岩无嵌固，故造成滑移。《专家组调查意见》又记载，设计院存在用初步勘察报告作为施工设计依据的情况。水总公司在《异议函》中所称不能认为完全是为了逃避责任，其部分陈述符合实际。设计院用初步勘察报告作为施工设计依据，又没有对挡土墙与基岩进行嵌固的设计，显然不符合国家有关规定，从而留下滑移以致垮塌的事故隐患。应该认为，设计院的原设计结构图如果不存在设计缺陷，在垮塌段修复重建时，只要按照原设计图恢复就行，没有必要对原设计图作出重大变更。但是，设计院对垮塌部分挡土墙修复重建时，明显加大了挡土墙的断面尺寸。这足以证明设计院的原设计结构图存在一定的设计缺陷。因此，应认定设计院的原设计缺陷是导致发生垮塌事故的直接的、重要原因。

城投公司作为建设单位，将未经审查、设计院及设计人员未在其上签字盖章认可的初步施工图交给水总公司，要求其照此施工，违反了建设工程基本建设程序；对于水总公司及监理公司在施工过程中就发现的问题向其报告后，不作积极处理或答复，且对监理公司在〔2008〕3 号工作联系单中所提的对工程所用材料及砂浆、砼试块等进行平行检测的完全正当、必要的建议，仅答复为“见证取样，联合送检”。因此，应认定城投公司的违规行为及不作为行为是导致发生垮塌事故的重要原因。

监理公司主张的其作为施工监理，职责范围不包括监督设计质量问题的上诉理由，基本能够成立。但是，监理公司对水总公司施工中存在的质量问题，未能严格做到要求其全部认真整改，对存在质量问题的部分工程在计量时予以认证签发，从而未能尽可能防止垮塌事故的发生。因此，应认定监理公司的部分不严格坚持质量标准的不作为行为，是未能防止垮塌事故最终发生的间接、次要的原因。

还考虑到，水总公司同意按照城投公司违规提交的白图进行施工，本身也违规，应承担相应的法律责任。水总公司拒不全面、及时、有效地整改监理公司指出的施工质量问题，甚至一度抗拒监理公司依法依规履行监理职责，应认为性质严重。城投公司及监理公司的部分不作为行为，不能成为免除或者减轻水总公司依法、依合同应该承担的法律责任的正当理由。原审法院只判令水总公司承担 30% 责任，明显过轻。水总公司应对垮塌事故承担 70% 法律责任。存在缺陷的原设计图能够被用于实际施工，城投公司应负相当责任，而设计院已经按照城投公司的要求和合同的约定承担了“采取补救措施”违约责任，设计院对垮塌事故只应承担 20% 法律责任。城投公司的违规行为及不作为行为，是导致发生垮塌事故的重要原因。特别是城投公司不积极支持监理公司全面、有效履行职责，致使垮塌事故最终发生。原审法院判令城投公司承担 10% 法律责任，应予维持。监理公司能否全面、及时、有效发挥监理作用，有赖于城投公司的全力支持，而城投公司对监理公司依法履职的支持明显不够。且监理公司的不作为行为只是未能防止垮塌事故最终发生而不是导致垮塌事故发生的直接原因，监理公司上诉称其不应该承担法律责任的主要理由成立。监理公司不因其不具有直接因果关系的不作为行为，向城投公司承担法律责任。

认定损失范围，应与相关责任人应该承担的赔偿责任或其他法律责任相联系。法院认定相关责任人承担赔偿责任或其他法律责任的范围限于直接经济损失，其金额为 603000 元。

根据本案设计合同约定，设计院应因其履行合同义务不完全符合合同约定或法律规定的违约行为，向城投公司承担违约责任，除了采取补救措施（已履行），还应该在依法应承担的赔偿损失范围内免收设计费。

湖南省湘西土家族苗族自治州中级人民法院判决：

一、撤销原审判决；

二、设计院免收城投公司设计费 120600 元；

三、水总公司赔偿城投公司经济损失 422100 元；

四、驳回城投公司的其他诉讼请求。

【法官后语】

本案的指导或参考价值，首先在于在客观上不能进行司法技术鉴定的情况下，人民法院应该如何严格按照证据裁判规则，通过现有证据来认定造成建设工程严重质量问题的多种原因及其参与度这个专业技术性很强的关键事实。

对专业性问题发生争议时，法官可以根据具有相当数量、不同单位作出、覆盖面比较广、专业性比较强的现有证据来综合分析认定，并非必须委托专业机构进行司法鉴定。

我国尚无法律或者行政法规明确规定在当事人对类似涉案工程事故发生原因等专业性问题发生争议时，必须委托专业机构进行司法鉴定。将对专业性问题的事实认定动辄推给司法鉴定机构的做法，是有待商榷的。法官可以根据现有证据，按照诉讼证据规则来认定专业性问题。

本案中，由于经验不足或者不作为，城投公司没有及时委托有关专业机构针对垮塌现场进行检测和证据保全。湘西自治州建设局组织的专家调查组，只是开展现场踏勘、听取汇报、查阅相关资料等工作。城投公司后来委托中大检测公司进行专业检测时，却是针对离垮塌段有250m远的部分。由于垮塌段已经按照新的设计方案修复，在诉讼中，客观上已经不完全具备开展司法鉴定所必需的条件。此时，法官不应勉强委托专业机构进行司法鉴定，也不得简单地径直判令城投公司承担举证不能的法律后果。

但是，《专家组调查意见》《专家组鉴定意见》《异议函》《复核报告》及《检测鉴定报告》《质量与安全监督检查意见》等诉讼证据的内容，或者直接针对垮塌段本身，或者针对垮塌段的相邻部分。这些证据的作出者，或者是政府建设部门组织的专家组，或者是水利工程质量监督部门，或者是专门的技术检测公司，或者是本案的设计单位和施工单位本身。这些部门或单位作出的记录，具有相当的客观性、准确性，其中提出的分析意见及异议意见，应该具有不同程度的科学性和权威性。这些证据，从各方面全面分析了垮塌的直接原因或可能的间接原因。

本案中，相关证据数量比较多，作出者系不同单位，针对的是各个地段，覆盖面较广。法院完全可以依据这些诉讼证据，按照诉讼证据规则，综合分析判断涉案工程垮塌的各种原因及其参与度。故二审法院对设计院提出的对涉案工程垮塌原因进行司法鉴定的申请不予支持。

此外，法官根据现有证据来认定专业性问题时，必须严格遵守诉讼证据规则，并紧密结合证据内容，全面阐述认证理由。

《中华人民共和国民事诉讼法》及《最高人民法院关于适用〈中华人民共和国民事诉讼法〉的解释》《最高人民法院关于民事诉讼证据的若干规定》，对于我国民事诉讼证据规则作出了全面的、具有较强可操作性的规定。在举证责任分配、证明标准掌握、证据“三性”审查等方面，法官必须严格遵守。这是前提。

将遵守诉讼证据规则落到实处，有赖于全面、准确表述并公布相关证据的内容。本案中，二审法院深入表述案件事实发展过程及有关证据内容，就是为了让当事人及社会大众对争议事实能够作出自己的判断，并据以审核法官的认证意见能否成立。

《最高人民法院关于适用〈中华人民共和国民事诉讼法〉的解释》第一百零五条规定：“人民法院应当按照法定程序，全面、客观地审核证据，依据法律规定，运用逻辑推理和日常生活经验，对证据有无证明力和证明力大小进行判断，并公开判断的理由和结果。”《最高人民法院关于民事诉讼证据的若干规定》第六十四条也是类似规定。在公开认证理由方面，本案二审法院注意紧密结合公开的完整证据内容，严格按照民事诉讼证据规则，全面而又重点突出地表述了认证理由，使最后的认证结论全面建立在多方面、多类型的诉讼证据之上。这是保障。

应该认为，二审法院对本案垮塌事故发生原因及参与度的认定，应该是已经达到了现有条件下可能达到的比较理想的程度。

编写人：湖南省湘西土家族苗族自治州中级人民法院　邱贤周　胡基厚

39

协议被撤销，但协议中的意思表示真实的部分仍具有法律约束力

——北京中凯天弘建筑工程有限公司诉中基发展建设工程有限责任公司建设工程施工合同案

【案件基本信息】

1. 裁判书字号

北京市第三中级人民法院（2017）京03民终14055号民事判决书

2. 案由：建设工程施工合同纠纷

3. 当事人

原告（被上诉人）：北京中凯天弘建筑工程有限公司（以下简称中凯天弘公司）

被告（上诉人）：中基发展建设工程有限责任公司（以下简称中基发展公司）

【基本案情】

案外人山天置业有限公司将山天家园四期二标段土石方工程及地基处理工程承包给了案外人北京第二建筑工程有限责任公司，北京第二建筑工程有限责任公司又将该工程分包给了中基发展公司，中基发展公司将山天家园四期二标段土石方工程分包给了中凯天弘公司，中凯天弘公司又将该土石方工程转包给了李某一。原、被告于2010年9月12日签订《山天家园四期二标段土石方、挡土墙工程施工合同》，合同中约定施工内容包括：场地平整清表、土石方开挖破碎、土石方运输、基槽开挖清理、级配砂石换填、庭院土方回填、毛石挡土墙砌筑等工作。工程单价约定：土方挖运15元/立方米，石方破除、挖运100元/立方米，级配砂石换填115元/立方米，庭院土方回填16元/立方米，挡土墙砌筑380元/立方米。结算总量不超过甲方与总包、业主结算量。

2012年4月16日，中基发展公司、中凯天弘公司与李某一签订了协议（以下简称《三方协议》），《三方协议》约定最终工程结算工程量统一执行中基发展公司与业主（山天置业有限公司）结算工程量。

2014年1月15日，中基发展公司作为甲方与中凯天弘公司作为乙方签订了《山天家园四期二标段工程结算单》，结算单载明毛石挡墙砌筑结算量10230立方米，结算单价380元/立方米；级配砂石换填1836立方米，单价72元/立方米；土方23000立方米，单价15元/立方米；石方81000立方米，单价100元/立方米；山皮石回填27000立方米，单价14元/立方米。2014年2月17日，中基发展公司与中凯天弘公司又签订一份结算单，就山天家园四期二标段工程中凯天弘公司完成工作量后期增加部分进行结算，载明土方结算工程量25000立方米，结算单价15元/立方米；石方4000立方米，单价100元/立方米。

山天置业有限公司与中基发展公司就山天家园四期二标段61栋别墅土石方及地基处理工程结算汇总表，其中载明："5. 毛石挡墙（H≦8）3223.24立方米；6. 毛石挡墙（H＞8）9595.03立方米；7. 挡土墙C25砼土基础95.34立方米……13. 平整场地52754.94立方米……15. 挖基础土方80564.69立方米；16. 石方开挖105526.89立方米；17. 土（石）方回填（山皮土）37227.03立方米……”

因工程款结算问题，2014年7月，李某一曾将中凯天弘公司和中基发展公司诉至法院，要求中凯天弘公司和中基发展公司立即按照协议的约定支付剩余工程款2752725.02元，该案中，中凯天弘公司提出了反诉，要求李某一将中凯天弘公司多支付的工程款返还，要求李某一向其交付已付工程款的正式发票。经审理，法院以《三方协议》及山天置业有限公司与中基发展公司就山天家园工程结算汇总表为依据，判决：

一、中凯天弘公司给付原告李某一剩余土石方工程款1344138.9元。

二、驳回中凯天弘公司的反诉请求。

2015年2月10日，中凯天弘公司以中基发展公司与其结算时故意隐瞒了结算总工程量为由将中基发展公司起诉至法院，要求确认原告与被告之间的两份结算单无效。经审理，法院作出（2015）怀民初字第01748号，判决撤销中凯天弘公司与被告中基发展公司分别于2014年1月15日和2014年2月17日签订的两份结算单。

后中凯天弘公司认为结算单已被撤销，以《三方协议》为依据起诉中基发展公司，要求支付剩余工程款600余万元。中基发展公司则认为，工程款已超额支付，要求返还多支付的工程款200余万元。

【案件焦点】

工程单价如何确认。

【法院裁判要旨】

北京市怀柔区人民法院经审理认为：关于工程单价，在撤销两份结算单的案件中，原告公司并未提出系因工程单价问题，而系以被告隐瞒工程量为由要求撤销，法院也以该理由撤销两份结算单，双方虽在合同中约定的单价与被法院撤销的两份结算单中的单价不一致，应认定在双方结算中，关于工程的单价，双方已协商一致，故对于级配砂石换填法院按照72元/立方米计算，山皮石回填按14元/立方米计算，土方挖运按15元/立方米计算，毛石挡墙按照380元/立方米计算，石方挖运按照100元/立方米计算。

关于工程量，根据生效判决已确认《三方协议》有效，确定最终工程结算工程量应以中基发展公司与山天置业有限公司的结算工程量执行，故本案根据上述两家公司之间的结算工程量予以计算。

综上，北京市怀柔区人民法院依照《中华人民共和国合同法》第六十条、第一百零九条之规定，判决：

一、中基发展公司给付中凯天弘公司工程款2927823.89元（于本判决生效后七日内执行）；

二、驳回中凯天弘公司的其他诉讼请求；

三、驳回中基发展公司的全部诉讼请求。

中基发展公司不服一审判决，提起上诉。北京市第三中级人民法院经审理认为：无效的合同或者被撤销的合同自始没有法律约束力。（2015）怀民初字第01748号判决已撤销中凯天弘公司与中基发展公司2014年1月15日、2014年2月17日签订的两份结算单，因此，该两份结算单自始没有法律约束力，中凯天弘公司、中基发展公司之间的工程量及单价理应按照《山天家园四期二标段土石方、挡土墙工程施工合同》核算。

工程量认定问题，同意一审法院认定，予以维持。

关于工程单价问题，一审法院参照了已撤销的2014年1月15日、2014年2月17日结算单约定，该约定与《山天家园四期二标段土石方、挡土墙工程施工合同》约定的工程单价相比较，一审法院现认定的单价低于合同中约定的单价，这种计算方式显然有利于中基发展公司。但鉴于中凯天弘公司对此未提出异议，一审法院的认定亦未不妥，予以维持。北京市第三中级人民法院判决：

驳回上诉，维持原判。

【法官后语】

本案双方先后因两份结算单的问题曾多次起诉至法院，双方争议的焦点有工程的工程单价、工程量的问题，对于工程量的问题，已经生效判决确认，双方应当根据生效判决确认事实履行。剩余的焦点为工程单价问题，对于该单价，结算单和合同约定的价格不一致，在签订结算单时，可以认定是双方协商一致同意的，原告公司在明显低于实际工程量的情况下仍然以低于合同约定的价格进行结算，在原告发现真实的工程量数额后，要求提出撤销结算单，也以工程单价问题提出异议，因工程量出入比较大，不能以偏概全，认定合同全部无效。根据《中华人民共和国合同法》第五十六条的规定，无效的合同或者被撤销的合同自始没有法律约束力。合同部分无效，不影响其他部分效力的，其他部分仍然有效。合同首先应当遵循当事人的意思自治，结算单亦属于合同范畴，该结算单虽被撤销，但撤销的是双方意思表示不真实的部分，被撤销的合同是否具有法律约束力，还需要分析合同中哪些是双方的真实意思表示，哪些不是双方的真实意思表示，合同被撤销的理由是为什么，而不能因合同被撤销而否认整个合同其他条款的法律效力。这对于双方不利于解决矛盾纠纷，也有悖于诚实信用，如部分合同中，可能双方就根本不存在什么合同价格，法院在审理过程中很可能需要通过鉴定评估的方式确定。

在建设工程施工合同纠纷中，承包方与发包方之间虽签订有书面合同，但由于工程施工过程中，经常因洽商变更及一些客观原因，工程施工内容、施工难度等发生一些变化，双方在结算时通常需要重新进行审核结算。在结算过程中，对于工程量和工程单价，双方根据工程的实际状况很可能结算时达成的价格与之前签订的书面合同不一致，发生纠纷时，应以结算时达成的一致意见为准，应视为双方对该项内容进行了一致变更。从其他方面讲，本案原告公司从被告公司承包工程后又转包给第三人，从中获取差额利润，该利润即工程单价的差额，原告公司对于其可获取的利润比例是明知的。原告公司的转包行为有违法律强制性规定，不应予以过多的保护。

编写人：北京市怀柔区人民法院　曹小澎

40

补充责任与连带责任在建设工程案件中的适用

——王某利诉赵某山等建设工程合同案

【案件基本信息】

1. 裁判书字号

河北省沧州市中级人民法院（2019）冀09民终381号民事判决书

2. 案由：建设工程合同纠纷

3. 当事人

原告（被上诉人）：王某利

被告（被上诉人）：赵某山

被告（上诉人）：大元建业集团股份有限公司（以下简称大元建业公司）

被告（被上诉人）：泰合隆兴房地产开发集团有限公司（以下简称泰合隆兴公司）

【基本案情】

被告赵某山承揽了被告大元建业公司承包的北海宜城尚苑（海天雅居）的部分楼房建设，并将其中的部分工程分包给原告王某利，其中包括：一期2号楼、3号楼的给排水工程和采暖立管工程（包括一期水池子一个），二期1号楼、4号楼、7号楼给排水工程和采暖立管工程。被告赵某山、大元建业公司均认可原告王某利承建上述工程，工程总额为1270589.81元，原告认可被告赵某山已付款89万元。双方认可已付款及尚欠款中均未扣除管理费，被告赵某山认为应按18%扣除管理费、按1%扣除劳务费。原告认可按16%扣除管理费，不认可按1%扣除劳务费。

【案件焦点】

被告大元建业公司承担的应是连带清偿责任还是补充清偿责任。

【法院裁判要旨】

河北省黄骅市人民法院经审理认为：被告赵某山没有建设工程施工资质，其将部分工程分包给同样没有建设施工资质的王某利，双方已对建设施工工程进行验收并已实际交付使用，原告请求支付工程款，依据法律规定，应予支持；被告赵某山、大元建业公司均认可原告王某利施工总工程款为1270589.81元，原告认可被告赵某山已给付原告工程款89万元，尚欠款380589.81元，该款与被告赵某山施工队的会计向原告出具欠条379049.81元相差的1540元系原告所主张的水泵款，庭审中原告认可该水泵为自己购买、自己使用，法院确认该费用应由原告自行承担。对被告赵某山的会计出具的欠据予以确认；按原、被告双方认可的事实，应按16%在总工程款中扣除管理费1270589.81×16% =203294.37元，被告赵某山实欠原告工程款175755.44元；另外原告主张预留洞工程款及部分零星用工款130200元，依据原告提交的证据以及几次庭审情况，应予支持。但应扣除其中122400元工程款16%的管理费122400×16% =19584元，其他零星用工款7800元属于劳务费，不应扣除管理费。综上，被告赵某山欠原告王某利工程款、预留洞工程款及部分零星用工款合计286371.44元；原告主张自2012年1月1日起至欠款付清之日止，参照中国人民银行同期同类贷款年利率6.9%计算利息，法院予以支持。被告泰合隆兴公司已将全部工程款拨付给被告大元建业公司，被告泰合隆兴公司对原告所诉欠款不应承担还款责任。被告大元建业公司将工程违法分包给被告赵某山，未尽监督管理责任，导致实际施工人原告王某利无法及时结算，其具有一定过错，应对被告赵某山欠付工程款及利息承担连带清偿责任。被告赵某山经依法传唤无正当理由拒不到庭，应视为放弃参与庭审、质证等相关权利。河北省黄骅市人民法院依照《中华人民共和国合同法》第五十二条第五项、第五十八条，《中华人民共和国民法总则》第一百七十六条，《最高人民法院关于审理建设工程施工合同纠纷案件适用法律问题的解释》第一条第一项、第二条、第十七条、第十八条第一项、第二十六条，《中华人民共和国民事诉讼法》第六十四条第一款，《最高人民法院关于适用〈中华人民共和国民事诉讼法〉的解释》第九十条，《中华人民共和国民事诉讼法》第一百四十四条之规定，判决：

一、被告赵某山给付原告王某利工程款、劳务费合计286371.44元，并自2012年1月1日起至该款项付清之日止，以286371.44元为基数，按年利率6.9%计算利息；

二、被告大元建业公司对被告赵某山上述欠款及利息承担连带清偿责任；

三、被告泰合隆兴公司不承担本案还款责任；

四、驳回原告的其他诉讼请求。

被告大元建业公司不服一审判决，提起上诉。河北省沧州市中级人民法院经审理认为：被上诉人赵某山没有建设工程施工资质，其将部分工程分包给同样没有建设施工资质的被上诉人王某利，双方已对建设施工工程进行验收并已实际交付使用，被上诉人王某利请求支付工程款，应予支持；上诉人大元建业公司将案涉工程违法分包给没有建设资质的被上诉人赵某山，未尽监督管理责任，导致实际施工人即被上诉人王某利无法及时结算，其具有一定过错，上诉人作为案涉工程的承包人和受益人，应在被上诉人赵某山不能偿付范围内承担补充清偿责任［注：法院（2016）冀09民终904、2772号民事判决书对此已予以确认］，一审法院判令上诉人承担连带清偿责任属于适用法律有误，予以改判。河北省沧州市中级人民法院依照《最高人民法院关于审理建设工程施工合同纠纷案件适用法律问题的解释》第二十六条、《中华人民共和国合同法》第二百七十二条、《中华人民共和国民事诉讼法》第一百七十条第一款第二项的规定，判决：

一、维持河北省黄骅市人民法院（2017）冀0983民初4187号民事判决书第一项、第三项、第四项；

二、撤销河北省黄骅市人民法院（2017）冀0983民初4187号民事判决书第二项；

三、上诉人大元建业公司对被上诉人赵某山的上述债务承担补充清偿责任。

【法官后语】

本案审理中，两级法院对基本事实的认定、大元建业公司应承担清偿责任是一致的，分歧点就是大元建业公司承担的应是连带清偿责任还是补充清偿责任。

承包人对第三人欠付实际施工人的工程款项应当承担连带赔偿责任。即使承包人已经支付了第三人相应款项。

连带责任的承担，除法律有明确规定或者当事人有明确约定外，适用应需谨慎，但判决承包人承担连带责任的不利负担并非强加。根据《中华人民共和国建筑法》第二十九条的具体规定可知，总承包单位和分包单位就分包工程对建设单位承担连带责任。禁止总承包单位将工程分包给不具备相应资质条件的单位。禁止分包单位将其承包的工程再分包。这就要求作为承包人，应严格履行承包合同义务，对确有必要进行分包的，应严格审查分包人的相应资质，因为在这个时候，承包人收取分包人一定比例的管理费用，其必须肩负起监督管理责任，如果管理责任不落实，建筑工程不达标，轻则影响工程进度，重则关系群众安全，甚至影响社会稳定。尽管法律法规对建设工程分包有严格的限制，但在大量的建设工程施工合同案件中，违法分包的现象屡见不鲜。这要求明确承包人在明知建筑施工承包人没有相应的资质依然违法分包的过错责任。根据《最高人民法院关于审理建设工程施工合同纠纷案件适用法律问题的解释（二）》第二十四条“实际施工人以发包人为被告主张权利的，人民法院应当追加转包人或者违法分包人为本案第三人，在查明发包人欠付转包人或者违法分包人建设工程价款的数额后，判决发包人在欠付建设工程价款范围内对实际施工人承担责任”之规定，因为发包人是动态的，按照一般理解，在建设工程的层层转包后，承包人相对于实际施工人而言是处于发包人的地位，根据“举轻以明重”原则，综合考虑承包人对诚实信用原则的违反程度及违法分包过错与实际施工人损失之间的因果关系，类比适用有关发包人责任的法律规定判决承包人承担连带责任具有法理基础。

在一种观点认为，如果承包人已经向实际施工人的合同相对方履行了自己的工程款付款义务，此时再要求承包人承担连带责任难免有失公平。极端情况是，实际施工人与合同相对人虚构事实，伪造证据，突破合同的相对性原则，将对工程分包不知情的承包人恶意引入诉讼，此时判决承包人承担连带责任有可能损害承包人的合法利益，所以应将承包人结清工程款作为免责事由。

法律的禁止性规定是明确的。承包人在违法分包之后，一旦发生重大责任事故，承包人将负有不可推卸的法律责任。为遏制当前建筑施工领域屡禁不止的违法分包行为，应强化承包人违法分包的法律责任，此时如将承包人责任承担方式定为补充清偿责任，既无法督促承包人严格管理责任，也不利于对农民工合法权益的保护。

编写人：河北省黄骅市人民法院　吴悦敏

十、运输合同

41

履行货物运输合同因意外事故致押运人死亡的责任承担

——胡某才、蒋甲诉陈某俭、无锡市金达运输有限公司运输合同案

【案件基本信息】

1. 裁判书字号

江苏省无锡市中级人民法院（2018）苏02民终2831号民事判决书

2. 案由：运输合同纠纷

3. 当事人

原告（被上诉人）：胡某才、蒋甲

被告（上诉人）：陈某俭

被告：无锡市金达运输有限公司（以下简称金达公司）

【基本案情】

蒋甲与胡某才系夫妻关系，二人共同经营生意，经常找陈某俭运输货物，方式为胡某才、蒋甲提前一天给陈某俭打电话，由蒋乙担任押运人，双方按次结算费用。2017年6月1日，蒋甲让陈某俭第二天送货至淮安。2017年6月2日12时15分许，陈某俭驾驶苏BME9××轻型封闭货车沿京沪高速由南向北行驶至1022千米+100米处时，货车右后轮爆胎，车辆失控与中央护栏发生碰撞后，侧翻在高速公路车道内，事故造成车上乘员蒋乙死亡，车辆及部分路产受损。泰州市高速公路二大队认定该事故当事人均无过错，属于交通意外事故，各方当事人均无责任。事发时

苏BME9××轻型封闭货车由陈某俭驾驶，该车挂靠登记在金达公司名下。2018年1月12日，蒋乙之妻将胡某才、蒋甲诉至原审法院，原审法院作出（2018）苏0213民初450号民事判决书，认定蒋乙之妻要求赔偿损失892705元的主张符合法律规定，予以确认。蒋甲、胡某才随后提起本案诉讼，要求陈某俭、金达公司共同赔偿其各项损失892705元。

【案件焦点】

如何认定陈某俭的责任及责任大小。

【法院裁判要旨】

江苏省无锡市梁溪区人民法院经审理认为：陈某俭履行货物运输合同时，未履行确保押车人安全往返的义务，造成蒋乙在运输过程中死亡，胡某才、蒋甲有权据此要求陈某俭承担违约责任。江苏省无锡市梁溪区人民法院人民法院依照《中华人民共和国合同法》第六十条、第一百零七条之规定，判决：

一、陈某俭于判决生效之日起十日内赔偿胡某才、蒋甲892705元；

二、驳回胡某才、蒋甲的其他诉讼请求。

陈某俭不服一审判决，提起上诉。江苏省无锡市中级人民法院经审理认为：胡某才、蒋甲基于帮工关系先行赔付蒋乙近亲属之后，在本案中要求陈某俭赔偿其前案中承担的全部损失，实质系行使追偿权。从因果联系上看，货运途中车辆发生爆胎事故是造成蒋乙死亡的直接原因，但蒋乙系依照胡某才、蒋甲的指示登车，故胡某才、蒋甲与蒋乙遭遇事故导致死亡之间也存在因果联系。从风险与收益的承担上看，陈某俭固然因其车辆运营获益，但胡某才、蒋甲也因蒋乙的帮工行为获益。从合同履行的角度看，胡某才、蒋甲指派押运人蒋乙登车的行为加重了陈某俭履行货物运输合同的风险，且胡某才、蒋甲并未额外支付人员运输费用却要求陈某俭承担人员死亡全部损失，也显失公平。陈某俭在履行货物运输合同中因车辆发生爆胎导致交通事故，属于意外事故，陈某俭不具有过错，对该意外发生所致损害，按照民事活动应当遵循的公平原则，陈某俭作为事故车辆的运营人，胡某才、蒋甲作为帮工活动的受益人应分担事故责任。

江苏省无锡市中级人民法院依照《中华人民共和国合同法》第五条，《中华人民共和国民事诉讼法》第一百七十条第一款第二项之规定，判决：

一、撤销无锡市梁溪区人民法院（2018）苏0213民初1306号民事判决；

二、陈某俭于本判决发生法律效力之日起十日内赔偿胡某才、蒋甲446352.5元；

三、驳回胡某才、蒋甲的其他诉讼请求。

【法官后语】

蒋乙的死亡系陈某俭运营的车辆在高速公路上爆胎导致车辆侧翻所致，经交警部门认定，此次爆胎属于意外事故，各方均不负责任。前案中，受害人蒋乙亲属诉请雇主蒋甲、胡某才赔偿相应损失，法院予以支持，蒋甲、胡某才遂以陈某俭在履行运输合同中未能保证乘客安全为由，请求参照《中华人民共和国合同法》第三百零二条规定的旅客运输合同中承运人的无过错责任，判令陈某俭赔偿其前案中支付的相应费用。对此我们认为，首先，关于案涉运输合同性质，双方一致确认为货物运输合同，蒋乙系征得陈某俭同意后登车押运，目的是陪同陈某俭至指明交货地点、联系交货人等，故陈某俭允许蒋乙的登车系为了保证货物运输合同的顺利履行，并非单独与其建立了客运合同关系。其次，旅客运输合同之所以设定承运人的严格责任，系源于旅客运输大多指向公共交通运输，因其承担了一部分公共事务管理职能，故而赋予其较大的安全保障义务，且公共交通服务有着严格的资质准入审核和运营风控制度，承运人具有较大的履约保障能力，相应的注意义务和赔付义务也随之加重。本案中，陈某俭显然不具有公共旅客交通运输的资质和能力。最后，从合同履行的角度看，蒋甲、胡某才指派蒋乙登车未支付陈某俭额外的人员运输费用，系加重了陈某俭履行货物运输合同中的风险，其要求陈某俭负担蒋乙死亡的全部损失，显失公平。综上，我们认为，蒋甲、胡某才基于《中华人民共和国合同法》第三百零二条要求陈某俭承担无过错赔偿责任，不具有事实和法律依据。

关于本案中陈某俭承担的责任性质，可以参考当前“好意同乘”的裁判规则，即非职业从事旅客运输的人员无偿为他人提供人员运送服务发生意外事故的，应根据具体情形承担死者亲属适当的补偿责任。基于在前案中蒋甲、胡某才作为雇主已向死者亲属承担了相应的赔偿责任，蒋甲、胡某才在本案中向陈某俭请求赔偿，于法有据。关于陈某俭责任大小应如何确定。首先，从因果关系看，陈某俭运营的车辆爆胎固然是造成蒋乙死亡的直接原因，但蒋乙之所以登车系受蒋甲、胡某才指派，爆胎与登车行为共同造成了蒋乙死亡的后果，缺一不可，无法区分原因力大小，故我们推定二者原因力相等。其次，从双方获益看，陈某俭固然因为营运事故车辆能获得收益，蒋甲、胡某才也能因蒋乙的押运行为获得收益，前者因蒋甲、胡某才未支付人员运输费用，而蒋乙协助完成货物运输的价值无法量化，后者也因劳动者的押运行为未完成，实际工作量和耗时无法估算，亦不能量化。基于此，推定陈某俭与蒋乙、胡某才的潜在获益相等。综上，雇主蒋甲、胡某才与承运人陈某俭应平摊本案损失。

编写人：江苏省无锡市中级人民法院 尹慧 费益君

42

运输合同的承运人除法律另有规定外，可以自行留置货物，不必通过法定程序

——新疆新晶华浮法玻璃有限公司诉王某、梁某军公路货物运输合同案

【案件基本信息】

1. 裁判书字号

新疆维吾尔自治区哈密市中级人民法院（2018）新22民终386号民事判决书

2. 案由：公路货物运输合同纠纷

3. 当事人

原告（反诉被告、上诉人）：新疆新晶华浮法玻璃有限公司（以下简称新晶华浮法玻璃公司）

被告（反诉原告、被上诉人）：王某、梁某军

【基本案情】

2017年9月3日，新晶华浮法玻璃公司委托梁某军、王某在哈密黄田煤场将该公司拆下的设备拉至其公司，运费4500元。当日，梁某军、王某将设备运至新晶

华浮法玻璃公司门外，并电话通知新晶华浮法玻璃公司法定代表人冯某才，双方就先卸货还是先付款未达成一致意见，次日，梁某军、王某与新晶华浮法玻璃公司再次协商未果后，于当日11时后将设备拉至哈密市北出口速泊停车场卸下后存放至今，每日存放费用20元。

另外，新晶华浮法玻璃公司认可与吊车司机商定设备一个班次吊装费3500元。

【案件焦点】

运输方是否应当留置涉案设备以及留置后的运费、吊装费、保管费由谁承担。

【法院裁判要旨】

新疆维吾尔自治区哈密铁路运输法院经审理认为：新晶华浮法玻璃公司委托梁某军、王某运输设备，双方之间形成货物运输合同关系，该合同系双方当事人自愿，且不违反法律规定，应当受法律保护。梁某军、王某作为承运人，将设备运至新晶华浮法玻璃公司门口后，向新晶华浮法玻璃公司履行了到货通知义务，应当就此取得要求新晶华浮法玻璃公司支付运费报酬的权利，梁某军、王某提出要求新晶华浮法玻璃公司支付运费的反诉请求应予支持。

《中华人民共和国合同法》第三百一十五条规定："托运人或者收货人不支付运费、保管费以及其他运输费用的，承运人对相应的运输货物享有留置权，但当事人另有约定的除外。"在梁某军、王某与新晶华浮法玻璃公司所订口头合同没有排除留置权约定的情况下，当负有支付义务的新晶华浮法玻璃公司没有向梁某军、王某支付运输费用时，梁某军、王某为保护自己的利益，有权行使留置权这一法定担保物权，本案的设备为不可分物，梁某军、王某留置财产并无不当；根据《中华人民共和国合同法》第三百零九条"货物运输到达后，承运人知道收货人的，应当及时通知收货人，收货人应当及时提货。收货人逾期提货的，应当向承运人支付保管费等费用"之规定，本案中梁某军、王某将设备运至新晶华浮法玻璃公司门外后，电话告知了公司法定代表人，并且双方通过短信进行了沟通，从本案现有证据来看，双方并未明确约定具体的卸货地点，新晶华浮法玻璃公司辩称梁某军、王某没有将设备运至新晶华浮法玻璃公司，要求继续运至该厂与事实不符，法院不予支持。梁某军、王某提出将运输设备放至哈密市北出口速泊停车场是提存行为，根据《中华人民共和国合同法》第一百零二条"标的物提存后，除债权人下落不明的以外，债务人应当及时通知债权人或者债权人的继承人、监护人”之规定，债权人可以随时领取提存物。本案中梁某军、王某将设备放至哈密市北出口速泊停车场后，为避免新晶华浮法玻璃公司擅自取走而未告知存放地点，应是二人的保管行为而非提存行为。新晶华浮法玻璃公司未及时卸货存在一定过错，梁某军、王某将设备卸至哈密市北出口速泊停车场保管，产生的吊装费及保管费应由新晶华浮法玻璃公司承担，吊装费数额按3500元计算，保管费自2017年9月4日起至运离之日止，按每日20元计算。

根据合同相对性原则，在哈密黄田煤场委托吊装设备是新晶华浮法玻璃公司与吊装司机之间的约定，吊装司机在哈密黄田煤场将设备装运的费用与本案不属同一法律关系，法院不予处理。

梁某军、王某提出的因延迟卸货造成的车辆停运损失及卸货人工费，因未向法庭提供相应证据，法院不予支持。

新疆维吾尔自治区哈密铁路运输法院依照《中华人民共和国合同法》第六十条、第一百零七条、第一百零九条、第三百零九条、第三百一十五条，《中华人民共和国民事诉讼法》第六十四条、第一百四十二条，《最高人民法院关于适用〈中华人民共和国民事诉讼法〉的解释》第九十条之规定，判决：

一、原告新晶华浮法玻璃公司于本判决生效之日起三日内向被告梁某军、王某支付运费4500元、吊装费3500元、保管费（自2017年9月4日起，按每日20元计算至设备运离哈密市北出口速泊停车场之日止）后自行提取涉案设备；

二、驳回原告新晶华浮法玻璃公司的诉讼请求；

三、驳回被告梁某军、王某的其他诉讼请求。

新晶华浮法玻璃公司不服一审判决，提起上诉。新疆维吾尔自治区乌鲁木齐铁路运输中级人民法院经审理认为：根据本案一、二审查明的事实，双方对卸货地点并未有明确约定，但王某、梁某军将设备拉运至新晶华浮法玻璃公司门口后，与该公司法定代表人冯某才电话联系并进行了沟通。王某、梁某军将设备运输到达后，已通知了收货人，新晶华浮法玻璃公司应及时提货。因双方未达成一致意见，王某、梁某军将设备进行提存符合法律规定。结合新晶华浮法玻璃公司二审提交的外来人员登记表，该表中确实有王某的进入登记，据此新晶华浮法玻璃公司应支付王某、梁某军运费。对于王某、梁某军将设备拉运至哈密市北出口速泊停车场产生的保管费及吊装费为必要产生的费用，故该部分费用应由新晶华浮法玻璃公司承担。对于新晶华浮法玻璃公司主张的二次吊装费及运输费的问题，因产生二次吊装及运输费系新晶华浮法玻璃公司未及时提货所致，且该部分费用亦未产生，属于新晶华浮法玻璃公司与吊装司机之间的另一法律关系，法院不予处理。

新疆维吾尔自治区乌鲁木齐铁路运输中级法院依照《中华人民共和国民事诉讼法》第一百七十条第一款第一项之规定，判决：

驳回上诉，维持原判。

【法官后语】

收取运费、保管费以及其他运输费用，是承运人依法享有的主要权利。

通常所说的留置权，是指根据《中华人民共和国合同法》第三百一十五条规定，除非当事人另有约定，托运人或者收货人不支付运费、保管费以及其他运输费用的，承运人对相应的运输货物享有留置权。

行使留置权是有前提条件的：首先，如果合同双方明确约定即使运费、保管费以及其他运输费用没有付清也不能留置货物，则承运人无权留置货物。其次，如果托运人或者收货人提供了适当的担保，则承运人不能行使留置权留置货物。最后，如果托运人或者收货人交付运费、保管费以及其他运输费用的期限尚未届满，那么承运人不得提前行使留置权。

行使留置权的过程中也是有限制条件的：承运人只能留置“相应的货物”。即与运费、保管费以及其他运输费用价值相当的货物，不能与货物价值明显不符，也不能因未支付本次合同标的物外的运输费用而对本次运输的货物行使留置权。当然，对于不可分的货物，承运人可以对全部货物进行留置。

结合本案来看，双方对卸货地点未有明确约定，承运方将设备拉运至托运方要求的送货地点门口后，与该公司法定代表人电话联系并进行了沟通，应视为已将设备运输到达，在托运方拒绝支付运费的前提下，考虑到所运设备为不可分物，承运司机留置设备是合理的，在托运方支付运费后可将设备自行取走。

提存的目的在于消灭既存于债务人与债权人之间的债权债务关系。标的物提存后，债务人负有对于债权人的通知义务。债权人可以随时领取提存物。本案中承运人将设备放至停车场后，为避免托运方擅自取走而未告知存放地点，应是二人留置后的保管行为而非严格意义上的提存行为。因托运方未及时卸货并支付运费，导致承运方将设备卸至停车场保管，产生的吊装费及保管费应由托运方承担。

编写人：新疆维吾尔自治区哈密铁路运输法院　郝德萍

43

APP平台不因用户“误点”按钮而构成欺诈

——赵某立诉滴滴出行科技有限公司运输合同案

【案件基本信息】

1. 裁判书字号

北京市第一中级人民法院（2018）京01民终8078号民事判决书

2. 案由：运输合同纠纷

3. 当事人

原告（上诉人）：赵某立

被告（被上诉人）：滴滴出行科技有限公司（以下简称滴滴公司）

【基本案情】

2018年6月21日，原告赵某立通过被告滴滴公司的滴滴出行APP平台呼叫用车服务，后被告平台的司机接单，并将原告送至目的地。行程结束，原告手机免密支付被告27.86元。原告即向被告举报电话投诉，主张其呼叫的系快车，当时页面显示费用约12元，被告接线员主张原告此单为专车订单，但可以退给原告15.86元。

【案件焦点】

1. 用户主张APP平台欺诈应承担的举证责任；2. 用户“误点”APP按钮变更服务类型，能否认定APP平台构成欺诈。

【法院裁判要旨】

北京市石景山区人民法院经审理认为：本案的争议焦点为滴滴公司在向赵某立

提供网络约车服务过程中是否存在欺诈行为。本案中，赵某立主张滴滴公司在提供网络约车服务过程中存在欺诈行为，必须举证证明滴滴公司具有欺诈的故意，且滴滴公司的行为足以诱使赵某立作出错误的意思表示。赵某立提交的涉案订单截图仅能证明涉案订单系专车服务订单；其提交的其他证据如短信截图、电话记录等仅能证明滴滴公司退还相关费用的情况。上述证据均不足以证明滴滴公司存在"故意告知对方虚假情况，或者故意隐瞒真实情况，诱使对方当事人作出错误意思表示"之情形。而滴滴公司提交的专车推荐截图可以证明，在一般情况下滴滴出行APP将呼叫快车服务变更为呼叫专车服务需要消费者点击"立即呼叫专车"按钮，即需经过消费者同意。

北京市石景山区人民法院依照《中华人民共和国消费者权益保护法》第五十五条第一款，《最高人民法院关于贯彻执行〈中华人民共和国民法通则〉若干问题的意见（试行）》第六十八条之规定，判决：

驳回赵某立的全部诉讼请求。

赵某立不服一审判决，提起上诉。北京市第一中级人民法院经审理认为：本案中，赵某立称其在滴滴客户端预约快车后，在没有征得其同意的情况下，滴滴公司即向其派发专车并按照专车的价格向其收取费用，故其主张滴滴公司具有欺诈的行为。通过赵某立提交的微信截图以及一审法院当庭核对赵某立手机中滴滴出行APP订单可以确定，赵某立的涉诉订单为专车订单。根据日常生活经验以及滴滴公司提供的证据，滴滴公司将乘客呼叫的快车服务变为专车服务前会出现提示框，乘客点击同意后才会形成专车订单。故本案中，赵某立需向法院提供滴滴公司存在不经其同意，私自将其呼叫的快车服务变为专车服务，并按照专车收费的行为与故意，以证明其主张的滴滴公司存在欺诈的事实成立。但赵某立并未向法院提供切实有效的证据以证明滴滴公司未经其同意擅自更改订单类型。赵某立提交的录音内容中虽表现出滴滴公司在事后多次联系赵某立，并围绕双方的争议进行沟通，但在内容上只反映出滴滴公司作为服务机构试图尽早化解纠纷，并没有出现有效信息以证明滴滴公司在合同订立过程中存在欺诈行为，故在举证不能的情况下赵某立应当在本案中承担对应之不利后果。此外，赵某立申请法院责令滴滴公司提交证据的理由不能成立，法院不予准许。

北京市第一中级人民法院依据《中华人民共和国民事诉讼法》第一百七十条

第一款第一项之规定，判决：

驳回上诉，维持原判。

【法官后语】

使用手机APP购买服务方便、快捷、省时省力，近年来已成为一种消费潮流。滴滴打车、美团外卖、丰巢等平台就是此类提供服务类APP的典型代表。但涉及APP购买服务平台纠纷的案件时有发生。究其原因，一方面，确实存在部分不良商家试图打法律的擦边球，利用消费者的思维惯性诱导消费者“入坑”；另一方面，也是由于一些消费者不熟悉APP操作“误点”了按钮。当消费者主张APP平台存在欺诈行为，法院应如何分配双方的举证责任以还原法律事实，是此类案件审判的难点。

用户主张APP平台存在欺诈行为，应举证证明APP平台故意告知虚假情况或隐瞒真实情况，诱使其作出错误意思表示。如果APP平台违背诚实信用原则，擅自变更用户选定的服务类型，或者未履行相应的告知或说明义务，使用户因错误认识作出不真实的意思表示，则应当认定其构成欺诈。反之，如果APP平台不存在上述情形，而是用户“误点”服务按钮，则不应当认定APP平台构成欺诈。根据APP的一般操作流程，用户选定服务需要点击APP相应按钮，此行为实际上就是作出一定的意思表示。意思表示的构成要素有二：第一，表示行为；第二，内心意思。关于前者，法官可以根据APP客观操作规则认定用户是否存在点击相关按钮的表示行为。就本案而言，滴滴公司能够举证证明，只有当乘客点击滴滴打车APP的专车服务提示框的同意按钮后，平台才会将乘客呼叫的快车服务变为专车服务。而赵某立虽主张其未点击相关按钮，但却无法提供证据予以佐证，故对其该主张不应予以认可。关于后者，当行为人主张其内心意思存在瑕疵时，能否成立意思表示。按照民法学一般观点，存在“意思说”和“表示说”，即解释意思表示时，是应该探究行为人的内心真意还是表示行为的客观含义。笔者认为，“表示说”更有利于保护相对人的信赖利益，从而促进市场经济秩序正常运行，另外，表意人可以通过主张重大误解撤销意思表示。具体到本案，滴滴打车APP弹出“本次推荐专车服务”提示框，应当视为滴滴公司向赵某立发出专车服务要约；赵某立点击了“立即呼叫专车”按钮，该行为经客观解释，其内容具体确定。滴滴公司基于合理理解与信赖，有理由相信赵某立此行为系专车服务承诺。因此，无论赵某立“误点”系何种内心真意，只要其在滴滴打车APP推荐专车的弹出菜单点击了“立即呼叫专车”按钮，就应该视为双方建立了专车服务合同。滴滴打车APP根据此合同提供相应的专车服务，不构成欺诈。

目前，APP仍是一种新兴事物，缺乏相应的法律法规予以规范。在审判实践中，应透过此类新型案件的表象回归到传统民事法律关系，力求达到裁判法律效果和社会效果的统一。

编写人：北京市石景山区人民法院　李佳桐

十一、委托合同

44

以自己的名义帮助他人管理出借钱款应认定为委托合同关系

——孙某华诉邵某杰、王某君委托合同案

【案件基本信息】

1. 裁判书字号

黑龙江省齐齐哈尔市中级人民法院（2018）黑02民终1880号民事判决书

2. 案由：委托合同纠纷

3. 当事人

原告（被上诉人）：孙某华

被告（上诉人）：邵某杰

被告：王某君

【基本案情】

邵某杰与王某君系夫妻，邵某杰与孙某华系多年的好朋友，孙某华家住河北省秦皇岛市。2013年到2017年，孙某华夫妻与邵某杰之间有多笔资金往来，其中有孙某华的20万元是出借给欧某龙，由邵某杰代为管理，欧某龙使用此款至2014年3月1日归还。2014年3月以后，邵某杰陆续将多笔款项出借给沃某军（其中含孙某华汇款给邵某杰的45万元），沃某军2014年10月6日为邵某杰出具欠据一份，内容为"今有沃某军欠邵某杰人民币壹佰叁拾玖万元整：139万元。欠款人沃某军。担保人……"。后该笔欠款始终没有归还。2017年3月9日，孙某华与邵某杰经协商后，由邵某杰书写内容相同的收条两份，其内容为“我邵某杰于2014年4月至5月收到孙某华汇款45万元，经我们二人协商，孙某华同意把此款借沃某军处做投资”，二人在两份收条上签字后各自保管一份（两份收条仅落款时间不一致，孙某华保管的收条落款时间为2014年3月28日，邵某杰保管的收条落款时间为2014年5月28日）。同日，孙某华为邵某杰出具收条一份，内容为“从2014年7月至今收到邵某杰陆续返回汇款65000元，孙某华：2017年3月9日”。当日，孙某华与邵某杰共同在一份“声明”上签字，内容为：“我邵某杰考虑与孙某华之间的感情（因为她现在身体不是很好，需要很多钱去治疗保养），在每年我的生活费中抽出1万元，给孙某华做补贴，如以后我的生活好转，我还会尽力的。2017年3月9日，邵某杰，孙某华。”沃某军于2017年11月27日在法院做证，证实其与孙某华从未见面，仅是听邵某杰说借给沃某军的139万元中有邵某杰外地同学的资金，沃某军现在资金链断裂，暂时没有能力还款。

【案件焦点】

孙某华与邵某杰之间构成民间借贷关系还是委托合同关系。

【法院裁判要旨】

黑龙江省齐齐哈尔市富拉尔基区人民法院经审理认为：本案争议的焦点是邵某杰与孙某华就此款所形成的法律关系是民间借贷法律关系还是委托合同法律关系。根据《最高人民法院关于民事诉讼证据的若干规定》第五条的规定，主张合同关系成立并生效的一方当事人对合同订立和生效的事实承担举证责任，本案中，孙某华有责任举证证明双方之间存在借贷的合意及事实，但其提供的证据仅证明邵某杰收到了45万元，并不能证明双方之间是借贷关系。相反，邵某杰提供的欧某龙的证言，及原、被告双方签字的收条，可以证明邵某杰与孙某华之间是委托合同的法律关系。因此，本案应为委托合同纠纷。

委托合同的当事人具有合同的任意解除权。孙某华明确要求邵某杰返还45万元的行为，应视为要求解除双方之间的委托合同，因双方对委托合同的期限并无约定，对合同的解除也未设定任何限制，故法院判令解除双方的委托合同。扣除孙某华已收到邵某杰给付的65000元，邵某杰尚需返还孙某华385000元。

因孙某华不能提供证据证明王某君参与了委托合同事务，依据合同相对性原理及夫妻债务纠纷的相关规定，孙某华要求王某君和邵某杰承担共同还款责任的诉求法院不应予支持。

黑龙江省齐齐哈尔市富拉尔基区人民法院依照《中华人民共和国民法通则》第八十四条、第八十五条，《中华人民共和国合同法》第五条、第六条、第六十条、第九十一条、第九十七条、第三百九十六条、第四百一十条，《中华人民共和国民事诉讼法》第六十四条，《最高人民法院关于审理夫妻债务纠纷案件适用法律有关问题的解释》第一条及第三条，《最高人民法院关于民事诉讼证据的若干规定》第五条之规定，判决：

一、解除孙某华与邵某杰之间的委托合同；

二、邵某杰于本判决生效后立即归还孙某华委托其管理的款项385000元；

三、驳回孙某华的其他诉讼请求。

邵某杰不服一审判决，提起上诉。黑龙江省齐齐哈尔市中级人民法院经审理同意一审法院裁判意见。齐齐哈尔市中级人民法院判决：

驳回上诉，维持原判。

【法官后语】

本案争议的焦点是孙某华与邵某杰之间构成民间借贷关系还是委托合同关系。

民间借贷是指自然人、法人、其他组织之间及其相互之间进行资金融通的行为。借款人向贷款人借款，到期返还借款并支付利息，其主要特征为标的物为金钱，转移的是标的钱款的所有权。民间借贷属实践合同，即除双方达成借款合意外，还必须由当事人交付钱款后合同才成立。如债权人主张双方构成民间借贷法律关系，其对民间借贷真实发生承担举证责任，即应举证证明双方存在借款合意、借款的本金、利息、钱款交付等事实。委托合同是受托人以自己的名义为委托人办理委托事项的合同。委托合同以为他人处理事务为目的，订立以委托人和受托人之间相互信任为前提，当事人意思表示一致即告成立，为诺成合同。委托合同的受托人有义务遵照委托人的指示办理委托事务并及时将委托事务情况向委托人报告。受托人处理委托事务取得的财产，应当转交给委托人。

本案孙某华主张45万元是借给邵某杰的，其有责任举证证明双方之间存在借贷的合意及事实，但孙某华提供的证据仅证明邵某杰收到了45万元，并不能证明双方之间是借贷关系。相反，邵某杰提供的欧某龙的证言，及原、被告双方签字的收条，可以证明邵某杰与孙某华之间不构成借贷关系，而是委托合同的法律关系。本案的实际情况应是：孙某华因家在外地，其出于对邵某杰的信任，委托邵某杰将钱款出借，以收取利息，具体借款人由邵某杰选择，邵某杰向孙某华汇报借款人的情况，邵某杰负责管理收取利息及本金等事宜，并将收回的钱款汇给孙某华。因双方是多年的好友，双方仅是通过电话等方式远程联系，并无书面的合同约定具体委托事项及双方的权利义务。后因实际用款人沃某军资金链断裂，邵某杰交给沃某军使用的款项（包括孙某华的45万元）暂时无法收回，孙某华和邵某杰均不想承担该风险，引发本次争执。综上，法院认定本案的案由为委托合同纠纷。

委托合同中，委托人或者受委托人可以随时解除委托合同，委托合同的当事人有任意解除权。本案中，孙某华明确要求邵某杰返还45万元的行为，应视为要求解除双方之间的委托合同，因双方对委托合同的期限并无约定，对合同的解除也未设定任何限制，故法院判决解除双方的委托合同。委托合同解除后，邵某杰应将孙某华委托其负责管理的45万元予以返还，因孙某华已经收到邵某杰给付的65000元，故该款应从45万元中扣除，邵某杰仅需给付孙某华385000元即可。

关于邵某杰的丈夫王某君是否应与邵某杰共同承担还款责任的问题，因孙某华不能提供证据证明王某君参与了委托合同事务，依据合同相对性原理及《最高人民法院关于审理夫妻债务纠纷案件适用法律有关问题的解释》第一条及第三条的规定，本案中，孙某华要求王某君与邵某杰承担共同还款责任的诉求法院不应予以支持。

编写人：黑龙江省齐齐哈尔市富拉尔基区人民法院　杨力

45

转委托的第三人超越代理权情况下受托人承担责任的认定

——谢某竺、谢某巍诉张某莹合同案

【案件基本信息】

1. 裁判书字号

北京市第三中级人民法院（2018）京03民终10013号民事判决书

2. 案由：合同纠纷

3. 当事人

原告（被上诉人）：谢某竺、谢某巍

被告（上诉人）：张某莹

【基本案情】

谢某竺系陈某中之子，谢某巍系陈某中之妻。陈某中于2015年1月21日、22日、23日分别给张某莹汇款79万元、275000元、15000元，委托张某莹购买香港股票“圆美光电”（HK08311）。张某莹在没经过陈某中同意的情况下，让其表弟崔某进行购买，崔某未经陈某中书面同意，购买“圆美光电”（HK08311）后又将该股票卖出，并购买了几支国内股票。2015年7月1日，陈某中得知后，进行三方“会议录音”。根据陈某中的短信，张某莹一直承认双方之间的委托关系，并表示向其表弟崔某要回钱后才能还给陈某中。2016年12月27日，陈某中去世，其继承人谢某巍、谢某竺表示参加诉讼。

张某莹认为，涉案的50万元是陈某中购买港股的投资款。张某莹是律师事务所的职员，陈某中是张某莹的领导，陈某中让张某莹转账给第三方进行港股投资，张某莹碍于陈某中是其领导才帮忙，并未承诺任何事项，陈某中并未委托张某莹进行理财，双方不存在委托法律关系及事实，因此，张某莹不是本案适格的被告，请求法院驳回谢某巍、谢某竺的诉讼请求。

2015年1月21日，陈某中向张某莹转账79万元，并备注“代购H股股票款”。庭审中，张某莹表示仅其中50万元为投资款，其余29万元为陈某中出借给张某莹的款项，且已归还。

1月22日，张某莹向陈某中还款275000元；1月23日，张某莹向陈某中还款15000元。

张某莹向法院提交2015年1月28日其向崔某的转账记录，用以证明其已将陈某中及张某莹二人的投资款共计100万元打给了崔某。

2015年6月30日，陈某中向张某莹发送短信，内容为：“月底了。务必让你堂弟还款。”张某莹回复“好。”

2015年7月1日，陈某中与张某莹通过短信约定，陈某中、张某莹与其堂弟崔某于当天下午在陈某中工作的律师事务所见面商谈，商谈中陈某中表示不是委托炒股。

2015年7月14日，陈某中以委托理财合同纠纷为由将张某莹诉至法院，法院于2016年12月9日作出（2015）朝民（商）初字第38240号民事裁定书，裁定驳回陈某中的起诉。陈某中于2016年12月27日死亡，其继承人谢某巍、谢某竺提起上诉，并在二审中表示参加诉讼。后该案被发回法院重审。在（2015）朝民（商）初字第38240号案件审理过程中，张某莹在2016年7月28日的笔录中表示：“50万元是投资款，我方也投资了50万元，现在找不到具体投资的人了，现在投资款具体的情况不清楚，我方也没法归还。”“当时是大家一起投资的，当时不想让原、被告反目，所以有了这个一年期，这个是当时理财人员给的承诺，不是被告（指张某莹）给的承诺。”在2016年7月28日的笔录中，法官向张某莹询问50万元款项如何使用，张某莹表示转给了崔某的朋友，即实际进行投资的人。

在本案审理中，针对三方会议录音中陈某中所说“我不是委托你炒这个股”，张某莹认为，这句话是陈某中向崔某说的，意思是委托崔某购买H股而非A股。

在本案审理中，张某莹表示是陈某中先打听到张某莹的亲戚可以购买港股，并鼓动张某莹与其一起购买，当时双方未约定港股登记在谁的名下。

【案件焦点】

1. 陈某中与张某莹之间是否存在委托合同关系；2. 张某莹是否应对崔某的购股行为承担责任。

【法院裁判要旨】

北京市朝阳区人民法院经审理认为：委托合同是委托人和受托人约定，由受托人处理委托人事务的合同。受托人应当按照委托人的指示处理委托事务。受托人应当亲自处理委托事务。经委托人同意的，受托人可以转委托。转委托经同意的，委托人可以就委托事务直接指示转委托的第三人，受托人仅就第三人的选任及其对第三人的指示承担责任。转委托未经同意的，受托人应当对转委托的第三人的行为承担责任，但在紧急情况下，受托人为维护委托人的利益需要转委托的除外。无偿的委托合同，因受托人的故意或者重大过失给委托人造成损失的，委托人可以要求赔偿损失。受托人超越权限给委托人造成损失的，应当赔偿损失。

本案中，根据陈某中向张某莹转账的对账单及当事人在庭审中的陈述可知，陈某中于2015年1月委托张某莹代其购买H股股票，双方构成事实上的委托合同关系。张某莹未亲自处理该事务，而是将该事务转委托给了其堂弟崔某。根据陈某中与张某莹的短信往来可知，张某莹在转委托时，未取得陈某中的同意，则张某莹应对转委托的第三人的行为承担责任。在陈某中提出退还投资款时，张某莹并未向其披露投资的盈亏情况，但承诺退还投资款，其后却以种种理由推脱，未按照陈某中的指示处理委托事务，致使陈某中迟迟无法拿回投资款，遭受损失，故张某莹应赔偿因其故意或重大过失给陈某中造成的损失。现陈某中已死亡，谢某巍、谢某竺作为陈某中的继承人，有权继承陈某中遗留的债权，向张某莹主张退还投资款并赔偿利息损失，对谢某巍、谢某竺的诉讼请求，法院予以支持。

北京市朝阳区人民法院依照《中华人民共和国合同法》第三百九十六条、第三百九十九条、第四百条、第四百零六条，《最高人民法院关于贯彻执行〈中华人民共和国继承法〉若干问题的意见》第三条之规定，判决：

被告张某莹于本判决生效之日起七日内返还原告谢某竺、谢某巍投资款50万元及利息（以50万元为基数，自2015年7月14日起至实际返还之日止，按中国人民银行同期贷款利率计算）。

张某莹不服一审判决，提起上诉。北京市第三中级人民法院同意一审法院裁判意见，判决：

驳回上诉，维持原判。

【法官后语】

本案中，陈某中委托张某莹，张某莹又转委托崔某购买港股，故陈某中与张某莹之间形成委托合同关系，并无争议。委托合同与代理制度，特别是委托代理关系十分密切，在委托代理中，委托合同常常是授权行为的基础；通过委托关系，民事主体得以代理的形式借助他人之手进行民事活动。代理则是典型的三方法律关系，行为人以本人的名义实施法律行为，其法律效果直接归属于本人。民事纠纷中委托合同与代理制度的区分有助于明晰不同主体的法律责任。

本案的审理难点在于陈某中委托购买的是H股，而崔某却将购买的H股更换为A股，崔某的行为是否属于超越代理权？如果超越代理权，是崔某还是张某莹承担责任？首先，超越代理权是无权代理的一种情形，指行为人虽享有一定的代理权，但其实施代理行为超越了代理权的范围或对代理权的限制，超越代理权对本人不发生法律效力。超越代理权可分为量的超越和质的超越，如超过规定的数量而购买某种产品，称为量的超越；若本应购买某种商品而购买其他商品则属于质的超越，这两种情况都构成超越代理权限制范围的行为。结合本案，崔某购买的H股本应继续持有，但其却擅自更换为A股，属于超越代理权且属于质的超越。其次，通常情况下崔某作为转委托的第三人，既要接受陈某中的指示，也要接受张某莹的指示，而在二者意见不一致时，崔某本应听从被代理人本人的指示，因为转委托的第三人终究是被代理人的代理人，应当直接向被代理人负责，故依此逻辑在崔某的行为导致陈某中发生损失、无法拿回投资款时本应由崔某直接向陈某中负责；然而依据《中华人民共和国民法总则》规定，出现前述情形时受托人只是在两种情形下要对被代理人承担责任：一种是就其对第三人的选任，另一种是就其对第三人的指示。本案则属于第二种情形，陈某中委托张某莹、张某莹转委托崔某购买H股，但崔某并未按照陈某中对张某莹的指示处理委托事务，将所购H股更换为A股，张某莹在转委托崔某购买股票的过程中存在指示错误，故张某莹应对崔某的指示错误行为向陈某中承担责任。最后，《中华人民共和国民法总则》规定无权代理行为未经本人追认对其不发生效力，而本案崔某将购买的H股更换为A股的行为，无论张某莹抑或崔某事前均未取得陈某中的同意，事后亦未及时向陈某中披露或取得陈某中的追认，因此委托人或转委托的第三人都不能据此免责。

委托合同与代理制度既有区别也有联系，本案的典型意义在于如果转委托的第三人超越代理权造成的本人损失，系因受托人的指示错误而致，应由受托人而非转委托的第三人承担责任。

编写人：北京市朝阳区人民法院　闫伟伟　何方

46

通过对方转入投资资金并领取收益，能否认定双方存在委托理财合同关系

——李某霞诉白某民间委托理财合同案

【案件基本信息】

1. 裁判书字号

新疆维吾尔自治区乌鲁木齐市中级人民法院（2018）新01民终2459号民事判决书

2. 案由：民间委托理财合同纠纷

3. 当事人

原告（上诉人）：李某霞

被告（被上诉人）：白某

【基本案情】

原告李某霞及被告白某皆从事服装生意。白某投资“毕洛士”（据称为总部位于希腊的网络投资平台，以人民币投资，在投资平台兑换为电子币交易）后，认为收益较高，向李某霞介绍了“毕洛士”投资。李某霞同意投资，并于2014年12月11日转给白某65000元，白某转给证人吴某霞，由吴某霞帮李某霞置换1万元电子币，并注册了相应投资账户。“毕洛士”规定2015年6月以前的投资分红可向公司自提，也可与他人置换。为提高置换效率，李某霞等六七人每次将分红电子币通过平台注册账户转给白某，再由白某转给证人吴某霞，吴某霞向投资平台申请到人民币现金后，再将人民币现金转给白某，由白某转给李某霞等六七人。2015年4月左

右，“毕洛士”平台要求投资者增加投资至5万美金才能拥有独立的投资账户，故李某霞再次增资，并于2015年4月25日向白某转账233500元，由白某转给证人吴某霞、案外人陈某林、李某萍、刘某君、胡某飞等人置换电子币。李某霞从2015年1月19日至2015年5月4日，基本按周收取了“毕洛士”公司的电子币分红61652元。

原告李某霞认为委托被告白某进行理财投资，前期被告向其支付了收益，但在收到原告的全部投资款后，被告便未再继续支付收益，违反了双方的委托约定。故要求被告白某返还投资款325000元，利息47815元。

被告白某辩称原、被告之间不存在委托理财合同关系，双方均参与了“毕洛士”的投资，被告白某在原告李某霞投资“毕洛士”理财过程中只是“好意施惠”“好心帮忙”而已。原告李某霞自己投资“毕洛士”公司理财，应当自担风险。

【案件焦点】

双方是否形成委托理财法律关系。

【法院裁判要旨】

新疆维吾尔自治区乌鲁木齐市米东区人民法院经审理认为：从资金流向看，原告李某霞向被告白某支付了投资款，被告白某向原告李某霞支付了投资利润。原告亦据此主张双方存在委托理财法律关系。

法律关系的成立应由双方达成合意，现白某不认可受托为李某霞理财，李某霞认为系口头委托，但其在庭审中陈述的委托内容不符合一般委托理财内容的基本特征，白某作为从事服装生意的个人，亦不具备为他人理财的资质与能力。除转账凭证外，原告李某霞无其他证据证实双方存在委托理财法律关系。

经庭审调查，被告白某举证的微信截屏、聚会照片、证人证言等可形成证据链，证实原告李某霞注册了“毕洛士”投资账户，参与了“毕洛士”投资经营。通过原、被告双方举证的银行流水可知，“毕洛士”投资人之间的款项转移非常频繁，这与被告白某、证人吴某霞陈述的“毕洛士”注资及提取利润的操作方式相吻合。故原、被告之间投资款与利润的资金转移应理解为基于“毕洛士”投资特点发生的原告李某霞与“毕洛士”之间的投资行为，但上述行为不足以证实原告李某霞与被告白某之间已经形成委托理财法律关系。故原告李某霞要求被告白某返还投资款、支付利息的诉讼请求，无事实与法律依据。

乌鲁木齐市米东区人民法院依照《中华人民共和国合同法》第三百九十六条，《中华人民共和国民事诉讼法》第六十四条第一款之规定，判决：

驳回原告李某霞的全部诉讼请求。

李某霞提起上诉，其认为与被上诉人白某之间系委托理财关系，但原审法院却对该事实未予认定，仅仅通过被上诉人白某提供的微信截屏、照片、证人证言就对双方之间的委托理财关系不予认定，并驳回其诉讼请求，显属认定事实错误导致错判。

新疆维吾尔自治区乌鲁木齐市中级人民法院经审理认为：根据《最高人民法院关于适用〈中华人民共和国民事诉讼法〉的解释》第九十条的规定，当事人对反驳对方诉讼请求所依据的事实应当提供证据加以证明，在作出判决前，未能提供证据或者证据不足以证明其事实主张的，由负有举证证明责任的一方承担不利后果。现李某霞仍然坚持自己与被上诉人白某之间系委托理财关系，但未能向二审法院提交相关证据证实自己的主张，故上诉人李某霞的上诉请求无事实及法律依据，不能成立，法院不予采纳。

新疆维吾尔自治区乌鲁木齐市中级人民法院依照《中华人民共和国民事诉讼法》第一百七十条第一款第一项之规定，判决：

驳回上诉，维持原判。

【法官后语】

本案一审方面的审理重点是对事实的认定。本案起诉前，因涉嫌非法集资，本地“毕洛士”的代理商已被刑事拘留，“毕洛士”投资平台关闭，公安机关接受“毕洛士”投资者的报案。在此情况下，原告未报案，选择诉至法院要求被告返还款项。经过审理，一审法院认为仅凭资金通过被告注入，利润通过被告收取，并不足以证实双方存在委托理财法律关系。原告虽不认可自己也投资了“毕洛士”，但通过被告举证，一审法院认定原告参与了“毕洛士”的投资，其与被告间的资金往来符合“毕洛士”的投资方法与特点，故原、被告不存在委托理财法律关系。

二审中李某霞对被上诉人白某举证的微信截图、照片、证人证言的证明效力提出质疑。本案中，被告举证的所有微信截图都可在手机中浏览，被告当庭提交了纸质版截图，并向法庭提交手机以供核对，原告李某霞亦认可微信截图中的聊天用户是其本人微信，故一审对于微信截图证据均予以采信并作为定案依据。且本案中，除微信截图外，还有证人证言、照片、双方银行交易流水等多项证据，上述证据可以互相对照、互为印证，形成完整的证据链。故二审中上诉人李某霞的上诉意见未得到支持。

2017年6月27日《中华人民共和国民事诉讼法》修改后，第六十三条规定："证据包括：……（五）电子数据……"随着信息化浪潮对日常生活的影响与介入，旧有的生活方式发生改变，大量的民事活动及民事交往皆通过手机、电脑等通信设备发生，微信程序具有广大受众，微信聊天记录、微信转账记录等能够反映出民事活动的基本情况，具备证明能力，微信程序中记载的数据应认定为电子数据，应属于证据的合法种类。但与书证相比，电子数据具有不稳定性、虚拟性的特点，可能被篡改，也需要核实相关方与案件中当事人的对应关系。笔者认为，通过庭审现场查验手机、浏览电子信息并当庭质证等方式，可以对大部分电子数据的真实性、关联性做出判断。因此，对于未经篡改、可以核实用户身份、可以重复浏览的电子数据，审判实践中应赋予其证明效力。

编写人：新疆维吾尔自治区乌鲁木齐市米东区人民法院　刘燕

十二、居间合同

47

中介服务企业以格式条款方式免除其诚信履责义务的应认定为无效

——江苏省无锡市如家房地产经纪咨询有限公司诉陈某娟居间合同案

【案件基本信息】

1. 裁判书字号

江苏省无锡市中级人民法院（2018）苏02民终4580号民事判决书

2. 案由：居间合同纠纷

3. 当事人

原告（被上诉人）：无锡市如家房地产经纪咨询有限公司（以下简称如家公司）

被告（上诉人）：陈某娟

【基本案情】

2017年11月12日，如家公司（中介方）与陈某娟（乙方）、邹某（甲方）签订一份房屋买卖合同，约定：陈某娟向邹某购买房屋一套，应于2017年11月13日前支付定金2万元；并于2017年12月25日前支付购房款68万元；余款39万元由陈某娟办理贷款，待他项权证下发3个工作日内支付。在中介方提供的合同格式文本标有“任何一方拒绝履行合同或者解除合同，均由违约方向另一方支付本合同中约定的房屋实际成交价格的20%作为违约金，以及赔偿如家公司房屋实际成交价格3%的信息服务费”等内容。陈某娟认为其签字的前提是如家公司承诺将其名下泰隆名居房屋出售，因如家公司未在承诺的一周内将该房屋出售，致其无条件继续履行合同。

另查明：陈某娟的户籍于2018年6月26日从江苏省建湖县九龙口镇亥河村一组99号迁入无锡市梁溪区泰隆名居。陈某娟与其丈夫2010年8月4日起共有无锡市梁溪区泰隆名居房产一套。2017年9月25日，无锡市人民政府发布《关于加强房地产市场调控的补充意见》，其中明确规定："……继续暂停向已拥有1套及以上住房的非本市户籍居民家庭出售新建商品房和二手住房。"

【案件焦点】

陈某娟是否需要向如家公司支付合同载明房屋实际成交价格3%，即32700元的信息服务费。

【法院裁判要旨】

江苏省无锡市梁溪区人民法院经审理认为：当事人应当按照约定全面履行自己的义务。当事人一方不履行合同义务或者履行合同义务不符合约定的，应当承担继续履行、采取补救措施或者赔偿损失等违约责任。居间合同是居间人向委托人报告订立合同的机会或者提供订立合同的媒介服务，委托人支付报酬的合同。本案中，陈某娟未按买卖合同约定履行购房义务系违约，应当按照合同约定向如家公司赔偿信息服务费32700元。陈某娟的抗辩意见无事实和法律依据，不予采信。陈某娟应当负担本案的诉讼费用。

江苏省无锡市梁溪区人民法院依照《中华人民共和国合同法》第六十条、第一百零七条、第一百一十四条、第四百二十四条，《中华人民共和国民事诉讼法》第六十四条第一款规定，判决：

一、陈某娟应于判决发生法律效力之日起十日内向如家公司支付32700元；

二、如果未按本判决指定的期间履行给付金钱义务，应当依照《中华人民共和国民事诉讼法》第二百五十三条之规定，加倍支付迟延履行期间的债务利息。

陈某娟提起上诉，请求撤销原审判决，依法驳回如家公司的诉讼请求。基于的事实和理由是：1. 因如家公司承诺一周内为其出售在无锡市泰隆名居的现有住房，其才签订了案涉的《房屋买卖合同》；2. 其系外地来锡人员，受无锡市房屋限购政策的约束，故案涉的《房屋买卖合同》系无效合同；3. 合同未交定金，应当认定为合同未成立；4. 如家公司并未提供任何有效服务，合同载明的信息服务费收取标准明显不合理。

江苏省无锡市中级人民法院经审理认为：如家公司虽然从形式上已经促成陈某娟与邹某签订了涉案《房屋买卖合同》，但因如家公司存在重大责任导致该合同不能履行。因此，如家公司主张陈某娟应当支付合同载明的房屋实际成交价格3%即32700元信息服务费，法院不予支持。

首先，根据《中华人民共和国合同法》的有关规定，采用格式条款订立合同的，提供格式条款的一方应当遵循公平原则确定当事人之间的权利和义务，并采取合理的方式提请对方注意免除或者限制其责任的条款，按照对方的要求，对该条款予以说明。提供格式条款一方免除其责任、加重对方责任、排除对方主要权利的，该条款无效。本案中，案涉《房屋买卖合同》载明：任何一方拒绝履行合同或者解除合同……均由违约方赔偿如家公司房屋实际成交价格3%的信息服务费……从形式上看，该条款系如家公司事先印制，属于格式条款，且证人陈甲当庭表示签约当时并未向陈某娟作特别提示。从内容上看，该条款实质是不论如家公司的房屋居间行为是否最终促成交易完成甚至合同是否具有履行之可能性，均有权收取房屋实际成交价格3%的信息服务费，该条款存在免除如家公司责任、加重陈某娟责任，排除陈某娟主要权利的情形。法院认为，该格式条款应当根据合同的订立及后续履行情况综合判定其效力。

其次，如家公司系从事房屋居间活动的专业中介机构，在居间活动过程中应当依照诚实信用原则，对委托人尽到勤勉、谨慎的调查和审核义务，全面客观真实介绍房屋交易流程的规范和可能存在的风险，促使买卖双方在意思表示真实、一致的条件下签订合同，承担相应的交易安全保障义务和责任。

本案中，陈某娟作为外籍来锡人员虽表示为改善居住条件，准备出售其在锡名下现有房屋后重新购买一套住房，但是根据无锡市人民政府出台的房屋限购政策，陈某娟在签约当时如不将在锡的现有房屋先行出售，即不具备在锡继续购房的资格和购买能力。如家公司明知该情形，仍继续提供居间服务并促使陈某娟与案外人邹某签订案涉《房屋买卖合同》。即使陈某娟并未违约，根据现有政策限制，案涉房屋仍然无法完成过户手续，房屋买卖合同亦将无法得到实际履行。

最后，如家公司仅仅为了促成陈某娟与邹某签订案涉《房屋买卖合同》，并未充分考虑到合同履行的可能性，证明其并未尽到交易安全保障义务和责任，对合同不能履行负有重大责任，且该操作方式不利于房屋中介市场的健康发展。

如家公司通过居间行为虽然促成了陈某娟与邹某之间签订《房屋买卖合同》，但该合同的上述格式条款免除了己方的主要责任，加重了陈某娟的违约责任，应当认定该格式条款无效。陈某娟虽因合同不能履行而构成违约，但对该合同不能履行负有重大责任的如家公司不能因此从中获得报酬。上诉人陈某娟请求驳回如家公司诉讼请求的上诉意见，法院予以支持。原判决适用法律错误，依法应予改判。江苏省无锡市中级人民法院依照《中华人民共和国合同法》第六条、第三十九条、第四十条、第一百二十条，《中华人民共和国民事诉讼法》第一百七十条第一款第二项的规定，判决：

一、撤销无锡市梁溪区人民法院（2018）苏0213民初5207号民事判决；

二、驳回如家公司的全部诉讼请求。

【法官后语】

中介机构在居间服务中负有更高的注意义务。案涉房屋买卖合同签订时，陈某娟不是无锡市户籍居民，属于限购政策关于限制非无锡市户籍居民购买住房的情形。如家公司作为专业的居间机构，在提供居间服务时，应对购房人的身份和购房资格尽到审核义务。虽然陈某娟作为完全民事行为能力人，应当知道限购政策对其自身购房的影响，应对购买涉案房屋负有谨慎注意义务，但房屋中介公司作为提供房屋买卖中介服务的专业性机构，对交易各环节、风险和交易相关资源都更为了解，在居间服务中负有更高的注意义务，也有能力采取更加规范和严谨的履行方式。故本案中，如家公司明知买卖双方的交易存在重大履行障碍的情形下，不但未作风险提示，还积极促成双方订立买卖合同，显然有违诚实信用原则。

中介公司在其提供的格式合同中设定不管合同是否履行均应当收取高额中介费用，该条款因排除中介服务企业主要义务，应认定为格式条款。格式条款的效力认定是审判实践中一个比较疑难复杂的问题，既涉及处于市场弱势地位的交易主体的权利保障问题，也蕴含着大量的行业利益诉求及行政管理规范等多方面因素。我们在审理中应当掌握基本的方式方法如下：第一，本案争议条款的内容（包括所指向条件及符合条件的法律后果）具体、明确，应当从《中华人民共和国合同法》对格式条款的双重审查出发，厘定区分诉争格式条款系根本免责条款还是相对免责条款。如系前者，则一般认定为无效；而后者因未尽到提示说明义务而无效。第二，需要从格式条款的具体内容与法律、行政法规或者其他合理必要的管理性规定进行比对，格式条款强调合法性、合规性要求的，应当适当降低提请注意义务履行的要求；反之，如系强调免除自身责任、义务的，则应当相适应地提高提请注意义务履行的要求。

编写人：江苏省无锡市中级人民法院　徐振华　韦苇

48

居间报酬的认定规则

——杭州瑞肯投资咨询有限公司诉吴某宇居间合同案

【案件基本信息】

1. 裁判书字号

浙江省杭州市中级人民法院（2018）浙01民终2910号民事判决书

2. 案由：居间合同纠纷

3. 当事人

原告（上诉人）：杭州瑞肯投资咨询有限公司（以下简称瑞肯公司）

被告（被上诉人）：吴某宇

【基本案情】

2016年4月18日，吴某宇委托瑞肯公司为其提供合适的工业地产信息，双方签订《委托协议及带看确认书》，约定如吴某宇与瑞肯公司提供的客户达成交易意向（包括但不限于买卖、租赁、股权转让等方式），则吴某宇应按照成交金额的1%向瑞肯公司支付服务信息费；并且吴某宇不得跳过瑞肯公司私下与客户进行交易，否则视为违约，吴某宇除向其支付服务信息费外，还应按照前述服务费支付违约金。当日，瑞肯公司为吴某宇提供带看服务，前往万里公司位于杭州市萧山区新塘街道双塘路的厂区进行实地察看，确认带看价格 1860 万元。之后，瑞肯公司未参与交易双方的后续谈判。2016 年 7 月 11 日，万里公司股东将 100% 股权转让给吴某宇和案外人，股权转让交易价格 1920 万元。

瑞肯公司认为通过其提供的居间服务，吴某宇及万里公司均表现出明显的交易意向，并确定价格 1860 万元。吴某宇为达到不支付服务信息费的目的，故意跳开瑞肯公司，私下与万里公司达成土地、厂房的交易，违反诚实信用原则，严重损害了其利益，为此诉至法院，请求判令：1. 吴某宇支付瑞肯公司服务信息费 186000 元；2. 吴某宇支付瑞肯公司违约金 186000 元。

【案件焦点】

居间报酬如何认定。

【法院裁判要旨】

浙江省杭州市萧山区人民法院经审理认为：瑞肯公司与吴某宇订立的《委托协议及带看确认书》符合居间合同的法律特征，未违反国家法律、行政法规的强制性规定，应确认为有效。依据协议内容，吴某宇实际已经利用了瑞肯公司提供的房产信息、机会等条件，且瑞肯公司在交易双方之间起到了介绍、协助作用，应认定瑞肯公司提供了居间服务的部分义务。居间人不仅要提供房源信息，促成交易双方达成一致对价也是居间服务的主要环节，而不是只要居间人提供信息，无论交易双方成交与否，均可获取报酬。根据查明的事实，吴某宇受让万里公司股权的时间，在瑞肯公司参与谈判促成初步交易意向的另一客户之后，实际成交价超过带看价格，说明吴某宇最终受让股权系交易双方自行谈判的结果，印证并非瑞肯公司全程提供居间谈判，据此认定瑞肯公司提供居间服务存在一定的瑕疵。从成交方式上看，吴某宇作为受让股东直接出面签署股权转让协议，说明其没有跳单的恶意，不符合合同约定的违约情形。综上所述，法院结合瑞肯公司提供居间服务的实际情况，酌情降低费率，以 1860 万元约定对价的 0.3% 计算报酬。

杭州市萧山区人民法院依照《中华人民共和国合同法》第一百零七条、第一百一十一条、第四百二十四条、第四百二十六条第一款之规定，判决：

一、吴某宇在判决生效之日起十日内支付瑞肯公司信息服务费 55800 元；

二、驳回瑞肯公司的其余诉讼请求。

一审宣判后，瑞肯公司不服，提起上诉。浙江省杭州市中级人民法院同意一审法院裁判意见，判决：

驳回上诉，维持原判。

【法官后语】

本案中，原、被告订立的《委托协议及带看确认书》符合居间合同的法律特征，案件争议焦点实质为居间报酬如何认定。我国对居间人报酬和费用的规定于《中华人民共和国合同法》第四百二十六条、第四百二十七条，规定居间人只有促成合同成立，才可以向委托人要求支付居间报酬，居间人未促成合同成立的，不得要求支付报酬，但可以要求委托人支付从事居间活动支出的必要费用。具体来看，居间人要取得事实上的报酬，需要同时具备两个条件：一是促成合同成立，二是合同的成立与居间人的介绍有因果关系。这也构成判断居间事项是否达成、居间人能否获得报酬以及委托人是否跳单的最重要依据。

居间成功的两个条件同时具备，居间人即有权根据合同约定获得居间报酬，但能否完整获得居间报酬仍不可一概而论，应根据居间人在居间活动中发挥的具体作用进行考量。居间人的基本义务有多项，一般认为主要包括：报告订约机会或媒介订约的义务、如实报告义务、尽力义务、负担居间活动费用的义务。居间人并非只要提供信息，促成合同成立就可以全额获取报酬，应根据其在居间合同履行过程中是否完整完成居间合同规定的全部义务予以判断，特别是在约定不明确时应当以居间人是否尽到尽力义务来确定其居间报酬。

居间人的尽力义务，也被称为勤勉义务，是指居间人应当根据居间合同的约定，尽力为委托人报告订立合同的机会或者提供订立合同的媒介服务。《中华人民共和国合同法》没有对居间人的尽力义务作出明确规定，但是依据诚实信用原则和公平原则，居间人应当负有尽力义务，应尽力地促成交易，从而获取对应的居间报酬。判断居间人是否达到“尽力”标准，一是应当审查合同是否明确约定居间人义务以及居间人在居间过程中的履行情况，这也是严格履行合同的基本要求；二是在合同约定不明的情况下，看是否能够从已有的约定推导出居间人应具有尽力义务。如果居间人的义务并不限于向委托人报告订立合同的机会一项，则居间人应尽力促进将来可能订约的当事人双方达成合意，排除双方所持的不同意见，并依照约定准备合同，对相对人与委托人之间所存障碍加以说合和克服，尽到尽力义务。而如果提供居间信息的行为对居间事项的达成仅仅在逻辑上是发生居间成功的条件之一，且并非主要的原因力，则属于在事实关联上对居间结果具有因果关系，并不具备相当性，属于居间服务存在瑕疵，此时要求委托人全额支付居间人居间报酬，对双方的权利义务来说是有失公平的。诚然居间报酬的确定包括三种方式：合同中确定的报酬、对居间人的报酬没有约定或者约定不明确，均依照《中华人民共和国合同法》第六十一条的规定确定和根据居间人的劳务合理确定。无论以何种方式确定报酬，都应当将居间报酬和居间人义务进行具体联系，对合同的履行情况予以全面考察。从法律效果上看，如将居间人的义务局限于提供信息，必然会导致居间人只重视交易信息的发布，忽视交易双方达成一致对价等服务环节，甚至可能出现居间人任意发布信息后以“跳单”为由进行滥诉的现象。因此，在审理中遇到居间服务瑕疵的，委托方以此要求减免居间费用的，法院可结合居间人提供居间服务的实际情况，酌情确定居间报酬。

编写人：浙江省杭州市萧山区人民法院　胡乐铭

49

主要条款缺乏约定可视为专业居间方不适当履行

——北京我爱我家房地产经纪有限公司诉任某强居间合同案

【案件基本信息】

1. 裁判书字号

北京市第三中级人民法院（2018）京03民终2207号民事判决书

2. 案由：居间合同纠纷

3. 当事人

原告（上诉人）：北京我爱我家房地产经纪有限公司（以下简称我爱我家公司）

被告（被上诉人）：任某强

【基本案情】

经我爱我家公司居间，2016年8月21日，案外人张某伟（卖方）作为甲方、被告任某强（买方）作为乙方、原告我爱我家公司作为丙方（注明经纪人为郭某亮、王某奎）签订《居间服务合同》，约定：在丙方居间服务下，甲乙双方于2016年8月签订了编号为M16××××28的《北京市存量房屋买卖合同》，涉及房屋地址为朝阳区东坝南一街2号院10号楼5层1单元××号。根据《居间服务合同》第三条的规定，被告任某强应于《房屋买卖合同》签订当日向原告我爱我家公司支付居间费11万元。合同第四条“权利义务”约定：“1. 丙方应为甲乙双方提供订立买卖合同的信息和机会，丙方有权接受甲方售房委托，丙方有权接受乙方委托购买房屋并带看房屋，协助甲乙双方订立买卖交易合同；2. 丙方在提供居间服务过程中如实向乙方陈述其从甲方处所获知的关于交易房屋的相关信息，不得有故意隐瞒和误导，但基于丙方为民事主体，对于交易房屋及交易对象的资质情况，丙方只能进行形式审查，仅根据从业经验进行判断与预测，并不对交易房屋及交易对象资质的真实性承担责任，有关交易房屋的实际情况，以房屋登记主管机关作出的书面文件为准，甲乙双方需按照丙方的要求进行相关查验，有关交易对象的资质及资信能力，有赖于甲乙双方自行判断，丙方不对交易任何一方的资信及资质承担任何责任；3. 甲乙双方有如实向丙方及交易办理机关提供房屋交易资料的义务，丙方有审查双方提供资料的义务，但丙方该审查义务仅限于形式审查，提供资料方应对资料的真实及有效性负责，丙方不对该等资料的真实及有效性承担任何责任；4. 甲乙双方共同授权丙方办理房源核验、购房资质核验、网签及注销手续、资金监管、资金存管、物业交验等手续，甲乙双方在履约过程中对授权事项提出中止或终止，需向丙方出具书面告知书，且因此导致丙方不能履行授权事项的，丙方不承担任何责任；5. 甲乙双方认可网签合同价格以《房屋买卖合同》成交价为准，甲乙双方另有约定的，需签署书面补充协议，并自行承担相关法律责任。”

合同第五条“违约责任”第一款约定：“甲乙双方利用丙方所提供信息、条件、机会等，私自或另行通过其他居间方签署《房屋买卖合同》，甲乙双方除应向丙方支付本合同约定的全部居间费用外，还应当分别向丙方承担居间服务费20%的违约责任。”第二款约定：“甲乙双方或一方延迟向丙方支付本合同约定的居间服务费，该延迟方除应向丙方支付居间服务费外，每逾期一日按未付款的1%的标准向丙方支付延迟违约金；延迟超过5个工作日的，丙方有权暂停办理该房屋买卖合同约定的后续协助事项，并不承担因此导致的任何责任，上述责任及交易中已经发生的费用由延迟向丙方支付费用的一方承担”；第三款约定：“甲、乙任何一方违反本合同第四条或《房屋买卖合同》的约定，导致丙方不能继续协助其办理买卖交易后续事项的，丙方不承担责任，且丙方有权收取本合同约定的居间服务费和交易中已经发生的费用，如已交付的，丙方无须退还，如支付居间服务费方为守约方，支付方可向违约方追偿该费用，如未交付的，丙方有权通过包括但不限于法律途径催促支付义务方支付居间服务费。”

2016年8月21日，张某伟作为甲方与乙方（被告）签订《北京市存量房屋买卖合同（经纪成交版）》，约定：甲方向乙方出售位于北京市朝阳区东坝南一街2号院10号楼5层1单元××号房屋，房屋成交总价为556万元。双方于同日另签订《补充协议》，但对房屋解押、购房资质审核、网签、银行面签等履行期限均缺乏具体明确的约定。

《居间服务合同》签订后，被告未支付居间服务费。原告认为被告应按照《居间服务合同》第三条第二款约定向居间方支付居间费，但其不支付居间费的行为已经构成违约，损害了原告的合法利益，特向法院提出诉讼请求：1. 判令被告支付居间费11万元；2. 判令被告支付原告逾期违约金（以11万元为基数，自2016年9月1日起至被告实际交付日止，按照每日百分之一的标准）。被告任某强则认为：1. 原告作为专业的居间服务机构，在促成被告与房屋出卖人张某伟履行《房屋买卖合同》中存在重大过失，并没有很好地提供居间服务，致使被告房屋买卖合同目的未能实现。2. 原、被告及案外人张某伟于2016年8月21日签订的《居间服务合同》，原告作为丙方，其指定经纪人为郭某亮、王某奎，但是原告在整个居间服务过程中从未见过这两个人，合同上署名也并非二人亲笔签字。3. 原告作为房地产经纪公司，作为提供格式合同的一方，在签订合同时并没有采取合理的方式，如以加重、突出字体等方式来提醒被告注意该条款，同时原告并没有约定其应当承担的违约责任，所以权利不对等，按照我国法律规定，应当认定该条款无效。4. 按照《居间服务合同》第五条第三款约定，合同违约方才有义务支付居间服务费。如今房屋买卖双方最终谁构成违约还尚未判决审结，原告无权要求被告支付居间服务费。根据该条款约定以及节省诉讼资源的原则，原告应当在被告与案外人张某伟的房屋买卖合同纠纷审理判决后再主张权利。

【案件焦点】

1.《居间服务合同》第五条“违约责任”的效力问题；2.《居间服务合同》是否必须由合同注明的经纪人处理；3. 原告是否履行了合格的居间义务。

【法院裁判要旨】

北京市朝阳区人民法院经审理认为：本案是居间合同纠纷。关于《居间服务合同》第五条“违约责任”的效力问题，被告认为该条款系格式条款，没有加重和提示，且没有约定原告的违约责任，权利不对等，应认定为无效。法院经审理认为，争议条款系就违约责任进行约定，从整个合同约定来看，并未免除原告的责任，加重被告责任或排除被告的主要合同权利，虽然该条款中并未约定原告方的违约责任，但亦不影响被告在原告违约的情况下根据法律规定向其主张违约责任的权利。综上，法院认为《居间服务合同》系原、被告与案外人张某伟各方真实意思表示，内容合法有效，各方均应依约履行。《居间服务合同》第五条“违约责任”系有效的。

根据《居间服务合同》约定，原告负有协助双方订立房屋买卖交易合同的义务。审理过程中，被告任某强提供2016年9月16日被告及其前妻与张某伟、原告工作人员魏某凯协商房屋买卖合同履行事宜的录音，欲证明原告工作人员魏某凯承诺三方签订补充协议，但没有做到，且张某伟在签约前完全不懂流程并想要解约。原告认为，补充协议并非原告一方可以签订的，而是三方协商签订的，认可张某伟在签订合同第二天有解约的意向，但后期也是一直在协调中，并不存在原告未向张某伟告知流程的事实，后被告与张某伟就履行合同发生争议难以协商。2016年11月7日，被告将张某伟诉至法院要求解除房屋买卖合同。张某伟在庭审中同意解除合同。被告另提交其与张某伟于2016年8月21日签订的《装修款补充协议》，约定合同价格为393万元。被告另提交北京市住房和城乡建设委员会、北京市财政局、北京市地方税服务联合下发的《关于调整本市享受税收优惠政策普通住房平均交易价格有关问题的通知》，显示2014年本市享受税收优惠政策的普通住房价格，5环至6环单价为31680元以下，总价3744000元以下。被告欲证明由于原告工作人员魏某凯的失误，使得涉案房屋买卖高于优惠价格，使得被告增加了11万多元的税费。

作为专业的房地产经纪公司，原告不应仅仅给双方提供缔结合同的机会，理应在合同履行的重要条款上向双方提出合理建议，就履行价款和履行期限等重要事项予以明确。关于原告是否提供了合格的居间服务的争议，从被告与张某伟已签订的房屋买卖合同及补充协议来看，对房屋解押、购房资质审核、网签、银行面签等重要履行期限均缺乏具体明确的约定，为双方后续履行合同造成很大障碍，买卖双方因此无法履行合同义务。从原告工作人员魏某凯与原告前妻之间的对话来看，原告承诺被告需要签订补充协议，但实际未能签订。此外，根据张某伟的陈述，其称在签约前完全不懂流程，亦反映原告在提供居间服务时存在瑕疵。综上，原告承诺为双方签订补充协议，对合同履行事项进一步明确，但实际未能签订，应视为原告承诺的居间义务并未完成。

关于涉案《居间服务合同》是否必须由合同注明的经纪人处理的争议。首先，该合同中并未明确约定，故根据合同不能看出被告对于经纪人员有特殊的要求；其次，在《居间服务合同》上签字的行为是否意味着实际处理合同相关事宜，并无明确法律法规规定；再次，为被告及案外人张某伟提供居间服务的主体是原告，而非原告的工作人员；最后，关于魏某凯是否具有经纪人员从业资质。原告提交魏某凯执业资格证照片三张，上加盖北京市人力资源和社会保障局与北京市住房和城乡建设委员会公章。被告称对其真实性无法核实。法院认为，被告如对魏某凯的从业资格持有异议，应到相关主管部门核实，现其未能提供反证，法院认定魏某凯具有相关从业资质。综上，原告方实际处理居间事宜的工作人员魏某凯具备从业资格，可以代表原告从事职务行为，为被告任某强及案外人张某伟提供居间服务。

虽然《居间服务合同》第五条“违约责任”系有效的，但原告并未提供合格的居间服务，且现房屋买卖双方因无法继续履行合同均同意解除合同，故法院对原告主张居间费及违约金的诉讼请求均不予支持。

北京市朝阳区人民法院依照《中华人民共和国合同法》第四百二十七条之规定，判决：

驳回原告我爱我家公司的全部诉讼请求。

原告不服一审判决，提起上诉。北京市第三中级人民法院同意一审法院裁判意见，判决：

驳回上诉，维持原判。

【法官后语】

居间合同是指居间人向委托人报告订立合同的机会或者提供订立合同的媒介服务，委托人支付报酬的合同。在民法理论上，居间合同又称为中介合同或者中介服务合同。从居间合同的定义来看，其具有有偿、诺成、不要式合同的特征。在二手房交易中，大部分交易合同（买卖和租赁合同）是通过房地产经纪机构居间促成签订的，由此引发了大量追索居间报酬、必要费用等居间合同纠纷案件。在此类型纠纷中，一般情况下，居间人是作为原告参加诉讼，而被告通常是委托人，本案即此种情形的纠纷。在此类纠纷中，居间人是否适当履行居间义务，是居间人行使报酬请求权和居间费用偿还请求权的基础。由于促成合同订立系居间人的主要义务，故居间义务是否适当履行，应当结合居间人所促成的合同条款来判断。

一、合同条款分为一般条款和主要条款（又称为必要条款）

合同的主要条款是指合同中必须具备的条款。合同的一般条款是指除合同主要条款外的条款。当事人对主要条款达成协议的，合同即视为成立，反之则合同不成立。《中华人民共和国合同法》第十二条对合同的条款进行了规定：合同的内容由当事人约定，一般包括以下条款：（一）当事人的名称或者姓名和住所；（二）标的；（三）数量；（四）质量；（五）价款或者报酬；（六）履行期限、地点和方式；（七）违约责任；（八）解决争议的方法。但是对于某一特定合同而言，并非都是主要条款。合同的主要条款可以通过如下方式判定：1. 当法律直接规定某种特定合同应当具备某些条款时，这些条款就是主要条款。例如，《中华人民共和国合同法》中第一百九十七条第二款规定借款合同应有借款币种，该条款即为合同的主要条款。2. 由合同的类型和性质所决定。按照合同的性质和类型应当具备的条款就是合同的主要条款。例如，价款条款是买卖合同的主要条款，但是并非赠与合同的主要条款。3. 由当事人约定产生。例如，买卖合同中关于交货地点的条款，如一方提出必须就该条款达成协议，它就是主要条款。

二、在本案房屋买卖合同中，关于房屋解除抵押、购房资质审核、网签、银行面签等合同履行流程及环节的时间节点及履行期限的约定应认定为主要条款

中华人民共和国建设部2001年出台了《商品房销售管理办法》，其中第十六条针对商品房买卖合同应当明确的主要内容作出如下规定：“商品房销售时，房地产开发企业和买受人应当订立书面商品房买卖合同。商品房买卖合同应当明确以下主

要内容：（一）当事人名称或者姓名和住所；（二）商品房基本状况；（三）商品房的销售方式；（四）商品房价款的确定方式及总价款、付款方式、付款时间；（五）交付使用条件及日期；（六）装饰、设备标准承诺；（七）供水、供电、供热、燃气、通讯、道路、绿化等配套基础设施和公共设施的交付承诺和有关权益、责任；（八）公共配套建筑的产权归属；（九）面积差异的处理方式；（十）办理产权登记有关事宜；（十一）解决争议的方法；（十二）违约责任；（十三）双方约定的其他事项。”在房屋买卖合同中，无论是因为买卖手续的复杂性，还是因为个人认知上的偏差，均会使得买卖合同双方对合同的内容产生纠纷和争议。房屋买卖交易实践中，由于行政管理或贷款办理等流程的需要，合同的履行往往涉及第三方，买卖各方很容易在解除抵押、申请银行贷款、办理网签、税费缴纳等环节引发纠纷，上述环节的约定直接关系到购房款的支付和房屋过户，影响买卖双方合同目的的实现，如果在上述环节缺乏明确具体的约定，房屋买卖合同将很难继续履行，因此，应当认为上述合同条款为房屋买卖合同中的主要条款。

三、专业居间人和一般社会公众对合同条款重要性的认知应有所区别

居间人又称经纪人，是指居间合同中为委托人提供订约机会或充当订约媒介的当事人。房屋中介是提供房地产评估、经纪、咨询等服务的经工商登记经营中介服务的机构。原告作为一家专业的房屋中介公司，与普通人士对于房屋买卖合同和相关手续的认知是不一样的。房屋中介在提供居间服务的时候应该提供与订立合同有关的真实情况，应当向委托人披露房屋的权属情况；房屋的抵押、典当等权利限制信息；预告登记、异议登记等登记信息；出售人、买受人不能故意隐瞒重要事实或提供虚假情况。上述义务均是专业居间人应该知道并且应该履行的。只有专业居间人认真履行上述义务，才能保证普通人士在买卖合同的签订和履行过程中的顺利进行，最终保障合同目的的实现。因此，基于居间人的专业能力，其在审查合同条款时理应尽到高于一般社会公众的注意义务，对于其促成的房屋买卖合同中的重要条款缺失应当承担相应责任。

具体到本案，原告作为涉案房屋买卖交易居间方，同时作为提供房屋买卖居间服务的专业性机构，其应该提供居间服务的内容不仅包括为双方提供缔约机会，还应在合同约定中涉及履行的重要条款上给予交易双方以合理建议和意见，就合同履行重要环节及时间节点期限等方面予以明确。但是从本案被告与张某伟已签订的房

屋买卖合同中，可以看出合同中对房屋解押、购房资质审核、网签、银行面签等重要履行期限均缺乏具体明确的约定，并未约定《中华人民共和国合同法》中第十二条第六项和《商品房销售管理办法》中第十六条第四项、第五项的相关内容。在房屋买卖合同中，房屋解除抵押、购房资质审核、网签、银行面签等合同履行重要流程及环节的时间节点及履行期限这些内容，均对合约的履行和房屋的交付有着至关重要的意义，属于合同的主要条款，甚至是合同的重要条款。而这些重要条款的缺乏约定，会为买卖合同双方的后续履行造成很大障碍，当事人通常也难以在相关履行环节上协商一致。综上，我们认为，主要条款缺乏约定可视为专业居间方不适格履行，在此情况下，居间方请求居间费用和违约金可不予支持。

编写人：北京市朝阳区人民法院　马悦

50

“跳单”违约行为的认定标准

——北京链家房地产经纪有限公司诉刘某、平某帆居间合同案

【案件基本信息】

1. 裁判书字号

北京市第一中级人民法院（2018）京01民终440号民事判决书

2. 案由：居间合同纠纷

3. 当事人

原告（上诉人）：北京链家房地产经纪有限公司（以下简称链家公司）

被告（上诉人）：刘某

被告（被上诉人）：平某帆

【基本案情】

2017年2月26日，经链家公司居间，马某芳（甲方）与刘某（乙方）签订了《北京市存量房屋买卖合同（经纪成交版）》（以下简称《买卖合同》）、《居间服务

合同》。同日，马某芳（甲方）、刘某（乙方）、北京方源房地产咨询服务有限公司（以下简称方源公司）（丙方）签订了《房屋交易保障服务合同》。2017 年 2 月 28 日，上述各方约定原《买卖合同》的房屋购买方变更为刘某及平某帆。其他事宜均按原协议约定继续履行。后刘某、平某帆向链家公司支付居间服务费及保障服务费。

2017 年 3 月 5 日，马某芳（甲方）、刘某和平某帆（乙方）与链家公司（丙方）共同签订《解约协议书》，约定：甲乙丙三方经协商一致同意，三方此前分别或共同签署的所有关于涉案房屋的买卖、代理及相关协议均告解除；丙方退还已经收取的居间代理费和保障服务费 92000 元；（第六条）甲、乙双方及其利害关系人自本协议生效之日起一年内不得以任何形式或通过任何渠道就上述房屋达成交易，甲、乙双方及其利害关系人违反本条约定的，相关方应向丙方全额返还其已退还的代理费。

2017 年 4 月 21 日，刘某、平某帆未通过链家公司居间服务，自马某芳处购买了涉案房屋。房屋相关过户手续均由刘某、平某帆及马某芳自行办理。另查明，刘某与平某帆于 2017 年 3 月 21 日办理结婚登记。

马某芳（甲方）、刘某（乙方）与链家公司（丙方）签订的《居间服务合同》第三条第二款约定："丙方应遵守相关法律规定，尽职提供居间服务；丙方不得在交易中提供虚假信息或故意隐瞒真实情况；甲、乙双方授权丙方办理网上签约手续。"2017 年 3 月 25 日，刘某、马某芳和兴宸公司签订了《居间服务合同》，购买了涉案房屋，刘某向兴宸公司支付了 47000 元服务代理费。

【案件焦点】

刘某、平某帆在与链家公司就涉案房屋签订《解约协议书》后，又再次购买的行为是否构成"跳单"。

【法院裁判要旨】

北京市石景山区人民法院经审理认为：依法成立的合同，对当事人具有法律约束力，当事人应当按照约定履行自己的义务。马某芳与刘某、平某帆之间签订的《北京市存量房屋买卖合同（经纪成交版）》《补充协议》《变更协议书》及链家公司与马某芳、刘某、平某帆之间签订的《居间服务合同》《解约协议书》均系合同各方真实意思表示，内容未违反法律规定，各方当事人均应按照合同约定履行自己的义务。

本案中，链家公司为马某芳和刘某、平某帆提供了订立合同的媒介服务并且组织双方签订了《买卖合同》，虽然此各方共同协商解除了《买卖合同》及《居间服务合同》，但此后刘某、平某帆自马某芳处购得了同一套房屋，在客观上利用了链家公司提供的房屋信息，亦违反了三方在《解约协议书》中的约定，故链家公司为刘某、平某帆提供了订立合同的机会，刘某、平某帆应当向链家公司支付居间服务费。刘某、平某帆辩称签署《解约协议书》时未看到第六条，且第六条之约定系不合法的，对此，法院认为，《解约协议书》中第六条已经字体加黑加粗处理，且该约定的内容属于房屋买卖居间合同中常有的禁止"跳单"条款，其本意是为防止买卖双方利用中介公司提供的房源信息却"跳"过中介公司购买房屋，从而使中介公司无法得到应得的佣金，仅系居间方保护自己合法利益的约定，并不存在加重对方责任、排除对方主要权利的情形，未违反公平原则，应认定有效。故对于刘某、平某帆的该项答辩意见，法院不予采纳。

关于应返还居间服务费的金额一节，首先，保障服务费应由方源公司收取；其次，根据链家公司与刘某、平某帆签订的《居间服务合同》，居间服务费的确定综合考虑了涉案房屋需要贷款、房款分多次支付等复杂事宜或手续的办理，且链家公司并未为刘某、平某帆办理其他协助贷款、过户等相关手续，故根据公平原则，法院酌情确定刘某、平某帆向链家公司支付居间费 4 万元。北京市石景山区人民法院依照《中华人民共和国合同法》第五条、第八条、第四十条、第九十三条、第四百二十四条，《中华人民共和国民事诉讼法》第一百四十四条规定，缺席判决如下：

一、被告刘某、平某帆于判决生效之日起十日内给付原告链家公司居间服务费 4 万元；

二、驳回原告链家公司的其他诉讼请求。

链家公司、刘某不服原审判决，提起上诉。

北京市第一中级人民法院经审理认为：本案各方当事人争议的焦点问题是刘某、平某帆在与链家公司就涉案房屋签订《解约协议书》后，又再次购买案涉房屋的行为是否构成"跳单"。对此，法院认为，刘某作为买房人通过链家公司的中介服务已经与卖房人签订了涉案房屋的买卖合同，对于涉案房屋的房屋状况以及价格等相关信息已经明晰，虽然刘某在与链家公司签订解约协议后，又通过兴宸公司购买了涉案房屋，并缴纳了 47000 元服务代理费，但该费用明显低于其与链家公司约定的居间费78540元，故应确认刘某、平某帆系利用了链家公司的信息和服务而再次购买了涉案房屋，该行为属于“跳单”。刘某、平某帆的上述行为违背了诚实信用原则，亦违反了其与链家公司签订的《解约协议书》的相关约定，构成违约。因此，对于刘某提出的其再次购房行为属于第二次意思表示，且是通过中介机构完成，并不构成“跳单”的上诉意见因缺乏事实和法律依据，法院不予采信。

对于刘某提出的《解约协议书》第六条的规定应确认无效的上诉意见，法院认为，该“跳单”条款并不涉及损害国家、集体、第三人利益的内容，其约定的目的在于防止购房人的不诚信行为，因此，该约定并不属于《中华人民共和国合同法》中规定的合同无效情形，故该条款属有效条款。链家公司与马某芳、刘某、平某帆签订的《解约协议书》系各方当事人真实意思表示，应确认有效。刘某的该点上诉意见，法院不予采信。

对于链家公司、刘某均提出的刘某应向链家公司支付居间费用过低和过高的问题，法院认为，依据马某芳（甲方）、刘某（乙方）与链家公司（丙方）签订的《居间服务合同》的约定，链家公司的居间服务内容除为买房人提供房源信息、引领买受人实地看房以及协助买卖双方签订《买卖合同》外，还具有为买卖双方办理网上签约等义务，现链家公司并未办理后续的网上签约工作，故一审法院根据公平原则，酌情确定刘某、平某帆向链家公司支付居间费4万元并无不当，链家公司、刘某的该点上诉意见，法院不予采信。

一审判决认定事实清楚，适用法律正确，应予以维持。北京市第一中级人民法院依照《中华人民共和国民事诉讼法》第一百七十条第一款第一项规定，判决：

驳回上诉，维持原判。

【法官后语】

在房地产买卖中，买受人通过房产中介公司的居间介绍找到房源或者出卖人通过中介公司找到买家后，为避免或减少佣金支付义务，而通过其他中介公司或直接跳开房产中介完成交易的行为，俗称“跳单”。“跳单”行为在法律性质上是一种为了规避报酬给付义务而违反合同义务的违约行为，违背了诚实信用原则。随着我国房地产行业的快速发展，房产中介与客户之间的纠纷日渐增加，“跳单”行为时有发生。房产中介公司为了避免“跳单”行为，往往采用格式条款对此进行限制，以保证其居间利益得以实现。在审理中，应当遵循利益平衡原则；一方面，应按照诚实信用原则，适用合同法违约责任制度；另一方面，应避免房产中介公司利用这一规则限制委托方的选择权，造成权利义务的失衡。委托人是否构成“跳单”违约应从以下三个方面进行审查：

第一，是否存在有效的居间合同以及禁止“跳单”的条款。有效的房屋买卖居间合同存在且合同中有明确的禁止“跳单”的约定，共同构成了适用合同法违约责任制度的首要条件。禁止“跳单”条款作为一般格式条款，对其效力不能一概而论，应按照合同无效、可变更、可撤销的具体规定和合同法关于格式条款的特别规定来分析其效力状态。

首先，禁止“跳单”条款通常不涉及损害国家、集体、第三人利益或者公共利益的内容，其订立的目的在于防止委托人不诚信的行为，不属于《中华人民共和国合同法》第五十二条、第五十三条规定的合同无效的情形。其次，假设禁止“跳单”条款约定中介公司带领委托人看房后，委托人不得私下或者通过其他中介机构与卖方交易，否则应支付相当于居间报酬的违约金。如果中介公司仅仅通过带领委托人看房就取得了对委托人选择权的限制权，那么容易造成双方之间利益的失衡，显失公平。在这种情况下，委托人可以根据《中华人民共和国合同法》第五十四条的规定申请变更或者撤销该条款。最后，鉴于禁止“跳单”条款通常是中介公司提供的格式条款，在效力认定时需要审查条款提供方是否具有免除其责任、加重对方责任、排除对方主要权利的情形。

第二，居间人是否履行了居间义务，且居间人的履行行为是否与委托人成功缔约之间具有因果关系，在房屋买卖过程中，特别是二手房买卖交易中，往往涉及银行商业贷款、公积金贷款、解抵押、资金监管、房屋过户、交付等多方面的内容，居间方的义务不仅在于提供缔约信息、缔约机会，更在于提供专业的服务促成买卖交易的成立。因此，审理此类案件除了考虑居间人是否按照合同约定促成双方签订合同以外，还要考虑居间人的审查义务、合同监督义务以及为买卖双方交易完成的资金监管、协议过户等附随义务。在审查居间人是否履行了居间义务时，重点在于审查居间人的履行行为是否促成了委托人与其他中介方或卖方（买方）成功缔约，委托人才构成违约。如果卖方将同一房屋通过多个中介公司挂牌出售时，买方通过其他公众可以获知的正当途径获得相同房源信息的，买方有权选择报价低、服务好的中介公司促成房屋买卖合同成立，其行为并没有利用先前与之签约中介公司的房源信息，则不构成违约。

第三，是否有与出卖方或其他居间人私下交易逃避居间报酬的行为。当委托人受有效禁止“跳单”条款的约束时，只要有与出卖方或其他居间人私下交易逃避居间报酬的行为，即构成“跳单”违约，无须考虑其主观状态。

首先，虽然“跳单”行为在某种程度上体现了委托人的主观态度，但要反过来以此行为来论证委托人的主观恶意比较困难。其次，根据合同法理论，违约责任是无过错责任，即使违约人没有过错，在一定条件下仍可以认定其构成违约，即是否存在恶意都不影响是否违约的事实。再次，在不存在合法有效的禁止“跳单”条款的情况下，委托人本身享有另行委托多个居间人，从中自由选择缔约或取消缔约的自由权利。而在存在合法有效的禁止“跳单”条款的情况下，只要存在委托人绕开居间人与第三方私下交易，逃避居间报酬的“跳单”事实，就可以认定“跳单”违约，主观状态并不是应考察的因素。最后，在“跳单”违约的认定中如果限定委托人主观态度须为恶意，则变相缩小了“跳单”违约的范围，也就意味着实践中仅极小部分委托人恶意“跳单”的行为才纳入“跳单”违约情形中，而将许多实质属于“跳单”违约的行为排除在外。

编写人：北京市第一中级人民法院　习亚伟

51

未订立书面合同但存在事实法律关系的居间报酬如何认定

——江苏诚兆投资有限公司诉北京建谊投资发展（集团）有限公司居间合同案

【案件基本信息】

1. 裁判书字号

北京市第二中级人民法院（2018）京02民终8434号民事判决书

2. 案由：居间合同纠纷

3. 当事人

原告（上诉人）：江苏诚兆投资有限公司（以下简称诚兆公司）

被告（被上诉人）：北京建谊投资发展（集团）有限公司（以下简称建谊公司）

【基本案情】

2015年5月，原告诚兆公司法定代表人陈甲通过朋友介绍结识被告建谊公司法定代表人张某。此后，张某口头委托陈甲寻找上海兴亚广场二期项目的收购方，收购条件为项目转让总价5亿元。接受委托后，原告即向现项目收购方以项目转让总价5.5亿元介绍该项目。2015年9月29日，被告上海分公司总经理陈乙通过电子邮件向原告发送《上海华康房地产有限公司49%股权转让的居间委托协议》，将原、被告双方口头约定的有关项目的转让条件、居间费的计算方式、居间费的支付条件进行确认。原告收到邮件后无异议，继续按约定履行居间义务。2016年4月18日，居间事项完成股权转让。依据约定，被告应当在签署《股权转让协议》，完成工商变更后3个工作日内支付原告固定居间费3000万元及浮动居间费4535000元，而被告经原告多次交涉后分文未付，故原告起诉要求被告支付居间费用。被告认为其与原告没有成立合同关系，请求驳回原告诉求。

【案件焦点】

原、被告双方是否存在居间合同关系。

【法院裁判要旨】

北京市丰台区人民法院经审理认为：

1. 关于双方是否订立了书面合同的问题。《中华人民共和国合同法》第十三条、第十四条、第十五条第一款规定了要约、承诺和要约邀请。本案中，陈乙以建谊公司名义于2015年9月29日通过电子邮件给诚兆公司法定代表人陈甲发送的居间协议最终版，其中合作方式载明：乙方拟居间的土地受让人处空白，“超过2.2亿元”旁边有批注（黄1）：此描述无法体现实际的超出部分甲方如何获得……；该邮件落款处甲乙双方（盖章）、法人代表或授权代表处均为空白；鉴于该邮件以上内容不具体确定，法院认定该邮件法律性质属于要约邀请。此后，陈乙并未作其他说明，陈甲亦未对该邮件进行回复；依据《中华人民共和国合同法》的规定，双方未再进行要约、承诺，法院认定双方未订立书面合同；相应的居间协议最终版的条款不具有法律效力。

2. 关于双方是否存在事实合同关系的问题。《中华人民共和国合同法》第十条第一款规定的当事人订立合同的其他方式是指可以根据当事人的行为或者特定情形而推定成立的合同。本案中，上海香置投资有限公司出具证明材料确认，诚兆公司的陈甲系涉案居间项目的介绍人，并在 2015 年参加了该笔股权收购的商务活动；庭审中，原告提交了陈甲于 2015 年自无锡到北京的登机牌、高铁票及住宿凭证；事实上建谊公司与上海香置投资有限公司亦签订了《股权转让协议》；上述证据形成了证据链，可以认定原告与被告及上海香置投资有限公司之间形成了事实居间合同关系。

3. 关于居间报酬如何确定的问题。陈乙给陈甲发送的电子邮件（居间协议最终版）中载明："乙方向甲方收取的咨询费用，有权要求第三方在支付给甲方的土地转让价款中直接支付。并且，甲方与第三方订立的相关合同或补充协议中应载明本居间合同的居间咨询费金额及支付方法"，但是建谊公司与上海香置投资有限公司签订的《股权转让协议》中却对此未予回应，上海香置投资有限公司在证明材料中也未提及居间费用，故本案的居间报酬不能参照该电子邮件的上述规定计算。《中华人民共和国合同法》第四百二十六条对居间报酬有明确规定。本案中，对于居间报酬，原、被告双方没有明确约定，应根据居间人的劳务合理确定，本案的居间报酬应包括陈甲参与居间活动发生的相关费用和陈甲在居间期间的劳务费。原告的此部分诉讼请求法院予以支持，超出部分予以驳回。

北京市丰台区人民法院依照《中华人民共和国合同法》第十条第一款、第十三条、第十四条、第十五条第一款、第四百二十六条的规定，判决：

一、建谊公司于本判决生效之日起十日内给付诚兆公司居间报酬 95270.5 元；

二、建谊公司于本判决生效之日起十日内赔偿诚兆公司上述款项的利息（自 2016 年 4 月 28 日起至付清之日止，以 95270.5 元为基数，按中国人民银行公布的同期贷款基准利率计算）；

三、驳回诚兆公司的其他诉讼请求。

诚兆公司不服一审判决，提起上诉。北京市第二中级人民法院经审理同意一审法院裁判意见。北京市第二中级人民法院依照《中华人民共和国民事诉讼法》第一百七十条第一款第一项之规定，判决：

驳回上诉，维持原判。

【法官后语】

合同的成立离不开要约和承诺，《中华人民共和国合同法》对要约的明文规定是“要约是希望和他人订立合同的意思表示”。其构成要件主要包括以下几个方面：其一，该意思表示必须是特定人所为的意思表示，其目的是希望和对方签订合同；其二，要约必须是向相对人发出；其三，要约所规定的内容必须是具体明确的；其四，在规定的期限内一旦受要约人做出承诺，则要约人就需要受所作出要约意思表示的约束。要约邀请是希望他人向自己发出要约的意思表示，是订立合同的预备行为，是一种事实行为，不产生任何法律效果。要约和要约邀请的区别有以下两点：其一，要约的目的是与他人订立合同，要约邀请的目的是想要对方跟自己订立合同。其二，要约一发出，要约人即受法律约束，要约邀请发出后，对于要约邀请人来说在法律上是没有意义的。在本案中，电子邮件中相关条款的内容不具体明确，两审法院均认可该邮件的性质为要约邀请，也因此证明了本案的书面合同并未成立。

对于事实法律关系的认定，法官需要查清案件情况，首先，要结合当时的社会环境、当事人的经济状况、社会价值环境等进行实质判断。其次，要权衡和评价法律所要保护的利益与社会典型行为所体现的利益，以追求利益牺牲的最小化和价值的最大化，以实现利益的最优化整合。最后，法官根据实质判断和利益衡量作出价值选择，并灵活解释法律，作出事实合同是否成立的判断，并确定事实合同的内容。本案中，通过居间合同第三方出具证明材料确认原告公司的法定代表人系居间委托事项的项目介绍人，并参与了居间委托的股权收购事项的商务活动，同时提供了其参与居间活动的相关消费凭证，一审法院和二审法院均认为这些证据形成了证据链，均认定诚兆公司和建谊公司之间居间合同法律关系的成立。虽然书面的居间合同在形式上和实质上均被认为没有订立，但是事实法律关系的认定体现着在商事交易活动中所追求的利益平衡。

关于个案平衡中居间报酬的认定：利益衡量和价值选择。

居间合同是居间人向委托人报告订立合同的机会或者提供订立合同的媒介服务，委托人支付报酬的合同。报酬请求权是居间人的主要权利。双方当事人约定居间人的报酬，对于居间人的报酬标准，国家是有限制规定的，当事人约定的报酬额不能超过国家规定的最高标准。居间合同报酬的给付义务有两种情况：一是报告居间，因居间人仅为委托人报告订约机会，并不与委托人的相对人发生关系，所以报告居间仅由委托人承担给付义务；二是媒介居间，因为交易双方当事人都因为居间人的媒介而得益，所以，除另有约定外，由双方当事人平均负担居间人的报酬。因此在本案事实上居间法律关系成立的前提下，委托人是应当支付居间人居间报酬的，涉案的电子邮件即居间协议最终版中载明的居间费用的计算方式由于在居间事项中涉及的股权转让协议中未予呼应，是不予成立的，也即书面居间合同未成立的法律后果，居间报酬不应按照未订立成功的书面合同计算。

任何判断都存在价值考量，合同的成立本身就是法官价值判断的结果，事实合同是合同成立的特殊方式，并且具有合法性。一、二审法院认定了事实居间法律关系的存在，那么居间报酬的确定也应体现出利益衡量和价值选择，一、二审法院均认可比照2016年度北京市职工平均工资确定居间报酬的费用，这是灵活解释法律作出追求利益牺牲的最小化以及利益最大化的结果。

本案是居间合同纠纷，法院在书面合同是否订立和事实合同关系是否成立中间进行了大量的利益平衡与价值选择。在大量的商事交易活动中，诚实信用原则和信赖原则是基础的原则，对涉及大量资金交易的商事主体来说，规范商事书面合同的订立以及相关条款的确定是非常必要的，这也是维护商事交易安全的本义所在。

编写人：北京市丰台区人民法院　王永斌　付晨晨

52

房地产居间人虚假宣传构成欺诈的认定

——张某林诉北京迎龙房地产经纪有限公司、涿州市金九房地产开发有限公司居间合同案

【案件基本信息】

1. 裁判书字号

北京市第三中级人民法院（2018）京03民终9323号民事调解书

2. 案由：居间合同纠纷

3. 当事人

原告（被上诉人）：张某林

被告（上诉人）：北京迎龙房地产经纪有限公司（以下简称迎龙公司）

被告（被上诉人）：涿州市金九房地产开发有限公司（以下简称金九公司）

【基本案情】

迎龙公司以金九公司的名义向张某林推介“京南一品”房地产项目，并宣称该项目所售房屋为70年大产权，于2017年春节开始动工建设，目前已拿到土地使用权证书，其他证件正在办理中。同时，迎龙公司宣称，如张某林填写《电商团购登记单》并缴纳3万元，可以折抵购房款6万元。后张某林与迎龙公司签订《电商团购登记单》并缴纳推广服务费3万元。张某林与金九公司签订《商品房买卖协议书》，约定张某林购买金九公司开发的“京南一品”项目11号楼2单元2××3号房屋，房款102万余元。当天，张某林向金九公司缴纳首付款31万余元。2017年，张某林发现京九公司无“京南一品”房地产项目相关证照，要求京九公司退还首付款。经双方协商，金九公司退还张某林首付款31万余元，不包括推广服务费3万元。张某林认为迎龙公司和金九公司存在故意欺诈，迎龙公司向张某林推销未开发的“京南一品”房地产项目，给其造成严重损失，故要求迎龙公司和金九公司退还推广服务费3万元并赔偿9万元。

【案件焦点】

1. 张某林与迎龙公司、金九公司之间的法律关系是否受《中华人民共和国消费者权益保护法》调整；2. 迎龙公司和金九公司是否构成欺诈；3. 金九公司是否应当承担责任。

【法院裁判要旨】

北京市密云区人民法院经审理认为：本案的争议焦点系迎龙公司是否构成欺诈和金九公司是否应当承担责任。

一、关于迎龙公司是否构成欺诈的问题

具体为迎龙公司是否表示了“京南一品”项目已经获得国有土地使用权证、实质占有土地、2017 年春节后动工建设三个问题。从《商品房买卖协议书》第四条第四款之约定“甲方所售房屋地块规划用途为住宅，土地使用年限为 2011 年到 2081 年”来看，迎龙公司与金九公司恶意串通，共同向张某林进行了虚假表示，表示“京南一品”获得了国有土地使用权证，事实上至今未获得国有土地使用权证。迎龙公司与金九公司亦未向法院提交证据证明已将实质占地，从相关报道上看，应当认定金九公司亦未实质占地。关于是否表示了 2017 年春节后动工建设的问题，根据迎龙公司推介目的和实际情况，在未出示预售许可证等相关证件的情况下，必然会以其他理由为项目的真实性提供佐证，法院采信张某林指摘迎龙公司表示 2017 年春节后动工的意见。综上所述，法院认定迎龙公司构成欺诈。

二、金九公司是否应当承担责任

在居间合同关系上，金九公司与迎龙公司系委托人与受托人关系，张某林与迎龙公司亦系委托人与受托人关系。迎龙公司应当忠实履行受托人的义务，但是迎龙公司虚构事实，隐瞒真相，使张某林作出错误的意思表示。迎龙公司与金九公司均构成欺诈，但迎龙公司与金九公司分别与张某林建立了居间合同关系和买卖合同关系，故双方的欺诈责任应分别在居间合同关系和买卖合同关系中解决。根据合同的相对性，金九公司非居间合同相对人，不应承担居间合同欺诈的责任。

综上所述，居间合同系受托人向委托人提供居间服务的契约，系服务的一种，委托人构成《中华人民共和国消费者权益保护法》第二条规定之消费者概念，应当适用该法第五十五条之惩罚性赔偿规定。因此，对张某林请求迎龙公司和金九公司退还张某林推广服务费 3 万元并赔偿 9 万元的诉求，法院支持迎龙公司退还 3 万元并赔偿9万元，不支持金九公司退赔。北京市密云区人民法院依照《中华人民共和国合同法》第六十条，《中华人民共和国消费者权益保护法》第二条、第五十五条之规定，判决：

一、迎龙公司于本判决生效之日起七日内退还张某林3万元并赔偿9万元，共计12万元；

二、驳回张某林的其他诉讼请求。

如果未按本判决指定的期间履行给付金钱义务，应当依照《中华人民共和国民事诉讼法》第二百五十三条规定，加倍支付迟延履行期间的债务利息。

迎龙公司不服原审判决，提起上诉。在二审审理过程中，经北京市第三中级人民法院主持调解，当事人自愿达成如下协议，请求人民法院确认：

一、迎龙公司于2018年8月7日前退还并赔偿张某林36000元；

二、如迎龙公司未按本调解协议第一项履行给付义务，则按照（2017）京0118民初8368号判决执行；

三、本案双方再无其他争议。

上述协议，不违反法律规定，法院予以确认。

本调解书经各方当事人签收后即具有法律效力。

因迎龙公司未按二审调解书履行给付义务，目前张某林已按一审判决内容向密云法院申请强制执行。

【法官后语】

2017年至2018年，张某林、刘某闪等十七人将迎龙公司、金九公司诉至密云法院，要求退还推广服务费3万元并赔偿损失。其中，刘某闪等六人以商品房委托代理销售合同纠纷为由起诉，仅要求退还推广服务费3万元，最终双方当事人达成调解协议，由迎龙公司退还刘某闪等人3万元。张某林等十一人以居间合同纠纷为由起诉，主张迎龙公司、金九公司构成欺诈，除退还服务费外还应按《中华人民共和国消费者权益保护法》第五十五条进行三倍赔偿。本案的法律关系是否应受其调整。正确适用法律的前提是对本案的合同性质准确定性。商品房委托代理销售合同系委托合同的一种，其与居间合同存在明显区别。主要从四个方面：第一，受托方在与第三人从事民事法律活动的过程中，实际处于类似委托代理人的地位。而居间人仅是处于中介服务人的地位。第二，受托人接受委托的内容是办理委托事务。居间人接受委托的内容仅限于报告订约机会及充当订约媒介。第三，受托人在委托权限内独立进行意思表示，其对于委托事务的处理有一定的独立决定权。居间人仅能如实传达合同双方当事人的真实意思，不能独立表达自己的意思。第四，有偿的委托合同中，受托人接受委托人支付报酬或合理费用。在有居间结果的居间合同中，居间人可以从委托人和第三人单方或者双方获取服务费用。本案中，迎龙公司与张某林签订的《电商团购登记单》载明，“提供团购组织与团购服务，与开发商不存在任何代理关系”。张某林支付迎龙公司推广服务费3万元，金九公司认可该款项“与开发商无关”。张某林与金九公司签订《商品房买卖合同》，签订过程中，迎龙公司仅处于居间服务人的法律地位，其并非《商品房买卖合同》的合同主体，亦不承担该合同的权利义务。综上，迎龙公司与张某林及金九公司之间构成充当订约媒介为内容的居间合同关系，张某林向迎龙公司缴纳的推广服务费实系支付给居间人的报酬。此外，居间合同关系应受到《中华人民共和国消费者权益保护法》调整。该法第二条规定，消费者为生活消费需要购买、使用商品或者接受服务，其权益受本法保护。张某林作为接受迎龙公司居间服务的消费者，其权益应当受到《中华人民共和国消费者权益保护法》保护。至于张某林购买商品房是自住抑或投资，均不否定其为生活消费而接受服务的消费者地位。

本案中，对于迎龙公司作为居间人是否构成欺诈的问题存在两种不同观点。观点一认为迎龙公司为促成居间结果，对“京南一品”项目进行虚假宣传，系一种商业常用手段，并非欺诈；观点二认为迎龙公司虚构事实且隐瞒真实情况，造成张某林作出错误表意，构成欺诈。笔者认同第二种观点。首先，在以充当订约媒介为内容的居间合同中，委托人通过居间人传递的信息进行缔结合同，居间人传递的信息一旦出现差错，将会影响到买卖双方的利益。居间人居中斡旋以促成合同成立的前提，是真实传达委托人和第三人的意思，并保证自己传达的信息的准确性。其次，虚假或者引人误解的商业宣传并不当然构成欺诈，但商业宣传应以不影响商品或者服务安全且不误导消费者为限度。再次，居间人有欺诈的故意。最后，委托人因居间人陈述虚假事实或隐瞒真实情况而陷于错误，二者之间存在因果关系。本案中，迎龙公司、金九公司共同向张某林进行虚假陈述，表示“京南一品”项目已获得国有土地使用权证、已实质占有土地并于2017年春节后动工建设。在商品房买卖合同中，开发商与张某林等消费者由于地位不对等、信息不对称等，开发商和居间人的虚假陈述足以让张某林相信交易的安全性、有效性、合法性而作出错误意思表示。迎龙公司在了解金九公司未实际开发“京南一品”项目，未获得相关证照的情况下，未及时向张某林等人返还市场推广费用且故意拒付、拖延，存在主观故意。故迎龙公司构成欺诈，应当增加赔偿张某林的损失，赔偿金额应按张某林已缴纳服务费的三倍计算。

因本案系居间合同纠纷，张某林与金九公司之间系商品房买卖合同关系，故金九公司是否需要承担责任不宜在本案中处理。

编写人：北京市密云区人民法院　夏璇

53

赔偿损失应遵循可预见性规则

——曾某阳诉广西中议农业开发有限公司等居间合同案

【案件基本信息】

1. 裁判书字号

广西壮族自治区柳州市中级人民法院（2018）桂02民终1316号民事判决书

2. 案由：居间合同纠纷

3. 当事人

原告（被上诉人）：曾某阳

被告（上诉人）：广西中议农业开发有限公司（以下简称中议公司）、谭某贵、韦某秋、韦某益、李某

【基本案情】

位于广西壮族自治区柳州市跃进路88号的一处房屋（以下简称涉案房屋）系案外人广西某公司所有。2016年9月25日，曾某阳与中议公司签订一份《协议书》，约定曾某阳为中议公司购买涉案房屋提供居间服务。《协议书》第一条约定曾某阳运用自己的关系，通过自己的工作，促成中议公司向广西某公司购买涉案房

屋；只要中议公司与广西某公司签订涉案房屋的买卖合同，并且完成房产过户，曾某阳即完成居间服务；如中议公司根据自己的意愿要求将房屋登记在其指定的其他方名下的，也视为曾某阳完成约定的服务，中议公司应当按照约定支付服务费用；第二条约定中议公司为曾某阳的服务支付费用1828400元；第三条约定一旦曾某阳完成第一条约定的服务工作，中议公司应当在取得房产证后24小时内支付全额服务费。《协议书》第四条第三款约定如因中议公司的原因造成中议公司与广西某公司解除房屋买卖合同的，中议公司应在与广西某公司合同解除后3日内将补偿金80万元支付给曾某阳，逾期支付的，每逾期一日应按80万元的1%支付违约金，直至中议公司付清补偿金及违约金时止；第四款约定一方违约的，另一方因维权导致的损失包括律师费等费用由违约方承担。谭某贵、韦某秋、韦某益、李某为中议公司全面适当履行《协议书》提供了连带责任保证担保。

2016年9月26日，中议公司与广西某公司就涉案房屋签订了房屋买卖合同，约定中议公司应于2016年10月25日前付清购房款477.16万元。因中议公司未按时付款，故与广西某公司先后于2016年11月7日、2016年11月22日签订了两份补充协议，约定全部购房款应于2016年11月25日前支付完毕；逾期未能支付的，双方的房屋买卖合同及补充协议即时解除，广西某公司有权将涉案房屋转让给他人。补充协议签订后，中议公司仍未能如期付款。

曾某阳认为，中议公司已构成违约，故向法院提起诉讼，要求判令中议公司支付补偿金80万元及违约金，并支付律师费35000元；判令谭某贵、韦某秋、韦某益、李某对中议公司的上述债务835000元承担连带清偿责任。

【案件焦点】

1. 中议公司是否应当向曾某阳支付补偿金80万元；2. 曾某阳诉请的补偿金和违约金是否属于重复请求，违约金是否过高，应如何计算。

【法院裁判要旨】

广西壮族自治区柳州市柳北区人民法院经审理认为：曾某阳与中议公司签订的《协议书》属于居间合同性质，未违反法律的强制性规定，是当事人的真实意思表示，依法成立的合同受法律保护，对合同当事人具有约束力。曾某阳已经促成了中议公司与广西某公司房屋买卖合同的订立，履行了居间义务，但由于中议公司的原因造成中议公司与广西某公司解除房屋买卖合同，按照《协议书》的约定，中议公司已经构成违约，应当承担相应的法律责任，故曾某阳要求中议公司以及保证人谭某贵、韦某秋、韦某益、李某赔偿损失于法有据。按照居间协议约定的内容，如果中议公司和广西某公司签署房屋买卖合同，并完成房屋过户，曾某阳可以获得1828400元服务费。但在签署房屋买卖合同后由于中议公司资金不到位未能继续履行交易，双方房屋买卖合同解除，导致曾某阳未能按照居间协议书的约定取得1828400元的服务费用，该费用即合同履行后可以获得的利益，是中议公司预见得到的违约损失，因此，合同约定补偿金80万元并未超过违反合同一方订立合同时预见或者应当预见的范围。

中议公司不能依约给付上述补偿金，除应当继续支付补偿金外，还应承担违约责任，向曾某阳支付违约金。但曾某阳主张违约金按每日80万元的1%计算，计算标准过高，应予以调整，以月利率2%作为计算标准为宜。曾某阳主张的补偿金的性质属于双方约定的在中议公司不履行合同的情况下曾某阳的损失，曾某阳享有损害赔偿请求权，其损害赔偿的内容为履行利益，即正常履行情况下曾某阳可以获得的利益损失。该项损失的数额已由双方的约定确定，曾某阳无须再举证证明其损失程度。由于双方对该损失赔偿额约定了明确的支付期限以及逾期支付的违约责任，而中议公司逾期支付，应按约定承担违约责任，即支付违约金。因此，曾某阳主张的补偿金与违约金并不属于重复请求。

广西壮族自治区柳州市柳北区人民法院判决：

一、中议公司于本判决生效之日起十日内向曾某阳支付补偿金80万元，并从2016年11月29日起按月利率2%计算支付违约金，直至实际清偿完毕时止；

二、中议公司于本判决生效之日起十日内向曾某阳支付律师费35000元；

三、被告谭某贵、韦某秋、韦某益、李某对中议公司应向曾某阳支付的上述835000元债务承担连带清偿责任；

四、驳回曾某阳的其他诉讼请求。

中议公司、谭某贵、韦某秋、韦某益、李某不服一审判决，提起上诉。广西壮族自治区柳州市中级人民法院经审理，同意一审法院裁判意见。因此广西壮族自治区柳州市中级人民法院判决：

驳回上诉，维持原判。

【法官后语】

在合同纠纷案件中，赔偿损失和违约金可以并用。在确认违约方的赔偿责任时应当遵循可预见性规则，即违约方就其违约行为给对方造成的损失承担赔偿责任。损失赔偿额的范围包括合同履行后可以获得的利益，以不超过违约方订立合同时预见到或者应当预见到的范围为前提。可预见性规则与交易风险的可预测性密切相关，只有合同当事人对其交易风险、责任可以预测，合同当事人才能计算其交易的成本和收益，从而保证交易能够正常进行；如果风险、责任过大，交易之前不能预测，订约当事人就难以达成协议。因此，可预见性规则可以将违约当事人的责任限制在其可以预见的范围内，这对于鼓励交易和保障交易安全具有重要意义。

本案为居间合同纠纷，主要争议焦点在于曾某阳主张的赔偿损失和违约金是否可以并用，赔偿损失的范围如何确定。首先，《中华人民共和国合同法》第一百一十二条规定："当事人一方不履行合同义务或者履行合同义务不符合合同约定的，在履行义务或者采取补救措施后，对方还有其他损失的，应当赔偿损失。"即赔偿损失与其他违约责任方式可以并用。本案中，曾某阳与中议公司在合同中对损失赔偿额约定了明确的支付期限以及逾期支付的违约责任，而中议公司逾期支付该损失赔偿额，应按约定承担违约责任，即支付违约金。因此，曾某阳主张的赔偿损失与违约金并不属于重复请求，二者可以并用。其次，确定违约方的赔偿责任时应当遵循可预见性规则。《中华人民共和国合同法》第一百一十三条第一款规定："当事人一方不履行合同义务或者履行合同义务不符合约定，给对方造成损失的，损失赔偿额应当相当于因违约所造成的损失，包括合同履行后可以获得的利益，但不得超过违反合同一方订立合同时预见到或者应当预见到的因违反合同可能造成的损失。"该条款内容确立了合同法上的可预见性规则。

在审判实践中，确定违约方的损害赔偿范围应当遵循可预见性规则，在具体适用该规则时需对下列问题进行判断：1. 预见的主体应为违约方，可预见性规则限制了违约方的赔偿责任，而违约方应承担的责任则构成其订立合同时交易条件的一部分，确定交易条件时其中应承担的责任必然受到其合理预见范围的限制；2. 预见的时间为"订立合同时"，即违约方根据在订立合同时实际知道或者应当知道的事实和情势对损失进行判断，根据的是订约时而不是其他什么时候的情势进行判断；3. 预见的范围为因违约造成的损失，包括正常履行合同可以获得的利益；4. 预见的举证责任应由受害方承担。是否预见或者应当预见到，判断标准应当以社会一般人的正常预见能力为准。本案中，中议公司在签订《协议书》时，已经预见到或者应当预见到只要其按约履行，曾某阳就可以获得的利益为1828400元的服务费用。一旦中议公司违约，将导致曾某阳的损失，双方约定中议公司赔偿曾某阳的损失向其支付80万元，没有超过中议公司可预见的范围。曾某阳提供《协议书》，证实中议公司预见的时间、内容和范围，已经完成了举证责任。因此，曾某阳主张的赔偿损失和支付违约金应当得到支持。

编写人：广西壮族自治区柳州市柳北区人民法院　何基政

54

居间人违反如实报告义务应承担不利后果

——阳某珍诉江苏省无锡市易成房产中介有限公司居间合同案

【案件基本信息】

1. 裁判书字号

江苏省无锡市中级人民法院（2018）苏02民终2134号民事判决书

2. 案由：居间合同纠纷

3. 当事人

原告（被上诉人）：阳某珍

被告（上诉人）：江苏省无锡市易成房产中介有限公司（以下简称易成公司）

第三人：张某同

【基本案情】

2017年10月初，阳某珍及家人到惠山区钱桥易成房产中介服务部（以下简称易成服务部）咨询购房，易成服务部遂向其介绍一处安置房；10月4日，阳某珍及其丈夫在易成服务部的陪同下现场看房。10月5日，阳某珍的丈夫和儿子再次去看房后，易成服务部要求阳某珍的丈夫交付定金1万元，但阳某珍的丈夫未携带足够现金，故当场只交付1000元。易成服务部要求次日再交9000元定金，且告知阳某珍的丈夫，房主要求一次性付清房款。10月7日，阳某珍及其丈夫到易成服务部，张某同作为房主也到场协商，阳某珍提出要求分期付款，而张某同坚持一次性付清全款，因双方意见有差异，张某同遂离场，但易成服务部为促成合同成立，继续与他进行电话协商。后易成服务部的工作人员在双方就付款并未达成一致的情况下，继续收取了阳某珍的剩余定金9000元，并出具收条，载明“易成房产今收到阳某珍（身份证号：510××××××××）购买钱桥藕塘新藕苑××号房屋定金1万元整。房价约定315000元，中介服务费6000元。收款人：闻某孝2017.10.17”，并加盖了易成服务部的公章。易成服务部收取1万元定金后，交给张某同5000元，自行留存5000元。后阳某珍与张某同就协商付款期限不能达成一致意见，遂诉至法院要求易成服务部退还定金。

另查明：易成服务部经营者为李某文，于2017年12月14日核准注销。易成公司于2017年12月19日成立，李某文为法定代表人。易成公司确认本案中易成服务部所涉债权债务由易成公司继承。

【案件焦点】

易成服务部作为居间人有无违反如实报告义务，是否存在过错。

【法院裁判要旨】

江苏省无锡市惠山区人民法院经审理认为：居间人应当就有关订立合同的事项向委托人如实报告。居间人故意隐瞒与订立合同有关的重要事实或者提供虚假情况，损害委托人利益的，不得要求支付报酬并应当承担损害赔偿责任。本案中，阳某珍与易成服务部之间形成的居间合同，系双方真实意思表示，亦未违反法律规定，合法有效。阳某珍交付给易成服务部的1万元为购房定金而非居间合同定金，有收条所载内容予以印证，也与各方当事人陈述相符，故法院对该事实予以认定。故阳某珍要求易成服务部作为合同中收受定金的一方因不履行约定债务而双倍返还定金的请求，于法无据，法院不予支持。但易成服务部作为居间人，在买卖双方对于合同主要条款存在重大差异的情况下，仍要求买方阳某珍交付定金，这一行为损害了委托人的利益，易成服务部不得要求支付报酬并应当承担损害赔偿责任，故应当将收取的定金予以全额返还阳某珍。现易成服务部在本案所涉债权债务由易成公司继承，故由易成公司承担付款义务。江苏省无锡市惠山区人民法院判决：

一、易成公司应于本判决生效后十日内返还阳某珍1万元；

二、驳回阳某珍其他部分的诉讼请求。

易成公司不服一审判决，提起上诉。江苏省无锡市中级人民法院经审理认为：在买卖双方未能就合同主要条款达成一致的情况下，易成公司继续收取阳某珍剩余定金9000元，存在过错。由于阳某珍与张某同之间的房屋买卖合同没有成立，且过错在易成服务部，因此，易成服务部从阳某珍处取得的款项应返还给阳某珍。故易成公司的上诉理由不能成立，原审判决应予维持。

江苏省无锡市中级人民法院判决：

驳回上诉，维持原判。

【法官后语】

对我国广大市民来说，房屋的意义已经远不仅是一个栖身的场所，更是承载了对安居乐业的追求。消费者对房屋的要求也逐步从质量、面积、地段等逐渐扩大到居住环境、配套设施、交通因素和升值潜力等多方面因素。房地产交易过程中，信息的真实有效和及时准确对房屋交易委托人来说非常重要，这也是房屋中介服务的重要内容。在此情况下，如交易中信息传递出现问题，就很容易引发纠纷。现行法律规范对居间人如实告知事项界定不明。在审判实践中，房地产居间合同纠纷的数量大幅增长，其中涉及如实告知的矛盾更是屡见不鲜。

诚实信用原则应是居间人履行合同的指导思想之一。居间合同的履行过程中，居间人必须实事求是地就自己所实际掌握的信息，如实地向委托人提供最方便、最有利、最有价值、最及时的订约渠道，并保证提供的信息真实和可靠，没有任何隐瞒欺骗或掺杂任何主观臆测。《中华人民共和国合同法》第四百二十五条规定："居间人应当就有关订立合同的事项向委托人如实报告。居间人故意隐瞒与订立合同有关的重要事实或者提供虚假情况，损害委托人利益的，不得要求支付报酬并应当承担损害赔偿责任。"由此可见，法律分配给居间人的义务实际上是一般人的注意义务和作为居间人的合理审查义务。该义务主要包括三项：如实报告与订立合同有关事项；不可故意隐瞒与订立合同有关的重要事实；不可故意提供虚假情况。结合本案来看，房款的支付方式为房屋买卖合同的重要事项，原告阳某珍作为买房人要求分期支付，而张某同作为卖房人则坚持一次性付清全款。阳某珍、张某同均陈述是由易成服务部的业务员继续与买卖双方沟通，且分别告知买卖双方付款方式已谈妥。现易成服务部没有提供证据证明阳某珍已同意支付全款或张某同同意分期付款。在买卖双方未能就合同主要条款达成一致意见的情况下，易成服务部继续收取阳某珍剩余定金，存在过错。易成公司作为易成服务部权利义务的承继人应将易成服务部因居间所获得的款项予以返还。

编写人：江苏省无锡市惠山区人民法院　张徽

十三、服务合同

55

物业公司的服务瑕疵并不构成业主减交或免除物业服务费的理由

——福建省厦门市佰鸿物业管理有限公司诉樊某荣物业服务合同案

【案件基本信息】

1. 裁判书字号

福建省龙岩市中级人民法院（2018）岩08民终1620号民事判决书

2. 案由：物业服务合同纠纷

3. 当事人

原告（被上诉人）：福建省厦门市佰鸿物业管理有限公司（以下简称佰鸿物业公司）

被告（上诉人）：樊某荣

【基本案情】

2016年11月28日，城市中心花园及中发荣寓小区业主委员会与佰鸿物业公司签订《物业服务委托合同》，合同约定：城市中心花园及中发荣寓小区业主委员会委托佰鸿物业公司对城市中心花园及中发荣寓小区提供物业服务，合同期限自2017年1月1日起至城市中心花园及中发荣寓小区业主委员会按合法程序重新选聘物业服务企业实施管理为止；物业服务费按建筑面积计算，其中多层住宅物业服务费按每月每平方米0.4元计算，业主或者物业使用人应于每月10日前向佰鸿物业公司物业管理处缴纳物业服务费，若城市中心花园及中发荣寓小区业主委员会、业主违反前述约定，经佰鸿物业公司书面催缴，未能按时足额支付物业服务费，应从逾期之日起每日按应缴费用的3‰向佰鸿物业公司支付滞纳金；公共用水用电分摊按用户房屋产权面积占建筑总面积的比例为系数，公共用水用电费、共用设施设备运行维护费按实际产生的费用由佰鸿物业公司单独列账，公摊方法、收费清单、账目明细每季度一次在物业管理区域内显著位置公示。原城市中心花园及中发荣寓小区业主委员会于2014年3月1日成立，任期三年，已于2017年3月1日任期届满，该小区新一届业主委员会至今尚未成立。

樊某荣系龙岩市新罗区西陂镇龙腾路西侧（城市中心花园）27幢6××室的业主，该房屋系多层住宅，建筑面积为112.65平方米。从2017年1月至2018年3月，樊某荣尚欠佰鸿物业公司物业服务费676.5元；从2017年5月至2018年3月，樊某荣尚欠佰鸿物业公司水费627元；从2017年6月至2018年3月，樊某荣尚欠佰鸿物业公司公摊水电费68元。

另外，佰鸿物业公司龙岩分公司与龙岩市新罗区西陂街道华龙社区居民委员会（以下简称华龙社区）签订《城市中心花园小区供水协议书》。佰鸿物业公司按每吨2.2元的标准向城市中心花园小区多层住宅的业主收取水费。根据龙岩市中级人民法院作出的（2017）闽08民终1586号民事判决，认定案涉《物业服务委托合同》有效。

【案件焦点】

1. 物业服务合同对业主的效力问题；2. 佰鸿物业公司的服务瑕疵是否构成业主减交或免除物业服务费的理由。

【法院裁判要旨】

福建省龙岩市新罗区人民法院经审理认为：佰鸿物业公司系具有独立法人资格、具有物业管理服务资质的物业管理服务单位。城市中心花园及中发荣寓小区业主委员会共同与佰鸿物业公司签订的《物业服务委托合同》经一、二审法院认定为有效，该合同对物业服务企业及全体业主均具有约束力，各方当事人均应遵守，全面履行。佰鸿物业公司按约定向包括樊某荣在内的业主提供了物业服务，樊某荣在接受物业服务后，应履行向佰鸿物业公司缴纳相关费用的义务。佰鸿物业公司要求樊某荣支付物业服务费676.5元，公摊水电费68元，水费627元的诉讼请求，法院予以支持。佰鸿物业公司要求樊某荣支付截至2018年3月31日的违约金192.8元以及从2018年4月1日起，以1371.53元为本金按月利率2%计算的违约金，未违反法律规定，予以支持。对樊某荣辩称物业公司不完全履行物业服务义务故拒交物业费的问题，物业服务系针对广大业主具有公共性，每个业主利益角度不同，要求物业服务企业提高服务质量属于小区业主共有权利，如果业主均以物业服务不能令其满意或存在瑕疵为由拒绝缴纳物业服务费，则物业服务正常运行所需经费将无法得到保障，最终将损害大多数业主的权利。佰鸿物业公司的服务瑕疵并不构成樊某荣减交或免除物业服务费的理由，故樊某荣以佰鸿物业公司不完全履行物业服务义务为由拒绝缴纳相关费用缺乏依据，法院不予采纳。樊某荣主张佰鸿物业公司向业主代收水费时擅自增加额外费用违反了《物业管理条例》的规定，但从佰鸿物业公司龙岩分公司与华龙社区签订的《城市中心花园小区供水协议书》来看，华龙社区并非委托佰鸿物业公司向城市中心花园小区业主收取水费，故不属于《物业管理条例》第四十五条第二款所规定的情形，佰鸿物业公司收取的水费系延用其入驻之前该小区水费标准，并对水费的收取标准作出了解释，该标准亦属合理，故对樊某荣的前述抗辩，不予采纳。

福建省龙岩市新罗区人民法院判决：

一、樊某荣应于本判决生效之日起十日内支付佰鸿物业公司物业服务费676.5元；

二、樊某荣应于本判决生效之日起十日内支付佰鸿物业公司公摊水电费68元；

三、樊某荣应于本判决生效之日起十日内支付佰鸿物业公司水费627元；

四、樊某荣应于本判决生效之日起十日内支付佰鸿物业公司截至2018年3月31日的违约金192.8元。并支付从2018年4月1日起至款清之日止，以1371.53元为本金，按月利率2%计算的违约金。

一审宣判后，樊某荣不服，提起上诉。福建省龙岩市中级人民法院判决：

驳回上诉，维持原判。

【法官后语】

综合本案当事人的诉辩，争执的法律焦点有二：一是物业服务合同对业主的效力问题；二是业主有无正当理由拒绝缴纳物业费。

在司法实践中，经常会遇到业主以其并非物业服务合同当事人为由，拒绝接受合同约束的现象。根据《物业管理条例》第四章物业管理服务第三十四条的规定，业主委员会应当与业主大会选聘的物业服务企业订立书面的物业服务合同。《最高人民法院关于审理物业服务纠纷案件具体应用法律若干问题的解释》（以下简称《解释》）第一条规定："建设单位依法与物业服务企业签订的前期物业服务合同，以及业主委员会与业主大会依法选聘的物业服务企业签订的物业服务合同，对业主具有约束力。业主以其并非合同当事人为由提出抗辩的，人民法院不予支持。"

现实中，物业服务合同一般是由业主委员会与物业公司签订，业主在形式上均非合同签订者，但其是物业合同项下权利义务的一方实际享有者和承担者。因此，物业服务企业实际上是和业主而不是业主委员会或者建设单位建立物业服务法律关系。

本案中，城市中心花园业主委员会在签订《物业服务委托合同》虽没有"双过半"业主同意，但合同相对人佰鸿物业公司有理由相信城市中心委员会业主委员会有代理权，且佰鸿物业公司事后经"双过半"业主同意，《物业服务委托合同》有效，对业主具有约束力。

根据《解释》第六条的规定，业主基于正当理由可以拒绝缴纳物业费。这就引出了"正当理由"在司法实践中的定位问题。也就是说，业主能否仅以物业服务企业没有实行保安巡逻制度或者对树木乱修剪，以及车辆管理混乱等作为拒交物业费用的理由。学术界有专家认为，若物业服务企业违反法律、法规、部门规章规定的收费标准，违法违规收费，或者违反合同的约定，损害业主利益的，可以作为业主抗辩的正当理由。在不存在违法或明显违约的情况下，对于业主以服务存在瑕疵提出的抗辩，需要以诚实信用原则为基础，结合物业服务企业的服务标准与物业收费标准，对物业服务进行综合评价，进而确定业主抗辩之正当理由能否成立。

根据《解释》第三条第一款的规定，业主对于物业服务公司怠于履行物业管理职责的，可以积极地依法通过合法的途径向相关房屋行政管理部门反映，甚或向法院起诉，而不单是以消极地拒绝缴纳物业费来对抗，以免承担相应的违约责任。

本案中，佰鸿物业公司在提供物业服务过程中确实存在着一定程度的瑕疵，如车辆管理混乱、安保管理流于形式等，但该不尽如人意之处都是一般违约行为，并不存在违法或者严重违约。况且物业服务企业的职责只是根据物业服务合同的授权，为物业的正常使用提供服务，其本身并无行政执法权，无权对车主进行处罚，物业服务企业所能做的只是向相关部门反映并应执法部门要求提供协助。因此樊某荣提出的理由不属于可拒交物业费的“正当理由”。当然，樊某荣作为业主，若认为物业服务企业提供的物业服务违法或者严重违约，造成其损失，可以依法另行主张权利。但其仅以此拒交物业管理费的理由不成立。

编写人：福建省龙岩市新罗区人民法院　江晓萍

56

预付卡消费纠纷中的法律适用规则

——邵某青诉北京熙凤尚佳美容美发有限公司服务合同案

【案件基本信息】

1. 裁判书字号

北京市第三中级人民法院（2018）京03民终3898号民事判决书

2. 案由：服务合同纠纷

3. 当事人

原告（上诉人）：邵某青

被告（被上诉人）：北京熙凤尚佳美容美发有限公司（以下简称熙凤尚佳公司）

【基本案情】

2013年10月，邵某青在熙凤尚佳公司门店名称为“港汇国际”的科荟路店，通过陈某敏办理了卡号30××09的涉案会员卡。该卡正面有：“东艺国际造型护肤中心　VIP铂金卡　NO.30××09”字样；背面有：“使用说明：（1）在本店消费时请出示此卡，凭此卡获得4.5折优惠；（2）本卡同时具有储值功能，本卡不得与其他优惠同时使用；（3）本卡限本人使用，他人使用须本人授权；（4）若此卡丢失，请速到本店办理补卡手续。”现涉案会员卡余额为351118元。熙凤尚佳公司于

2012年11月28日由北京东艺美容美发有限公司名称变更而来，陈某敏系公司控股股东并担任公司监事，2014年，熙凤尚佳公司法定代表人由孔某亮变更为余某。2014年6月，余某接手熙凤尚佳公司时与陈某敏约定，在陈某敏经营期间售出的销售卡可以继续在店内使用，余某负责销售卡的消费，但不负责退卡。出现退卡问题由陈某敏出面解决。邵某青之所以要求退卡，其主张美容店离家远，服务质量下降，存在损害消费者权益情形，但未能提交证据证明。熙凤尚佳公司认为邵某青要求退还会员卡余额主张的理由没有事实依据，离家远是其自身原因。而且根据余某与陈某敏签订的协议，退卡应直接找陈某敏，不应由熙凤尚佳公司承担退卡责任。

【案件焦点】

邵某青是否有权向熙凤尚佳公司主张退还涉案会员卡卡内余额。

【法院裁判要旨】

北京市朝阳区人民法院经审理认为：邵某青要求退还剩余款项，熙凤尚佳公司不予认可，邵某青没有提供充分有效的证据来证明其在熙凤尚佳公司的消费及未消费情况，故邵某青应承担举证不能的不利后果。北京市朝阳区人民法院依据《中华人民共和国民事诉讼法》第六十四条之规定，判决：

驳回邵某青的全部诉讼请求。

邵某青不服，提起上诉。北京市第三中级人民法院经审理认为：邵某青在熙凤尚佳公司门店名称为“港汇国际”的科荟路店办理了会员卡，该卡背面约定有“使用说明”条款，即与该店的经营主体熙凤尚佳公司之间形成了服务合同关系，该合同不违反法律、法规的效力性强制性规定，应认定为有效合同。《中华人民共和国消费者权益保护法》第九条规定明确规定了消费者依法享有“自主选择权”。本案中，邵某青作为接受美容美发服务的消费者，有权自主选择向其提供美容美发服务的经营者，有权自主选择所接受美容美发服务的内容及方式，有权决定是否继续接受熙凤尚佳公司提供的美容美发服务，有权在选择服务时对其质量、价格等进行同类比较、鉴别、挑选，因此，邵某清选择不再接受熙凤尚佳公司提供的美容美发服务，要求熙凤尚佳公司退还涉案会员卡卡内的余额，具有法律依据。关于退卡主体，2014年6月，《协议书》约定由陈某敏承担退卡责任，该协议书是熙凤尚佳公司经营管理人员发生变更后其内部对公司原债务的承担作出的具体安排，不具有对外的法律效力，亦不影响熙凤尚佳公司对外应当承担的合同义务和法律义务，因此，承担退还涉案会员卡余额责任的应当是熙凤尚佳公司。熙凤尚佳公司认可涉案会员卡卡内余额为351118元的事实，故其应当向邵某清退还涉案会员卡卡内的金额为351118元。北京市第三中级人民法院依照《中华人民共和国消费者权益保护法》第九条，《中华人民共和国民事诉讼法》第一百七十条第一款第二项之规定，判决：

一、撤销北京市朝阳区人民法院（2017）京0105民初74883号民事判决；

二、熙凤尚佳公司于本判决生效后七日内退还邵某青会员卡（卡号：NO. 30××09）卡内余额351118元。

【法官后语】

本案邵某青因为美容美发的需求，在熙凤尚佳公司办卡消费，与该公司形成服务合同关系，此时邵某青不仅是合同一方当事人，也是消费者。消费者为生活需要接受经营者提供的服务而订立的合同是一类特殊合同，应当优先适用《中华人民共和国消费者权益保护法》。《中华人民共和国合同法》确立了合同严守原则，并规定了比较严格的合同解除制度，除非出现合同法规定的法定解除情形或者合同约定解除的条件，否则当事人不得随意变更或解除合同。与此同时，《中华人民共和国消费者权益保护法》赋予了消费者有自主选择消费的权利，而其相比于《中华人民共和国合同法》是特别法，根据特别法优于一般法的原则，本案应当优先适用前者。

《中华人民共和国消费者权益保护法》第九条赋予了消费者有自主选择消费的权利。该条款明确规定了消费者依法享有“自主选择权”，其内容实质上包含两个方面的因素：一是主观上的自愿性；二是客观上的自由性。第一，主观方面的自愿性是从消费者的主观方面出发，强调消费者的行为是基于主观自愿作出选择的结果，而欠缺真实意思表示的行为不产生民事法律行为的后果。第二，客观上的自由性，即不受他人的诱导、强迫、威逼、欺骗等非法干涉。消费者自主选择权的行使是受到自身判断能力、信息筛选能力和诸多外界因素影响的。因而，结合主、客观因素消费者的自主选择权应理解为：消费者根据自己的实际需要，从自身的主观愿望出发，在不存在经营者或其他市场主体诱导、胁迫、欺诈、隐瞒等不正当干涉的情况下，自由选择商品或服务的提供商及商品或服务种类的一种权利。在市场经济条件下，自主选择权不仅是对消费者物质利益的基本保障，更是对消费者人格尊严等精神利益的尊重和保护，是社会文明的象征。其权利具体表现在消费者：1. 有权自主选择提供商品或服务的经营者。任何企业或国家机关不得利用其自身影响和国家权力，限定消费者购买其指定的经营者的商品或者服务，也不得要求消费者不要购买某经营者的商品或者接受某项服务；2. 有权自主选择所要购买的商品品种和接受服务的内容及方式；3. 有权决定是否购买任何一种商品和接受任何一种服务，其他人不得干涉和阻挠；4. 有权在选择商品或服务时对其质量、规格、样式、价格进行同类比较、鉴别，有权对欲购商品或服务进行挑选。因此，邵某青选择不再接受熙凤尚佳公司提供的美容美发服务，要求熙凤尚佳公司退还涉案会员卡卡内的余额，具有法律依据。

本案邵某青所办的预付卡享有4.5折优惠，判决退款范围并未扣除其消费时享有的折扣优惠，基于以下两点考虑：1. 熙凤尚佳公司未就退款范围提出折扣抗辩。2. 邵某青事先在预付卡中存入的10万余元，该笔钱由熙凤尚佳公司实际占有控制，占有期间的资金收益为该公司所获取。

一般而言，预付卡享有的优惠折扣是按照预存金额的大小而享有不同的折扣标准。经营者提出折扣抗辩时，从公平角度出发，法官应考虑预付卡已经使用部分的折扣金额并结合预付金额的孳息以及经营者是否存在违约行为综合认定退款范围是否应该扣除折扣优惠。如果经营者在合同履行中并无不当行为，因考虑到消费者在经营者处按照优惠价格接受了相应服务的事实，返还消费者剩余款项时应该扣除消费者接受服务项目的原价与优惠价格之间的差价。如果经营者在合同履行过程中违反合同约定，那么应对守约方的信赖利益予以保护，对于经营者提出的应当扣除折扣的答辩不予支持。

编写人：北京市第三中级人民法院　蒋巍　吴可加

57

物业服务企业可直接起诉制止业主违法搭建行为

——上海启胜物业管理服务有限公司诉游某磊物业服务合同案

【案件基本信息】

1. 裁判书字号

江苏省苏州市中级人民法院（2018）民终字7248号民事判决书

2. 案由：物业服务合同纠纷

3. 当事人

原告（被上诉人）：上海启胜物业管理服务有限公司（以下简称启胜物业）

被告（上诉人）：游某磊

【基本案情】

游某磊购买了湖滨四季别墅小区一处别墅。2014年3月7日，启胜物业与游某磊及案外人新鸿基环贸广场房地产（苏州）有限公司签订《苏州市前期物业管理服务协议》，该协议确定由启胜物业对湖滨四季别墅小区负责前期物业管理工作；游某磊应自觉遵守《湖滨四季别墅临时管理规约》。协议同时对各相关各方的权利义务作出约定。《湖滨四季别墅临时管理规约》第四条第四项规定，业主在装修时应当保持小区的规划建设原貌和楼宇外貌整体美观，不得改变物业的外表外墙。包括（但不限于）应当按照房屋设计预留的位置安装空调。未预留位置的，按照有关规定或者物业服务企业指定的位置安装。并按要求做好噪声及冷凝水的处理；不得私自在物业及房屋外部（包括外墙、窗户）或顶部新设、更改、增建、安装、设置围墙、围栏、阳光房、防盗栏网、铁门、大门、铁笼、遮阳物、晒衣架等，不得私自变更房屋面向公共地方及/或公共部分门窗、墙体以及阳台范围内门窗墙体的颜色等，不得私自在物业的外墙表面或阳台部位涂抹、开洞或以任何方式改变其外观。2015年4月28日，游某磊向启胜物业出具《装修管理承诺书》，再次明确了装修会遵守相应法律、法规及业主临时管理规约。

2017年8月18日，启胜物业向游某磊发出违规通知书，该通知书载明：我司工作人员发现贵司在进行湖滨四季别墅装饰装修过程中有下列违规行为：擅自将后院公共围墙破坏开门洞。该通知书同时明确要求游某磊在收到通知后5个工作日内进行整改。游某磊签署了相应的违规通知书，但未停止相应的开门洞行为。在将相应部分围墙拆除以后，游某磊安装了出入后花园的大门。

启胜物业认为游某磊的行为违反了相关合同及法律的规定，妨害了其进行物业服务与管理，故起诉至法院，请求法院判令游某磊将相应围墙恢复原状。

【案件焦点】

业主违反物业服务合同或者法律、法规、管理规约，实施妨害物业服务与管理的行为，物业服务企业是否有权以自己名义提起诉讼，请求业主承担恢复原状等相应民事责任。

【法院裁判要旨】

江苏省苏州工业园区人民法院经审理认为：根据《最高人民法院关于审理物业服务纠纷案件具体应用法律若干问题的解释》第四条“业主违反物业服务合同或者法律、法规、管理规约，实施妨害物业服务与管理的行为，物业服务企业请求业主承担恢复原状、停止侵害、排除妨害等相应民事责任的，人民法院应予支持”之规定，本案启胜物业作为涉案房屋所在小区的物业管理企业，其有权以自己名义提起诉讼。被告游某磊未经允许，擅自将后花园部分围墙拆除后安装大门的行为，违反了相应的《湖滨四季别墅临时管理规约》及相关法律的规定，启胜物业要求恢复原状之请求合法有据，应予支持。相应围墙应按照规划设计图、未拆除围墙样式予以恢复。

江苏省苏州工业园区人民法院依照《中华人民共和国物权法》第八十三条第一款，《最高人民法院关于审理物业服务纠纷案件具体应用法律若干问题的解释》第四条之规定，判决：

被告游某磊于本判决生效之日起三十日内将湖滨四季别墅后花园围墙恢复原状。

游某磊不服一审判决，提起上诉。江苏省苏州市中级人民法院经审理认为：《最高人民法院关于审理物业服务纠纷案件具体应用法律若干问题的解释》第四条规定："业主违反物业服务合同或者法律、法规、管理规约，实施妨害物业服务与管理的行为，物业服务企业请求业主承担恢复原状、停止侵害、排除妨害等相应民事责任的，人民法院应予支持。"游某磊未经允许，擅自将后花园部分围墙拆除后安装大门的行为，违反了小区管理规约及法律规定。启胜物业以自己名义请求恢复原状符合法律规定。游某磊认为启胜物业需经业主有效授权才能提起诉讼的观点于法相悖，不予采信。

江苏省苏州市中级人民法院依照《中华人民共和国民事诉讼法》第一百七十条第一款第一项规定，判决：

驳回上诉，维持原判。

【法官后语】

随着国家城镇化战略的推广，越来越多的百姓成为城镇居民。伴随而来的是越来越多的住宅小区建成投入使用。小区业主之间也成了一个利益相关的共同体，任何一个业主改变物业现状的行为都会对其他业主的权益产生影响。在现行相关小区物业管理规定不完善、不全面的情况下，住宅小区特别是一些别墅小区的违章搭建成为普遍现象。这大大影响小区的整体美观，并造成安全隐患。有的业主看到他人违章搭建未被及时制止，也跟着效仿。有的业主虽有意见，但因维权成本高、维权时间长等原因很少自行出面维权。负有管理职责的行政机关也往往作为不够、对此类现象打击不力。而小区物业公司作为物业管理企业，负有维护整个小区整体利益的职责，是现行情况下最方便、专业的制止违章搭建的主体。虽然《最高人民法院关于审理物业服务纠纷案件具体应用法律若干问题的解释》第四条规定物业服务企业对于业主实施的妨害物业服务与管理的行为可以以自己名义起诉，但实践中却极少有物业服务企业依此规定提起诉讼。本案例为打击违章搭建，创造和谐小区提供了切实可行的实践样板，具有十分重要的意义。

编写人：江苏省苏州工业园区人民法院　吴海锋

58

美容服务合同中消费欺诈的认定

——盛某某诉北京都市佳茵美容设计中心服务合同案

【案件基本信息】

1. 裁判书字号

北京市第一中级人民法院（2018）京01民终4638号民事判决书

2. 案由：服务合同纠纷

3. 当事人

原告（上诉人）：盛某某

被告（被上诉人）：北京都市佳茵美容设计中心（以下简称都市佳茵中心）

【基本案情】

2015年10月8日，盛某某在都市佳茵中心花费1980元办理一张美容体验卡，并预约于10月14日到店体验。10月14日当天，盛某某到该店体验，当天另做下颌肌（标价79800元）、颧肌光纤海融（标价69800元）及颈部（标价88000元）项目，因钱款不足，盛某某当天付款7600元，次日转账付款剩余23万元。

盛某某称当天未做1980元的项目，做完其他项目三个之后都市佳茵中心的张医生和肖某说两个项目冲突，不用做1980元的项目了；都市佳茵中心称当时做了1980元的项目。盛某某提出做下颌肌、颧肌光纤海融及颈部项目之前，自己并不清楚具体要做的是什么，也不清楚价格，只听都市佳茵中心说会达到医疗美容的效果，且7天之内会有效果，都市佳茵中心采用了欺诈和虚假宣传手段；都市佳茵中心称盛某某体验完1980元的项目后，感觉效果很好，就询问有无其他项目可做，故中心员工向其出示了报价单，盛某某当时感觉优惠幅度很大，并且体验效果很好，便自愿要求继续做其他项目，该中心并未承诺7天之内出效果，并不存在欺诈行为；盛某某称其未见过报价单，结算的时候才知道价格。盛某某提出做完项目后，未达到美容效果，并提供照片为证；都市佳茵中心提出美容效果是内在的个人感受，做完项目后应该达到面部提升、紧致的效果，现盛某某已经达到了预期效果，并提供美容前后的照片为证。盛某某认为其应知晓做美容的仪器设备的具体产地、价格、检验合格证、规格、性能、有效期、使用说明等。

盛某某提出其花费23万多元做的生活美容价格过高，并申请对都市佳茵中心提供的下颌肌（标价79800元）、颧肌光纤海融（标价69800元）及颈部（标价88000元）三项服务的价格合理性进行鉴定。2017年10月11日，法院依法委托北京中天司法鉴定所进行鉴定，该机构称其没有对价格合理性鉴定的业务，中心费用合理性的审查只是针对治疗项目所花费用是否与被告方的致伤行为相关，至于治疗费用的价格无法鉴定；2017年10月18日，法院依法委托北京博大司法鉴定所进行鉴定，该鉴定机构于2017年10月25日出具《不予受理告知书》，称机构缺少能明确评估其价格合理性的鉴定人，以目前机构的技术条件对鉴定项目的要求无法完成；2017年11月6日，法院依法委托中衡司法鉴定所进行鉴定，该所于2017年11月14日出具《终止鉴定告知书》，称目前美容价格尚无统一标准，故将案件退回法院。

【案件焦点】

都市佳茵中心提供的服务是否构成欺诈。

【法院裁判要旨】

北京市海淀区人民法院经审理认为：针对盛某某要求退还1980元美容体验费的诉讼请求，盛某某称都市佳茵中心未提供该项服务，都市佳茵中心称其已经提供服务，作为服务的提供方，该中心理应提供相应的证据予以证明，现其并未提供充分的证据证明对盛某某提供了该项服务，故法院对盛某某的该项诉讼请求依法予以支持。针对盛某某要求退还下颌肌、颧肌光纤海融及颈部项目共计237600元的诉讼请求，盛某某称做之前自己并不清楚具体是什么，也不清楚价格，亦不知晓美容仪器的相关情况，都市佳茵中心承诺7天内产生效果，但之后并无效果，且该中心采取了欺诈和虚假宣传等手段。

首先，盛某某作为一名成年人，具有完全的民事行为能力，按照日常生活经验法则，在进行消费之前，理应问清楚消费项目及价格，盛某某称其接受服务之前并不清楚具体项目及价格，不符合正常消费习惯；其次，盛某某接受完服务后，当时并未提出异议，并于次日支付完毕剩余的大部分款项，其称都市佳茵中心承诺7天内出效果，但未提供相应证据，盛某某的上述行为，理应视为对其已接受服务的确认；再次，就美容效果的问题，由于人们的审美认知和身体状况存在的差异性，以及对效果的认知具有一定的主观性，致使双方对服务效果的认识不一致，都市佳茵中心认为已经达到了面部提升、紧致的效果，而目前对该类美容的效果并无明确、具体的规范标准，也无法通过鉴定程序进行鉴定，故盛某某称其未达到预期效果，不能成为退费的理由；最后，就盛某某提出的价格过高的问题，法院已依法委托三家鉴定机构对价格合理性进行鉴定，但最终因目前美容价格尚无统一标准，故而终止了鉴定程序。故盛某某要求退还237600元无事实与法律依据，法院依法不予支持。北京市海淀区人民法院依照《中华人民共和国合同法》第八条、第一百零七条，《中华人民共和国民事诉讼法》第六十四条之规定，判决：

一、都市佳茵中心于本判决生效后七日内退还盛某某1980元；

二、驳回盛某某的其他诉讼请求。

盛某某不服原审判决，提起上诉。

北京市第一中级人民法院经审理认为：消费者享有知悉其购买、使用的商品或者接受的服务的真实情况的权利。消费者有权根据商品或者服务的不同情况，要求经营者提供商品的价格、产地、生产者、用途、性能、规格、等级、主要成分、生产日期、有效期限、检验合格证明、使用方法说明书、售后服务，或者服务的内容、规格、费用等有关情况。本案中，都市佳茵中心称为盛某某提供了下颌肌、颧肌光纤海融及颈部三项美容服务，并达到了预期效果，所以盛某某应当按照事先告知的服务价款支付费用。但是，根据美容行业管理相关办法的规定，美容美发经营者在提供服务时，应当询问消费者的要求，向消费者提供与服务有关的真实信息，对消费者提出的有关产品、服务等方面的问题，应当作出真实明确的答复，不得欺骗和误导消费者；美容美发服务所使用和销售的各种洗发、护发、染发、烫发和洁肤、护肤、彩妆等用品以及相应器械，应当符合国家有关产品质量和安全卫生的规定和标准，不得使用和销售假冒伪劣产品。根据《中华人民共和国产品质量法》第二十七条的相关规定，产品或者其包装上的标识必须真实，有产品质量检验合格证明，有中文标明的产品名称、生产厂厂名和厂址，根据产品的特点和使用要求，需要标明产品规格、等级、所含主要成分的名称和含量的，用中文相应予以标明；需要事先让消费者知晓的，应当在外包装上标明，或者预先向消费者提供有关资料，限期使用的产品，应当在显著位置清晰地标明生产日期和安全使用期或者失效日期。本案中，都市佳茵中心虽然不销售美容仪器产品，也不能证实是美容仪器产品的生产者，但是，作为提供美容服务的经营者，其有义务按照法律法规的规定、主管部门制定的规章提供服务。经审查，都市佳茵中心为盛某某提供美容服务所使用的仪器，直至本案诉讼中，不能提供准确的产品名称、无生产厂厂名和厂址，该仪器的用途、性能、规格、等级、工作原理、生产日期、有效期限、检验合格证明、使用方法说明书均不能予以出示或提交相关资料，故不能认定都市佳茵中心提供美容服务所使用的仪器属于符合国家有关产品质量和安全卫生规定和标准的产品。根据双方实际履行的行为，已经形成服务合同法律关系，由于都市佳茵中心在合同履行中使用的产品无品名、技术功能、相关许可等资料，其利用该仪器产品所承诺的服务目的，不能提供证据证实能够实现或得到，属隐瞒相关事实，构成欺骗和误导盛某某进行消费的行为。依据《中华人民共和国消费者权益保护法》的规定，经营者提供商品或者服务有欺诈行为的，应当按照消费者的要求增加赔偿其受到的损失，增加赔偿的金额为消费者购买商品的价款。盛某某要求都市佳茵中心退还服务费237600元的上诉请求，符合法律规定，法院予以支持；一审法院驳回盛某某该部分诉讼请求，属于认定事实及适用法律有误，法院予以纠正。一审法院判令都市佳茵中心退还盛某某1980元美容体验费的处理，都市佳茵中心对此未提起上诉，盛某某予以认可，故法院对该判决内容予以维持。

综上所述，盛某某的上诉理由成立，法院予以支持。北京市第一中级人民法院依照《中华人民共和国消费者权益保护法》第八条、第十八条第一款，第二十条第一款和第二款、第二十三条第一款、第五十五条第一款，《中华人民共和国民事诉讼法》第一百七十条第一款第二项规定，判决：

一、撤销北京市海淀区人民法院（2015）海民初字第45592号民事判决第二项；

二、维持北京市海淀区人民法院（2015）海民初字第45592号民事判决第一项；

三、都市佳茵中心于本判决生效后七日内退还盛某某237600元。

【法官后语】

随着社会经济的不断发展，我国消费市场正在以前所未有的速度不断扩大，但同时各类不正当经营行为和消费欺诈现象也愈演愈烈，欺诈的表现形式也呈现多样化和复杂化的特征，对司法认定提出了更高的挑战。

《中华人民共和国消费者权益保护法》第五十五条第一款的规定，经营者提供商品或者服务有欺诈行为的，应当按照消费者的要求增加赔偿其受到的损失，增加赔偿的金额为消费者购买商品的价款或者接受服务的费用的三倍；增加赔偿的金额不足五百元的，为五百元。法律另有规定的，依照其规定。《欺诈消费者行为处罚办法》① 第二条规定："本办法所称欺诈消费者行为，是指经营者在提供商品（以下所称商品包括服务）或者服务中，采取虚假或者其他不正当手段欺骗、误导消费者，使消费者的合法权益受到损害的行为。"从上述规定可以看出，构成消费欺诈，需要经营者为了缔结消费合同而诱使消费者犯错误的作为或者不作为，此种行为使得消费者在受干扰的情况下下作出意思表示，即该意思表示具有瑕疵，非自由之意思表示，这种行为构成对消费者的欺诈。

在司法实践中，认定构成欺诈主要需从主客观两个方面进行。主观方面主要包括一方具有欺骗或隐瞒他人，并使他人陷入错误的故意，另一方确因对方行为陷入错误的认知。客观方面主要包含一方作出了欺骗、隐瞒等的行为，另一方因错误认知而作出相应行为。因主观方面属于内心活动，实践中主要通过客观表现予以判断，因此欺诈行为的客观方面通常是认定是否构成欺诈的关键。在理论上，欺诈行为可分为"积极作为欺诈"和"不作为的欺诈"，前者主要是实施"劝诱行为"，如故意告知对方虚假情况，以假充真、以次充好等。后者主要为根据特别的法律规定、诚实信用原则或者交易习惯的要求，一方负有对所销售产品或服务的告知义务。

本案中，都市佳茵中心的行为即构成了不作为的欺诈。根据美容行业管理相关办法的规定，美容美发经营者在提供服务时，应当询问消费者的要求，向消费者提供与服务有关的真实信息，对消费者提出的有关产品、服务等方面的问题，应当做出真实明确的答复，不得欺骗和误导消费者，并且其提供服务使用的产品应当符合国家有关产品质量与安全卫生的规定和标准，但都市佳茵中心作为提供美容服务的经营者，并未按照法律法规的规定使用符合国家有关产品质量与安全卫生的规定和标准的产品，并且向消费者隐瞒服务的真实信息，未履行应有的告知义务，因此在

① 本规章自2015年3月15日《侵害消费者权益行为处罚办法》施行同时废止。

行为表现上已属于“不作为的欺诈行为”。

综上所述，经营者的作为或者不作为都有可能构成对消费者的欺诈。对“不作为的欺诈”的判断应当重点考察相关行为是否违反了法律法规的强制性规定，是否符合诚实信用原则或交易习惯，是否符合合同的性质目的等，综合各方面因素作出合理判断。

编写人：北京市第一中级人民法院　张永钢　何悦

59

转供电过程中的线损电费应当由终端用户与转供电经营者共同承担

——张某、徐某诉保利物业发展股份有限公司成都分公司、保利物业发展股份有限公司物业服务合同案

【案件基本信息】

1. 裁判书字号

四川省成都中级人民法院（2018）川01民终17949号民事判决书

2. 案由：物业服务合同纠纷

3. 当事人

原告（被上诉人）：张某、徐某

被告（上诉人）：保利物业发展股份有限公司成都分公司（以下简称保利物业成都分公司）、保利物业发展股份有限公司（以下简称保利物业公司）

【基本案情】

2016年11月9日，原告张某、徐某与被告保利物业成都分公司签订《前期物业服务协议》，约定涉案物业类型为办公，原告水电等费用需要被告保利物业成都分公司代收代付时，原告须按时足额向被告保利物业成都分公司缴纳应承担的水电

等费用；被告保利物业成都分公司的物业服务内容包括房屋共用设施设备的维修、养护、运行和管理；受有关部门或单位的委托，被告保利物业成都分公司可提供水费、电费、煤气费、有线电视费等代收代缴收费服务，收费标准执行政府规定，原告在缴纳物业服务费的同时缴纳被告保利物业成都分公司代收代缴的各项费用；被告保利物业成都分公司违反协议，擅自提高收费标准或乱收费的，原告有权要求被告保利物业成都分公司清退多收费用。原告按1.35元/度的电价标准向被告保利物业成都分公司支付了2016年11月30日至2017年7月31日涉案物业用电量633度的电费854.55元。

涉案小区安装了两个高压电表，分别为已实行一户一表的居民生活用电表和未实行一户一表的商业用电表，商业用电表项下安装了包括涉案物业在内的所有LOFT物业及商铺的分表和用于小区公共设施用电按居民合表电价计价的4个居民合表。涉案小区所有LOFT物业及商铺的分表用电时，从商业用电表到分表的输电会产生电量损耗，该损耗电量未包含在分表计量中且不易计算，损耗的大小与输电设备（线缆、变压器等）的配置、新旧程度、运行时间、维护情况等因素有关。供电公司出具的电费计算清单中的“商业用表75”的电量为扣除用于小区公共设施用电的4个居民合表电量后的电量，电费计算清单中的“商业用表75”项下的“损耗”为供电公司的电源站到涉案小区商业用电表的输电线缆及变压器损耗。供电公司对涉案小区的商业用电按四川省电网销售电价中“50KVA（KW）及以上一般工商业及其他1-10kv”用电的丰平枯分期、峰平谷分段浮动电价收取，其中平水期为每年5月、11月，丰水期为每年6-10月，枯水期为每年12月、1-4月，每日的11：00至19：00为平段、7：00-11：00和19：00-23：00为峰段、23：00-7：00为谷段。

在2017年1月至2017年12月（12个月），涉案小区的“商业用表75”共计产生用电量6705854度，该“商业用表75”项下包括涉案物业在内的所有LOFT物业及商铺的分表用电量共计5763341度，被告保利物业成都分公司就该“商业用表75”向供电公司支付电费共计5757131.57元。

【案件焦点】

转供电过程中的线损电费应由终端用户承担还是转供电经营者承担。

【法院裁判要旨】

四川省成都市武侯区人民法院经审理认为：关于被告保利物业成都分公司对涉案物业的电费收取标准。虽然《前期物业服务协议》对此有作约定，即“执行政府规定”，且涉案小区的商业用电执行丰平枯分期、峰平谷分段浮动电价，但由于无法确认涉案物业分表在每月各时段的用电量，因此不能以四川省电网销售电价中“50KVA（KW）及以上一般工商业及其他1－10kv”用电的丰平枯分期、峰平谷分段浮动电价作为被告保利物业成都分公司收取电费的标准；而原告主张的电价0.8010元/度不能体现涉案物业在丰平枯、峰平谷各时期各时段的用电量及电价差异，且富通公司在宣传资料上列明电费单价0.85元/度对被告保利物业成都分公司无约束力。鉴于此，法院考虑涉案小区的LOFT物业及商铺的入住情况，以及计算电费收取或退还的简便性，以2017年度涉案小区“商业用表75”的用电量及被告保利物业成都分公司就“商业用表75”向供电公司缴纳的电费总额为计算数据，计算年度平均电价为0.8585元（5757131.57元÷6705854度），确定在涉案已交电费期间（2016年11月30日至2017年7月31日）被告保利物业成都分公司按0.8585元的电价标准向原告收取电费，对原告要求被告保利物业成都分公司按0.8010元/度标准收取电费的主张不予支持。

关于被告提出的输电线路损耗问题。依据法院查明的事实，涉案小区未使用一户一表的商品用电表，涉案小区的所有LOFT物业和商铺的分表在用电时，相应的输电设备会产生电量损耗，该损耗电量不能体现在每个物业的分表计量上且不易计算。由于该损耗电量系因所有物业LOFT和商铺的分表用电所产生，因此该损耗电量应由所有LOFT物业和商铺的业主分摊，不应由被告保利物业成都分公司承担，涉案小区的所有LOFT物业和商铺的业主向被告保利物业成都分公司缴纳的电费应包括分表电量的电费和损耗电量的电费，故法院对原告要求以分时电表为准缴纳电费的诉请不予支持。对于业主分摊损耗电量的计算，法院参照《四川省发展和改革委员会关于清理规范转供电环节收费有关事项的通知》（川发改价格〔2018〕395号）关于转供体的用户线损电价按6%（即线损率6%）计算的规定，酌定涉案已交电费期间的线损率为6%。经核算，在2016年11月30日至2017年7月31日，原告就涉案物业应向被告保利物业成都分公司支付电费576元［633度×（1+6%）×0.8585元］，现原告已向被告保利物业成都分公司缴纳该期间的电费

854.55 元，故被告应退还原告该期间的电费 278.55 元（854.55 元 - 576 元）。因被告保利物业成都分公司系被告保利物业公司成立的分支机构，无法人资格，故应由被告保利物业公司向原告承担退还电费的责任。

关于被告提出的变压器的电量损耗问题。由于供电公司电费计算清单中的“商业用表 75”显示的所有电量已包含变压器产生的电量损耗，并且前述法院计算的电量损耗比率已包含涉案小区商业用电表到分表的输电设备所产生的电量损耗，因此不应再另行计算变压器所产生的电量损耗。

关于被告将变配电设备检测费用分摊在代收电费中由业主承担的主张。由于《前期物业服务协议》约定被告保利物业成都分公司的物业服务包括对涉案小区房屋共用设施设备的维修、养护、运行和管理，且未约定由业主承担变配电设备检测费用，因此被告的上述主张缺乏事实依据，法院不予支持。

关于被告将供电公司就未按时缴纳电费收取的违约金分摊在代收电费中由业主承担的主张。首先，被告的该主张是将部分业主逾期缴纳电费给被告保利物业成都分公司造成的向供电公司支付违约金的损失转嫁给全体业主，明显不具有合理性。其次，《IC 卡购电结算协议》约定了代缴涉案小区电费的缴费期限，被告保利物业成都分公司可通过与业主约定电费缴费时间和逾期缴费违约责任的方式来减少或弥补逾期向供电公司缴纳电费所承担的违约金损失，因此法院对被告的上述主张不予支持。

四川省成都市武侯区人民法院依照《中华人民共和国合同法》第六十条，《中华人民共和国公司法》第十四条，《中华人民共和国民事诉讼法》第六十四条第一款、第一百四十八条第一款、第二款、第三款规定，判决：

一、被告保利物业公司于本判决生效之日起十日内向原告张某、徐某退还 2016 年 11 月 30 日至 2017 年 7 月 31 日的电费 278.55 元；

二、驳回原告张某、徐某的其他诉讼请求。

一审宣判后，被告提起上诉。四川省成都市中级人民法院经审理同意一审法院裁判意见，判决：

驳回上诉，维持原判。

【法官后语】

本案争议焦点系转供电过程中输电线路损耗由谁承担的问题。自1998年起，国家实施居民用户“一户一表”改造，但仍然存在一定数量的转供电和合表用户。“转供电”是指电网企业无法直接供电到终端用户，需由其他主体转供的行为。“转供电单位”主要是指管理相关电力设备，并代收电费缴至电网企业的各商业综合体、产业园区、写字楼等物业服务企业或产权单位。实践中，转供电经营者不仅承担着转供电的职责，还担负了被转供电用户（即终端用户）的设备损耗和电力运维的成本，转供电企业往往通过提价摊销线路损耗成本，因此，转供电的电价要超过工商业平均电价水平。相应地，转供电不规范加价的问题愈演愈烈，终端用户与转供电经营者之间的电费缴纳标准的矛盾不断加深。

对终端用户业主而言，业主对建筑物专有部分以外的共有部分享有权利，承担义务。业主对共有部分有使用权利的同时也存在分担支付使用费用和维修费用的义务。转供电线路损耗是从总表到分表输电过程中必然存在的，终端用户是转供电的最终使用人和受益人。因此终端用户业主分摊建筑物共有部分及其他附属设施设备相关费用是其不可推卸的义务，这是由建筑物区分所有的性质决定的。对于承担比例，一审法院参照《四川省发展和改革委员会关于清理规范转供电环节收费有关事项的通知》（川发改价格〔2018〕395号）规定的终端用户关于转供电线损电价按6%计算，综合考虑输电设备（线缆、变压器等）的配置、新旧程度、运行时间、维护情况等影响损耗大小的各类因素，确定终端用户按照6%计算转供电线损电价。

对于物业服务企业而言，转供电环节除技术耗损外还存在管理耗损因素，因物业服务单位未尽电力设施设备管理维护义务，由此产生的管理维护层面的线路损耗必然也应当由物业服务单位承担。本案中，转供电经营者基于未达到管理服务质量，故应当负担6%以外线损电价的违约责任，故法院判决保利物业公司基于不当得利向张某、徐某返还其已缴纳的6%以外的线损电费。

编写人：四川省成都市武侯区人民法院　郭静　冯雪

60

物业服务涉及公共部分建筑物所有权的整体性，小区外的商铺也应遵守物业服务合同

——四川省乐山市郡和物业管理有限公司诉张某容、王某物业服务合同案

【案件基本信息】

1. 裁判书字号

四川省乐山市中级人民法院（2019）川11民终22号民事判决书

2. 案由：物业服务合同纠纷

3. 当事人

原告（被上诉人）：乐山市郡和物业管理有限公司（以下简称郡和物业公司）

被告（上诉人）：张某容、王某

【基本案情】

2012年12月3日，四川峨眉华荣房地产开发有限公司将其竣工的“峨眉河畔一期”商住物业总面积184983平方米，其中住宅建筑面积137125平方米，商业用房建筑面积47858平方米，地下建筑面积29013平方米的物业服务委托原告管理，物业管理期限为2012年12月1日至2016年12月31日，物业服务合同原件及管理公司的相关证件均交由物业管理主管部门进行了合同备案。2015年6月9日，原、被告签订了一份《前期物业服务合同》，合同约定，被告将其购置的商铺面积为430.69平方米交由原告管理，物业服务的标准为1.3元/月平方米；业主应于办理交房手续之日起缴纳物业服务费用，交房时预缴一年物业服务费，以后每年缴纳一次，每次在其年度首月的1日至10日内缴纳；若未按时缴纳物业服务费的业主/物业使用人，超过一个季度，其超期部分的滞纳金按所欠费用的3‰每日计收；合同

期限自签订之日起至2016年12月31日止（注：在本合同期限内，业主委员会代表全体业主与物业服务企业签订的物业服务合同生效时，或开发建设单位依法解除其与乙方签订的合同，与另外的物业服务企业签订的物业服务合同生效时，本合同自动终止。合同期限届满，尚未成立业主大会并未选聘新的物业服务企业，且开发建设单位未解除其与乙方签订的合同，本合同期限自动延续）。同日，被告与开发建设单位签订的商品房买卖合同在峨眉山市房地产管理局进行了备案，合同备案号为20150××××××××12。被告应在次日向原告缴纳当年的物业服务费，但至2017年12月31日被告从未缴纳过物业服务费，共计欠费17189元，原告通过在小区宣传栏、业主使用门店张贴催收物业服务费通知方式向被告进行催告，要求被告及时缴纳拖欠的物业服务费，被告以各种理由拒交。

【案件焦点】

业主以未享受或者无须接受相关物业服务抗辩拒绝缴纳物业管理费，是否应该得到支持。

【法院裁判要旨】

四川省峨眉山市人民法院经审理认为：《前期物业服务合同》是双方当事人的真实意思表示，双方当事人应按照协议内容全面履行自己的权利义务，该合同成立并已生效，对原、被告都具有法律约束力。物业管理区域的划分申请不属于物业管理企业的义务，且物业管理企业与开发建设单位签订的物业服务合同已报相关主管部门备案。被告以未享受、无须接受相关物业服务抗辩拒绝缴纳物业管理费，其行为有违诚实信用原则。

四川省峨眉山市人民法院依照《中华人民共和国合同法》第八条、第六十条、第一百零九条，《最高人民法院关于审理物业服务纠纷案件具体应用法律若干问题的解释》第六条之规定，判决：

本判决生效后十日内，由被告张某容、王某支付拖欠原告郡和物业公司的物业管理费17170元［（430.69平方米×1.3元/平方×30个月）+（430.69平方米×1.3元/平方÷30天×20天）］。

被告持一审抗辩理由提起上诉。四川省乐山市中级人民法院经审理认为：根据查明的事实可知，《前期物业服务合同》是双方当事人的真实意思表示，该合同并不存在前述规定合同无效的情形，因此张某容、王某主张《前期物业服务合同》违反法律、行政法规的强制性规定应属无效的上诉理由于法无据，不予采纳。乐山郡和物业公司按照合同约定提供了物业服务，而张某容、王某却没有按照约定缴纳物业服务费，故乐山郡和物业公司按照合同约定要求张某容、王某支付拖欠物业管理费的诉讼请求于法有据，予以支持。

四川省乐山市中级人民法院经审理同意一审裁判意见，判决：

驳回上诉，维持原判。

【法官后语】

关于物业管理区域的划分申请不属于物业管理企业的义务，不应无限制地扩展物业服务合同内容和责任的问题。《四川省物业管理条例》第九条规定，建设单位在取得商品房预售许可或者现房销售前，应当持房地产开发项目核准或者备案文件、土地使用权证、建设用地规划许可证、项目规划设计方案等资料，向项目所在地县级人民政府房地产行政主管部门申请划分物业管理区域。房地产行政主管部门应当自受理申请之日起20日内，按本条例第八条规定进行划分。

建设单位应当将划定的物业管理区域以书面说明和图纸形式在房屋销售现场的显著位置公示。

第十条规定，已经建成并交付使用的物业，确需要划分物业管理区域的，由业主委员会或者业主代表向物业所在地县级人民政府房地产行政主管部门提出申请。房地产行政主管部门应当在物业管理区域所在地街道办事处（乡、镇人民政府）的配合下，征求业主、居民（村民）委员会的意见，经相应区域内三分之二以上业主同意后进行划分，并在相应区域内公告。

以上条例仅仅是行政许可范围内的具体规定，对物业服务合同内容和履行并没有实质影响。从公正公平的层面上来说，物业公司与业主或者业主委员会签订合同，物业企业提供房屋及配套设备的养护、维修、小区环境卫生清洁和保安等服务，业主支付费用，双方的权利义务是明确且相互对应的，对于法律上没有规定或者规定模糊的事项，应当在合同中明确约定，否则不应该无限制地扩展物业服务合同内容和责任。

物业服务涉及公共部分建筑物区分所有权的整体性问题，物业管理企业与主业委员会签订的物业服务合同对全体业主有效，业主以未享受或者无须接受相关物业服务抗辩拒绝缴纳物业管理费，人民法院不予支持。物业服务涉及公共部分建筑物区分所有权的整体性问题，该权利不同于普通所有权，其包括专有权、共有权和成员权三个方面，而不是单个业主的绝对支配权。建筑物区分所有权因人数众多，共有部分的利用和管理必须由全体共有人以团体意思决议，而不能以单个区分所有权的个体意思为准。共有部分的管理和利用皆与其正常生活居住息息相关，关乎其正常生活权利的合理实现。不再是简单的财产共有关系，而是相互依存、相互协助之共同生活关系。

因此，在关系全体业主共同利益的事项上，必须由全体业主共同作出决议，并且该决议对所有业主具有约束力。业主以未享受或者无须接受相关物业服务抗辩拒绝缴纳物业管理费，人民法院不予支持。

编写人：四川省峨眉山市人民法院　谢灵

十四、保管、仓储合同

61

夫妻协议离婚并已就共同财产处理完毕后，一方以保管合同关系起诉另一方返还婚前财产，法院不予支持

——顾某生诉许某风保管合同案

【案件基本信息】

1. 裁判书字号

江苏省无锡市中级人民法院（2018）苏02民终4043号民事判决书

2. 案由：保管合同纠纷

3. 当事人

原告（被上诉人）：顾某生

被告（上诉人）：许某风

【基本案情】

2012年5月24日，顾某生与许某风登记结婚。

2016年9月28日，许某风出具《声明书》，确认苏州工业园区九华路118号20幢1××1室房屋（以下简称涉案房屋）系顾某生婚前个人财产，顾某生享有单独处分上述房屋的权利。次日，顾某生签订《存量房买卖合同》出售涉案房屋，价款总计305万元。同年11月21日，许某风工商银行卡收到涉案房屋结算价款2425283.9元，加上前期已收定金5万元，共计2475283.9元。12月5日，该卡支

出738700元用于购买宝马牌小轿车一辆。后许某风另从购房款中支付给顾某生55000元。

2017年11月21日，顾某生与许某风登记离婚并签订离婚协议书，载明：女儿由女方抚养，随女方生活；抚养费、教育费、医疗费由男方全部负责，男方一次性支付33万元给女方作为女儿的抚养费；男方有探视权，费用支付到女儿23周岁；双方无共同财产、无共同债务；女方支付男方11万元，于2017年11月30日前支付给男方。此后许某风按协议向顾某生支付了上述11万元。

2018年2月6日，顾某生诉至法院，请求判令许某风返还保管的售房款165万元。

审理中，双方向法院陈述：离婚时，双方开始确认许某风需支付给顾某生20万元，但至民政部门办理离婚手续时，民政部门认为子女需抚养至23周岁（双方草拟协议时认为需抚养至18周岁），进而双方对抚养费作了调整，重新计算后，许某风支付顾某生的款项从20万元减至11万元。

法院向涉案房屋中介公司苏州星客屋投资管理有限公司进行调查，该公司枫情水岸分公司经理周某宗陈述：交5万元定金当日，顾某生与许某风均到店，因顾某生没带银行卡，所以提供了许某风的卡收款；第二次收款时，顾某生与许某风也都到场，顾某生说既然前一次汇到许某风卡上，第二次也一样。

【案件焦点】

顾某生以保管合同关系主张许某风返还165万元售房款，应否得到支持。

【法院裁判要旨】

江苏省无锡市梁溪区人民法院经审理认为：涉案房屋系顾某生的婚前个人财产，许某风亦通过声明书确认该房屋的权利与义务均与其无关，故该房屋出售后的房款也应为顾某生的个人财产。通过向中介公司的调查，可以认定房款汇至许某风账户的原因系顾某生未带银行卡，因此许某风代顾某生保管房款的事实成立。双方系夫妻关系并不必然排斥一方代为保管对方个人财产。除购买宝马牌小轿车所用款项外，现并无证据证明顾某生曾认可剩余房款转为夫妻共同财产，离婚协议书也未明确双方经济关系已经了结，因此顾某生有权要求许某风返还保管的剩余房款165万元。

江苏省无锡市梁溪区人民法院依照《中华人民共和国合同法》第三百七十六条之规定，作出如下判决：

许某风于判决发生法律效力之日起十日内向顾某生返还 165 万元。

许某风不服一审判决，持原审答辩意见提起上诉。江苏省无锡市中级人民法院经审理认为：

1. 从本案现有证据来看，售房款汇至许某风银行账户后，部分款项确已用于家庭开销及经营。从购买宝马车及交付顾某生开店的款项使用方式来看，许某风动用售房款无须顾某生的书面授权。一审法院以其他款项均未得到顾某生的书面授权或者许可为由，要求许某风返还 165 万元有失偏颇。另外，许某风与顾某生婚姻关系存续期间，许某风并未工作，顾某生陈述由其给付许某风钱款用于家庭生活，但未提交充分证据证明其收入情况，而许某风陈述售房款用于家庭开销及经营，符合常理，且有相关事实予以佐证，法院予以采信。

2. 本案实为顾某生将售房款汇入许某风银行账户，由许某风用于家庭开支。一审法院以保管法律关系对许某风苛以严责，忽视婚姻家庭生活的人伦常情，有悖于一般人对婚姻家庭关系的正常认知，以致判决明显不公。

3. 本案应定性为离婚后财产纠纷。许某风认为离婚协议中对财产的分割是依据售房款扣减相关费用后得出，顾某生则认为双方在离婚协议中并未处理售房款。考量双方陈述，许某风的陈述可信度高于顾某生的陈述。理由是：（1）一般来说，双方在离婚时会对共同财产及自身存放于对方处的财产作一次性处理，但本案所涉如此大的一笔款项，顾某生离婚时却未要求许某风返还，也未用书面形式对该债权加以确认，明显不符合常理。（2）顾某生陈述 11 万元为许某风支付给自己的婚内出轨补偿，但现有证据并不能证明该款是婚内出轨补偿，而是许某风应支付其的费用中扣减调整后的子女抚养费而得来，据此，顾某生的相关陈述与实际情况并不相符。

4. 从顾某生与许某风签订的离婚协议书及当事人陈述来看，双方就财产、子女抚养及探视等问题已经全部处理完毕，现顾某生要求许某风返还讼争财产，无事实依据，法院不予支持。

江苏省无锡市中级人民法院依照《最高人民法院关于适用〈中华人民共和国婚姻法〉若干问题的解释（二）》第八条第一款、《中华人民共和国民事诉讼法》

第一百七十条第一款第二项之规定，判决：

一、撤销无锡市梁溪区人民法院（2018）苏0213民初1324号民事判决；

二、驳回顾某生的全部诉讼请求。

【法官后语】

本案顾某生以保管合同法律关系诉请许某风返还财产，特殊性在于诉讼双方原为夫妻关系。根据我国《中华人民共和国合同法》第三百六十五条的规定，保管合同是保管人保管寄存人交付的保管物，并返还该物的合同。虽然我国法律并不排斥夫妻之间代位保管个人财产的行为，但因夫妻之间存在特殊的婚姻家庭关系，且法律规定夫妻婚后所得财产原则上均为夫妻共同财产，则夫妻之间在家庭共同生活中对于财产的相互转移存在着赠与、共同消费、代为保管等多种可能性，不能仅以一方将个人财产交付另一方的客观表象就当然认定夫妻双方之间存在保管合同关系。据此，夫妻一方以保管合同关系为由诉请另一方返还财产的，需重点举证证明夫妻双方就代为保管并返还财产一事达成了合意。人民法院应从夫妻双方交付财产时的真实意思表示、交付财产的属性以及财产转移后占有使用情况等多方面综合考量审查。本案所涉财产为顾某生出售婚前个人房屋所得款项，虽然双方对于款项交付原因各执一词，但现有证据可以证实许某风已将部分款项自由支配且用于家庭生活及经营开支，而顾某生不能就协议离婚时未向许某风主张返还该大额款项作出合理解释，其关于上述款项系委托许某风代为保管应予返还的主张缺乏依据。

另外，本案顾某生与许某风已经协议离婚，双方就财产分割问题已全部处理完毕，在不具备无效和撤销事由的情况下，离婚协议对双方具有法律约束力，现顾某生名义上以保管合同关系诉请许某风返还财产，实为对协议离婚时财产分割问题反悔，就此引发的纠纷应定性为离婚后财产纠纷。

编写人：江苏省无锡市中级人民法院　仓勇　杜凤君

62

动产质押监管合同的法律性质应参照具体案件认定

——中国光大银行股份有限公司广州分行诉广东诚通物流有限公司仓储合同案

【案件基本信息】

1. 裁判书字号

广东省广州市中级人民法院（2018）粤01民终15580号民事判决书

2. 案由：仓储合同纠纷

3. 当事人

原告（上诉人）：中国光大银行股份有限公司广州分行

被告（被上诉人）：广东诚通物流有限公司

【基本案情】

2014年2月7日，原告与被告、广州升旭投资有限公司（以下简称升旭公司）签订《仓储监管协议》，约定由被告监管升旭公司为担保《综合授信协议》（以下称主合同）项下债务而提供的质物，质物以《质物清单》列明的为准，质物的价值不得低于由三方出具的《查询及出质通知书》确定的最低价值，自《查询及出质通知书》到达被告且被告出具《质物清单》之日起，由被告通过直接占有的方式监管质物。在监管期间，被告承担如下监管义务与责任：按照合同法和本协议妥善、谨慎处理质物，在质物出现不利于原告主合同债权安全的情况时，及时通知原告；按照原告的书面指示和本协议的约定给予升旭公司提货、换货，办理原告对质物的提货；建立完善的出入库台帐登记记录，登记、核实升旭公司提货或换货后的质物最低价值是否符合《查询及出质通知书》的规定。被告违反上述约定造成原告质权落空或质物价值不足的，则应按《仓储监管协议》第二条第五款、第七款及第八条第三款承担相应的赔偿责任。在前述《仓储监管协议》签署后，协议各方依约履行贷款、提供质物、占有监管的义务，但其后原告发现质物数量减少，被告却从未向原告进行报告。2014年8月26日，原告与被告、升旭公司签订《协议书》，三方共同确认，由被告占有、监管的质物出现了数量、价值减损，其中螺纹钢减少2262吨、线材减少1792吨，导致质物总价值减少13618500元。同时，约定对基于主合同项下产生的债务，不论原告继续按与升旭公司签订的协议履行义务或做出新的债务安排，被告均应承担相应的违约责任。2017年5月26日，法院作出的(2015)穗天法金民初字第4821号《民事判决书》已对上述事实予以查明，并判决升旭公司清偿原告汇票垫款逾期利息1965200.54元、借款利息12444.99元及复利、借款罚息172908.58元。综上所述，被告因违约造成质物灭失，致使（2015）穗天法金民初字第4821号《民事判决书》项下的债务无法通过质押物的处置得以实现，因此，被告应在质物灭失造成的损失范围内向原告承担赔偿责任。

【案件焦点】

1. 被告有无适当履行合同约定的监管义务；2. 被告应否在质物灭失造成的损失范围内向原告承担赔偿责任。

【法院裁判要旨】

广东省广州市天河区人民法院经审理认为：在2014年5月19日之前，出质人升旭公司有强行出库行为发生，导致原告部分质权落空。法院认为，被告是否已经履行监管义务，应否承担赔偿责任，应以《仓储监管协议》的约定作为评判标准。本案是因作为出质人的升旭公司强行转移质押物引发的纠纷，对此，协议明确约定，在出现出质人违反协议约定对质押物进行处置等明显不利于质权人权益的情况时，作为监管人的被告负有的义务是“及时通知原告”。从被告提交的电话录音、现场图片等证据来看，被告在监管物被升旭公司强行转移过程中，已及时通知了原告。此外，根据2014年8月26日三方签订的《协议书》来看，升旭公司在2014年5月19日之后也再未强行出货。因此原告诉称其发现质物数量减少、被告却从未进行报告的主张，法院不予采信，其要求被告对升旭公司在（2015）穗天法金民初字第4821号《民事判决书》判决项下的债务在人民币13618500元范围内承担赔偿责任的诉讼请求，法院不予支持。

广东省广州市天河区人民法院依照《中华人民共和国民事诉讼法》第六十四

条之规定，判决如下：

驳回原告中国光大银行股份有限公司广州分行的诉讼请求。

中国光大银行股份有限公司广州分行不服一审判决，提起上诉。

广东省广州市中级人民法院经审理认为：关于被告有无适当履行合同约定的监管义务的问题。根据《仓储监管协议》第一条第五款、第二条第四款第四项、第四条第一款的约定，被告有义务保证质物的价值不得低于约定的价值。二审中，被告亦认可其应当履行该义务，而客观上，质物价值因为升旭公司强行出货已经减少。至于被告二审中提出，升旭公司持有仓库钥匙，导致虽有约定，但被告事实上无法阻止升旭公司强行出货的辩解不能成立。就确保质物的价值义务之履行而言，被告并无适当履行，构成违约。关于通知义务的履行问题。被告一审中提交了照片与电话录音，显示已经履行了通知义务。但是该义务的履行并不能免除被告没有适当监管质物价值而应负担的违约责任。关于被告的责任问题。根据涉案协议第八条的约定，由于原告、被告、升旭公司三方签订的《协议书》已经明确质物减少13618500元。本案中，原告正是基于仓储协议第八条约定向被告主张权利，原告提出该诉请符合合同约定。该权利项下的赔偿金本质上属于质押物灭失的替代物，原告亦有权予以主张。债权因清偿而消灭，本案判令被告向原告赔偿损失不会导致原告获利。因此，原告要求被告对升旭公司在（2015）穗天法金民初字第4821号民事判决书判决项下的债务，在人民币13618500元范围内就未获清偿部分承担赔偿责任的诉请应予支持。

广东省广州市中级人民法院依照《中华人民共和国民事诉讼法》第一百七十条第一款第二项之规定，判决：

一、撤销广东省广州市天河区人民法院（2017）粤0106民初18875号民事判决；

二、被上诉人广东诚通物流有限公司就（2015）穗天法金民初字第4821号民事判决项下的债务，在13618500元范围内对上诉人中国光大银行股份有限公司广州分行未获清偿部分承担赔偿责任。

【法官后语】

动产质押监管合同是指债务人将其合法占有的动产向债权人出质后，为了保证质物的安全，债权人将质物委托监管人保管而订立的合同。司法实践中，不宜对动产质押监管合同的法律性质作统一的认定，而应具体案情具体分析，如若合同中有明确、具体、合法、有效的约定，则可以直接依据约定处理；如若合同中没有约定，则可以结合合同的名称、合同的目的、约定的内容，综合认定合同的法律性质，并参照合同法分则中有名合同的规定来处理。

监管人的义务包括法定义务和约定义务，法定义务是指监管人作为质物的保管者，根据《中华人民共和国合同法》的规定，其负有返还保管物、赔偿因保管不当造成的损失等义务。约定义务是指监管人作为监管合同的主体，应履行监管合同项下的各项义务，在动产质押监管合同中，常常约定监管人对质物的数量和质量进行把控和监管，对出质人的出库入库行为作了限制性规定，若发现有害于质权人权利实现的情形时及时通知质权人，并采取一定的措施，否则监管人有可能承担赔偿责任等。因此，不论是出于法定义务，还是约定义务，当质物转移给监管人保管后，质物一旦灭失，监管人就有可能承担赔偿责任。但若仅仅从监管人对质物是否保管不当来判断其应否承担赔偿责任就比较抽象。

在司法实践中，通常会根据监管人有无适当履行监管协议约定的监管义务来判断其应否承担责任。例如，有的合同约定“监管人要及时通知，且采取适当的措施来保证质权价值充足”，有的合同约定“监管人要及时通知，且应保证质权价值充足”，而这两种合同的约定虽然都约定了监管人要及时通知，但最后的目的却不同，前者注重过程，要求监管人采取适当的措施，若其已经采取足够的适当的措施，就算质权价值减少，其也不必然承担赔偿责任，而后者则注重结果，要求监管人一定保证质权价值充足，否则将承担赔偿责任。本案中，监管协议约定监管人的义务包括妥善占有质物，登记、监督、核实质物的出入库情况，保证质物的价值不低于质物最低价值；在质物出现不利于质权人主合同债权安全的情况时，及时通知质权人，并采取制止或报警等应急措施等。因此，本案中的监管协议更注重目的，即以是否保证质物的价值不低于约定的价值来判断监管人是否履行监管义务，故监管人的行为构成违约，应对质物的减损承担赔偿责任。

关于动产质押监管风险的防控。动产质押监管合同中的质物常常可能受动产的物理属性、质权人的预见性强弱、出质人的道德诚信水平、监管人的监管能力等因素的影响，从而导致质物的减少或灭失，故作为该合同主体的质权人、出质人、监管人均应采取各项措施，积极防控风险。作为质权人，要及时了解及跟进出质人的生产经营情况和财务动态，谨慎选择出质人；要了解质物的来源与权属，优先选择高品质价格稳定的质物，积极办理抵押登记手续；要优先选择规模较大、信誉较好、管理规范、经验丰富的企业做监管人；要明确和规范动产质押监管合同的内容，全面约定质权人、出质人、监管人的权利义务与责任，尤其注意明确质物交付监管人占有、质物价值减损的赔偿责任等细节。作为出质人，要严格遵守动产质押监管合同的约定，履行自身的义务，自觉按约定提取或换取质物，保障质权人的质权不受损；若由于自身原因导致质物减少或灭失的，主动增加质物或者承担赔偿责任。作为监管人，要全面了解质物的物理属性、动态价格和监管风险，全面而完善地做好前期监管准备工作；要建立健全监管制度，规范监管程序，做好质物出入库台账登记，细心地核实质物的价值，及时向质权人反馈质物的动态变化情况，在质物出现不利于质权人主合同债权安全的情况时，及时通知质权人，并且穷尽合法的手段来降低质物减损的风险，从而保障质物的最低价值不低于约定的价值，规范而负责地做好监管工作；要实事求是地做好总结工作，学习更新监管技术，不断提高监管能力，突破监管工作中的“瓶颈”，进一步降低监管的风险。

编写人：广东省广州市天河区人民法院　田天宝　李煜　林倩

十五、保险合同

63

保险业务员代填保单的效力和保险人对免责事由的告知义务

——胡某安诉中国太平洋人寿保险股份有限公司宜昌中心支公司人身保险合同案

【案件基本信息】

1. 裁判书字号

湖北省宜昌市中级人民法院（2018）鄂05民终725号民事判决书

2. 案由：人身保险合同纠纷

3. 当事人

原告（上诉人）：胡某安

被告（被上诉人）：中国太平洋人寿保险股份有限公司宜昌中心支公司

【基本案情】

原告诉称，2016年1月30日，原告经被告业务员喻某明介绍，与被告签订了《人身保险合同》。因原告当时在上海，不在宜昌，故保险合同由业务员喻某明代签，保费亦由喻某明垫付。保险合同项下有三项险种：金佑人身终身寿险、附加金佑人生提前给付重大疾病保险A款、心安怡住院费用医疗保险。合同自2016年1月31日起生效，原告依约支付了2016年、2017年保险费。2017年5月，原告因肾功能衰竭住院治疗，并向被告申请理赔。被告以原告隐瞒病史为由解除合同，并拒绝赔偿。故原告诉至法院，请求判令：1. 被告向原告支付保险金20万元。2. 被告向原告赔偿医疗费33787.61元。3. 由被告承担本案诉讼费。

【案件焦点】

1. 本案保险合同是否生效；2. 被告能否以原告隐瞒病情为由解除合同、拒绝赔偿。

【法院裁判要旨】

湖北省宜昌市西陵区人民法院经审理认为：本案争议的焦点在于保险合同是否系原告所签、保险公司能否以原告未如实告知为由解除合同并拒绝理赔、赔付金额的认定问题。

一、保险合同是否系原告所签及后续效力

原告对保险合同及附件上的"胡某安""本人已阅读保险条款……"提出异议，称由被告业务员喻某明代签。喻某明经法庭传唤，拒绝到庭。"胡某安""本人已阅读保险条款……"后经司法鉴定，无法鉴定真伪。但原告举证的证人证言、微信截图、视频、工作牌与本案有关联性，被告虽予以否认，但未能提交反证，故法院对此证据予以采信，认定2016年1月30日签订保单时原告不在宜昌。同时原告提供的2016年2月5日取款凭证也与原告诉称的"电话中购买，喻某明先垫付，回宜昌后再付款"这一事实相互吻合。因此，法院认定保险合同及附件上的"胡某安""本人已阅读保险条款……"均非原告本人所写。依据《最高人民法院关于适用〈中华人民共和国保险法〉若干问题的解释（二）》第三条第一款规定，本案保险合同"胡某安"虽由他人代签，但原告随后缴纳保费，表明其愿意订立保险合同，视为原告对他人代签行为的追认，代为填写的内容视为其真实意思表示。因此，本案保险合同成立并生效。依据《最高人民法院关于适用〈中华人民共和国保险法〉若干问题的解释（二）》第三条第一款规定，投保人已经缴纳保费的，视为其对代签行为的追认，不能及于"投保人声明栏"处的签字。因此本案保险合同附件关于"投保人声明""告知事项"的签字"胡某安""本人已阅读保险条款……"并非原告真实意思表示，不能据此认定被告已经履行了免责条款的明确说明义务或原告已知晓前述条款。

二、被告能否以原告未如实告知为由解除合同并拒赔

本案保险合同系他人代签，被告作为保险人、喻某明作为保险业务员，在开展保险业务时有责任提示投保人，向其明示免责条款或指导其签名确认，但被告或其业务员未履行上述职责。依据《最高人民法院关于适用〈中华人民共和国保险法〉若干问题的解释（二）》第十三条“保险人对其履行了明确说明义务负举证责任”之规定，但本案中被告未能举证。被告作为保险人代投保人签字确认，实质上放弃了就被保险人的真实情况向投保人进行询问的权利，而《中华人民共和国保险法》实行的是“询问告知主义”立法例，没有保险人的询问，也就不存在投保人的如实告知义务。按照“弃权与禁反言”的保险法原理，保险人在放弃就被保险人相关情况询问的权利之后，无权再以投保人未履行如实告知义务为由解除合同、拒绝赔偿。因此，本案中“投保人声明”“告知事项”处的免责条款对双方不生效，被告不得以此为由解除合同和拒赔。

三、赔付金额的认定

1.“金佑人生终身寿险”约定赔付情形是被保险人身故或全残。本案原告患病不属合同约定情形，因此原告的疾病不属于本险种赔付情形，不应理赔。

2.“附加金佑人生提前给付重大疾病险”约定的赔付情形是患有合同约定的“重大疾病”或“特定疾病”，其中关于肾脏方面的疾病为“终末期肾病（或称慢性肾功能衰竭尿毒症期）”和“严重I型糖尿病”。“终末期肾病（或称慢性肾功能衰竭尿毒症期）”具体定义为“双肾功能慢性不可逆性衰竭，达到尿毒症期，经诊断后已经进行了至少90天的规律性透析治疗或实施了肾脏移植手术”。“严重I型糖尿病”具体定义为“被保险人的I型糖尿病必须诊断明确，而且有血胰岛素测定及血C肽或尿C肽测定结果支持诊断，且已经持续性接受外源性胰岛素注射治疗连续180天以上”。而原告四次住院均诊断为“慢性肾脏病5期、肾性贫血、肾性高血压等”，住院期间接受的规律性透析治疗天数亦不足90天，因此原告的疾病不属于本险种约定的“重大疾病”情形，不应理赔。

3.“心安怡住院费用医疗险”约定：保险期间一年，到期可续保。鉴于原告曾于2017年2月3日续保费，故该险种保险期间自2017年1月31日零时至2018年1月30日24时止，本案四次住院发生在保险期间，保险人应承担保险责任。该险种约定的赔付情形是被保险人遭受意外伤害或合同生效之日起90日后患疾病，又或

被保险人因合同约定的“重大疾病”住院治疗，其中对于“重大疾病”的约定和“附加金佑人生提前给付重大疾病险”一致。因原告疾病不属于“重大疾病”，故应适用该险种第2.4（1）项即“遭受意外伤害或合同生效之日起90日后患疾病”。鉴于原告四次住院均有医疗补助，故依险种约定，应按以下公式计算并给付住院医疗保险金。住院医疗保险金=被保险人发生的合理且必要的住院费用-被保险人从公费医疗或社会医疗保险取得的医疗费用补偿金。因此本案中原告取得的住院医疗保险金=原告四次住院自费金额，即为13388.28元（10164.97元+2090.69元+68.27元+1064.35元）。

四、其他问题

法院已认定被告无权以如实告知为由解除合同，故被告2017年7月12日单方面解除合同无效。考虑到被告已收取原告两年保费，鉴于原告未提起相关诉讼请求，故对合同是否继续履行、是否退还保费，本案中不予处理，原告可另案诉讼。

湖北省宜昌市西陵区人民法院依照《中华人民共和国保险法》第十四条、第十六条、第一百一十六条、第一百三十一条，《最高人民法院关于适用〈中华人民共和国保险法〉若干问题的解释（二）》第三条、第十三条，《最高人民法院关于适用〈中华人民共和国民事诉讼法〉的解释》第九十条之规定，判决：

一、被告中国太平洋人寿保险股份有限公司宜昌中心支公司在本判决生效后十五日内，向原告胡某安支付保险赔款13388.28元；

二、驳回原告胡某安的其他诉讼请求。

原告胡某安不服一审判决，提起上诉。湖北省宜昌市中级人民法院经审理认为：胡某安在二审中提交截至2018年3月13日的全部血液透析记录单，能够证实胡某安因“慢性肾脏病5期”需要规律性血液透析治疗且实际天数已达9个月，治疗次数亦已达112次，符合涉案保险合同中“重大疾病”中对“终末期肾病（或称慢性肾功能衰竭尿毒症期）”设置的标准（双肾功能慢性不可逆性衰竭，达到尿毒症期，经诊断后已经进行了至少90天的规律性透析治疗或实施了肾脏移植手术），属于该险种约定的“重大疾病”情形，太平洋人寿保险股份有限公司宜昌中心支公司应当按照合同予以理赔。即依照“附加金佑人生提前给付重大疾病险”2.3重大疾病保险金（1）约定，按附加合同有效保险金额给付保险金，主险合同与附加合同终止，太平洋人寿保险股份有限公司宜昌中心支公司应当向胡某安支付20万元的重大疾病险保险金。鉴于胡某安仅就该20万重大疾病保险金提起上诉，法院对其他问题不予审查。因此，胡某安的上诉请求成立，予以支持。

湖北省宜昌市中级人民法院依照《中华人民共和国民事诉讼法》第一百七十条第一款第二项之规定，判决：

一、撤销宜昌市西陵区人民法院（2017）鄂0502民初1903号民事判决；

二、中国太平洋人寿保险股份有限公司宜昌中心支公司在本判决生效后十五日内向胡某安支付保险赔款213388.28元；

三、驳回胡某安的其他诉讼请求。

【法官后语】

本案系二审提交新证据导致改判，上诉人（原告、被保险人）在二审中提交了其治疗尿毒症的新增病历，达到了合同约定的“重大疾病”标准，故获得保险赔款。一审查明保险人的业务员代填保单、保险公司违规解除合同均属正确，此案在人身保险纠纷中具有典型意义。

一、保险业务员代填保单的效力

《最高人民法院关于适用〈中华人民共和国保险法〉若干问题的解释（二）》第三条第一款规定：“投保人或者投保人的代理人订立保险合同时没有亲自签字或者盖章，而由保险人或者保险人的代理人代为签字或者盖章的，对投保人不生效。但投保人已经交纳保险费的，视为其对代签字或者盖章行为的追认。”可见，保险代理人代填保单后，投保人缴纳保费的，视为保险合同生效。但要注意，此处的“保险代理人”≠“保险业务员”。

按照《中华人民共和国保险法》第一百一十七条及《保险代理人管理规定（试行）》，保险代理人是根据保险人的委托，向保险人收取佣金，在保险人授权范围内代为办理保险业务的机构或个人，其需要相关的从业资格证。因此保险代理人不是保险业务员，其独立于保险人之外，与保险人之间系平等的委托代理关系；而保险业务员系保险公司的正式员工，受保险人管理支配，以保险人名义开展活动，与保险人之间系上下级的劳动合同关系。

可见，保险业务员的展业活动系职务行为，应视为保险人的行为，其代填保单，即视为保险人承诺承保。回到本案中，被告保险公司业务员渝某明代原告填写保单，视为保险公司同意承保。

二、代填保单的效力，不及于“投保人声明栏”

实践中，保单中需要投保人签字的地方可能会有两处：在投保人身份栏签字，确认投保意愿；在保单页尾“投保人声明栏”处签字，确认已阅读免责事由。

当前保险实务中，保险公司为履行《中华人民共和国保险法》所要求的对免责事由说明义务而采取的普遍做法，是在保单页尾专门用黑体加粗字体打印一项格式条款，载明“保险人已向本人详细介绍了保险条款，并就该条款中的免责事由进行了明确说明，本人接受上述内容，自愿投保本保险”，然后要求投保人在项下签字，以证明保险人履行了告知义务。

而实践中一旦业务员代填保单，往往就在上述两处均代签。需要指出的是，两处签名的目的和意义不同。投保人缴纳保费，仅表明其愿意订立保险合同，是对代签保险合同的追认，保险合同对其生效。但不能据此认定保险公司已履行了“投保人声明栏”免责条款的告知义务，因为保险公司是否尽到告知义务是个事实问题，不能因投保人缴纳保费而推定保险公司已履行该项义务。

人身保险合同中，投保人的身体疾病状况是影响保险公司承保的重要因素，而保险公司业务员良莠不齐，业务员在展业时，为了诱导客户投保、促成合同、提高业绩，往往不愿详尽告知义务。商谈业务时仅仅电话中简单询问“得过什么病？因为什么住过院?”，未向投保人介绍注意事项。尤其在保险人代签合同时，投保人甚至没见过保险合同，对免责事由更无从知晓。因此，代填保单的效力，不能及于“投保人声明栏”。

本案中，保险合同由保险公司业务员喻某明代签，原告当时尚在上海，两人仅靠电话、微信联系，喻某明也未向原告出示保单上的免责条款，因此喻某明在“投保人声明栏”处的代签，对原告无效。

三、保险人对免责事由的告知义务

随着保险行业的发展，保险越来越专业、越来越精细。在保险项目、保险费率上，保险人处于绝对的优势地位，同时保险合同也有了越来越多的格式条款，法律为了平衡投保人和保险人的利益，故规定了保险人对免责事由的告知义务。

《中华人民共和国保险法》第十七条规定对免责条款，保险人应当在保单中作出足以引起投保人注意的提示，并对该条款以书面或口头形式作出明确说明，未作说明的，不产生效力。《最高人民法院关于适用〈中华人民共和国保险法〉若干问题的解释（二）》第十一条和第十二条具体作出“以足以引起投保人注意的文字、字体、符号……以网页、音频、视频等方式”之规定。对于保险人告知义务的履行，可以从以下几方面审查：

1. 以区别其他条款的字体、颜色（如加大、加黑、加边框等）标识免责条款，让普通人凭视觉可以毫不费力注意到该条款，不至于“大海捞针”一样在密密麻麻的条款中寻找。

2. 免责条款需出示给投保人。实践中，一些保险公司在展业时，其保单或保险合同中并无免责条款，免责条款打印在其他凭证中。既然免责条款未提供给投保人，保险公司当然无法证明其进行了告知。

3. 须在签订保险合同之前或当时进行告知，签订合同之后再行告知，已无意义。

保险人对免责事由的告知义务，系法定义务。保险人代投保人填写保单的，实质上放弃了就保险标的或被保险人的真实情况向投保人询问的权利。我国《保险法》实行的是“询问告知主义”立法例，没有保险人的询问，就不存在投保人的如实告知义务。按照“弃权与禁反言”的民法原理，保险人在放弃就保险标的或被保险人相关情况向投保人询问的权利之后，无权再以投保人未履行如实告知义务为由解除合同、拒绝赔偿或支付保险金。

本案中，保险公司业务员喻某明代原告签订保险合同时，未告知“有肾脏病史不能投保”这一关键事由，导致原告未如实告知，因此保险公司事后无权以原告隐瞒病情为由拒绝赔偿。从某种意义上讲，原告自始至终不知道其病史不能投保该险种，原告系被诱保。保险公司应对其业务员展业过程中疏于告知，盲目拉拢业务的违规行为埋单。

编写人：湖北省宜昌市西陵区人民法院　周云

64

“私”改“营”车辆的保险责任认定

——王某诉中国平安财产保险股份有限公司齐齐哈尔中心支公司财产损失保险合同案

【案件基本信息】

1. 裁判书字号

黑龙江省齐齐哈尔市中级人民法院（2018）黑02民终2756号民事判决书

2. 案由：财产损失保险合同纠纷

3. 当事人

原告（上诉人）：王某

被告（被上诉人）：中国平安财产保险股份有限公司齐齐哈尔中心支公司

【基本案情】

2017年6月11日，原告在被告处就其所有的车辆签订《机动车交通事故责任强制保险单》，约定投保车辆使用性质为“非营业”，死亡伤残赔偿限额11万元、无责任死亡伤残赔偿限额11万元、医疗费用赔偿限额1万元、无责任医疗费赔偿限额1000元、财产损失赔偿限额2000元、无责任财产损失赔偿限额100元。同时双方又就该车辆签订《机动车综合商业保险保险单》，约定机动车损失保险50332.8元、机动车第三者责任20万元、机动车全车盗抢保险50332.8元；特别约定：非营业车辆如从事营业性运输或租赁活动，发生保险责任范围内的事故，本公司不负责赔偿。两份保险的期限均为2017年8月10日至2018年8月9日。

2018年2月3日凌晨0点23分，原告在滴滴平台上接单，从齐齐哈尔火车站运送乘客至长吉岗乡后返回齐齐哈尔市途中，于齐查公路至音钦村西侧弯道处，因采取措施不当，车辆失控驶入东侧路基下，与树木相撞，造成原告本人受伤、投保车辆损坏。后原告向被告申请理赔，遭到被告拒绝后起诉至法院：1. 请求被告中国平安财产保险股份有限公司齐齐哈尔中心支公司在机动车损失保险限额范围内赔偿原告王某车辆损失费48000元、鉴定费2100元，合计50100元；2. 请求判令被告承担本案诉讼费用。

【案件焦点】

1. 投保车辆在未通知保险人的情况下从事商业营运是否可以向保险人主张保险理赔责任；2. 营运后空置返回途中，是否属于营运期间。

【法院裁判要旨】

黑龙江省齐齐哈尔市龙沙区人民法院经审理认为：被告与原告签订《机动车交通事故责任强制保险单》《机动车综合商业保险保险单》时，明确约定原告投保车辆的使用性质为"非营业"，且"特别约定：非营业车辆如从事营业性运输或租赁活动，发生保险责任范围内的事故，本公司不负责赔偿"条款合法有效且经双方确认，原告私自将该车辆用于营运，又未向被告进行告知，依据约定属于被告的免责情形，因此法院对原告的诉讼请求不予支持。

黑龙江省齐齐哈尔市龙沙区人民法院依照《中华人民共和国合同法》第六十条规定，判决：

驳回原告王某的诉讼请求。

原告王某不服原审判决，提起上诉。黑龙江省齐齐哈尔市中级人民法院经审理认为：王某的自认及交警部门出具的认定书认定，本案投保车辆发生交通事故系王某通过滴滴平台接到订单，在运输乘客的返程途中因会车时采取措施不当所致，王某付事故全责。故上诉人与被上诉人签订保险合同后履行中，将该投保车辆用途改变为营运性运输是客观事实，且交通事故亦是发生在载客到目的地后的返程途中，本案双方签订的合同期间为2017年8月10日至2018年8月9日，王某非营运车辆投保缴纳了保险费，却在保险合同履行期间将涉案投保车辆在滴滴平台注册从事营运，该行为已实际造成了保险标的危险程度显著增加的后果，而王某对此并未及时通知被上诉人，未能让保险合同相对方及时根据保险标的显著增加的危险程度决定是否增加保险费或解除合同，王某未及时通知被上诉人的行为违反了契约诚信及公平原则，亦违反了财产保险合同条款的约定。被上诉人通过拨打滴滴客服电话方式查询到王某在滴滴平台注册及营运相关信息，不属于《最高人民法院关于民事诉讼证据的若干规定》第六十八条规定的情形。齐齐哈尔市中级人民法院依照《中华人民共和国保险法》第五十二条的规定，平安财产保险公司据此对因案涉保险标的的危险程度显著增加而发生的保险事故拒赔符合法律规定，其不应当承担赔偿保险金的责任。黑龙江省齐齐哈尔市中级人民法院依照《中华人民共和国民事诉讼法》第一百七十条第一款第一项的规定，判决：

驳回上诉，维持原判。

【法官后语】

本案引申出的问题是，投保人“擅自”变更投保车辆的使用性质，保险人是否依然负担理赔义务。投保人将乘客送至目的地后返程途中，其驾驶投保车辆行为的性质属于商业营运还是“非营业”自用？齐齐哈尔市两级法院以判决方式回答了上述问题，对维护保险市场秩序起到了很好的指引作用。

一、风险系数增加认定标准

双方签订保险合同过程中，通过以保险条款的约定形式，对保险事故的性质、保险标的、保险期间、保险责任及责任免除等可能发生的“风险系数”作出明确的预期和约定。保险人在因投保人的行为使得保险标的遭受保险事故的“风险系数”显著增加时，再负担理赔责任则有悖于诚实信用原则和公平原则。但“风险系数”的增加，应有严格限定，不应为保险人予以滥用进而规避其应负担的保险责任。笔者认为，“风险系数”增加的认定，有如下标准：1. 投保人实施的行为超出保险合同对保险事故的限定条款约定；2. 风险增加达到一定程度，使得保险事故发生的概率显著提升，超出了保险人在缔约时的“效应预期”；3. 风险增加属于承保风险的实质性变化；4. 投保人对风险的增加具有主观过错。在“保险系数”增加后，投保人应当秉持诚信，如实将承保风险发生变化的情形及时、全面地向保险人进行通知（duty to notify），保险人有权选择解除保险合同、要求投保人增加相应的保费或修改保险条款。

二、对保险合同“射幸”性质的理解

射幸合同是一方相对人支付的代价后获得可能性收益远远大于其支付的代价的机会，该机会的发生具有偶然性和不确定性的合同。在保险法律关系中，“射幸”性质体现在保险事故的发生具有不确定性、投保人支付的保费不等于保险理赔金额方面。但出于对公平原则和权利义务均衡理念的坚守，“射幸”性不应理解为“任意”性。在缔约时，双方的利益均衡体现在总体上应为，在保险金额和保险标的价值均无变化的情形下，保费应与发生保险事故发生的概率成正比。在投保人交付相对较少的保费的同时，希冀在低概率发生保险合同约定的保险事故成就时获得与投保标的遭受的损失相一致的保险金额。在缔约时，这种心态可以理解为“以防万一”，投保人和保险人均明确知悉发生保险事故具有不确定性或可能性相对较低，故在实际对价和收益预期的总额上，保险合同相对各方的利益是均衡的。在履约过程中，任何一方改变“风险架构”，提升或降低事故发生概率或使“不确定性”转变为相对“确定性”，在无对方当事人追认的情形下，均是对合同利益均衡、各方相对人权利义务相一致原则的违背与破坏。

三、先行行为引发的事实“同一性”确认

“先行行为”本是刑事司法领域的专业术语，但在民事纠纷处理中，同样值得借鉴和参考。本案投保人的完整运营过程为通过滴滴平台接单开始，驾驶投保车辆接到乘客后将其送达目的地止。正因为投保人实施了超出保险人承保范围的营运性行为，致使投保标的在回程途中处于可能发生事故的危险状态，投保人负有在此期间防止或者排除这种危险发生的义务。先期的营业性商业行为与之后发生保险事故的损害结果之间又具有因果关系，且投保人在实施营业性商业行为前明知可能发生保险事故，故投保人实施的运营行为的“营利”性质效力应“延伸”至投保车辆返回原地止。从逻辑层面上，返程驾驶行为是实现营运目的的必要构成，因此，在事实上具有“同一性”，而不能将该返程驾驶片面理解为“非营业”行为。

编写人：黑龙江省齐齐哈尔市龙沙区人民法院　孙宝光

65

保险人主张投保人"虚高恶意投保"时保险价值的认定

——卓某谱诉中国平安财产保险股份有限公司北京分公司财产保险合同案

【案件基本信息】

1. 裁判书字号

北京市第一中级人民法院（2018）京01民终8627号民事判决书

2. 案由：财产保险合同纠纷

3. 当事人

原告（被上诉人）：卓某谱

被告（上诉人）：中国平安财产保险股份有限公司北京分公司（以下简称平安北分公司）

【基本案情】

2017年3月22日，重庆安福汽车营销有限公司为吕某出具的发票载明：机动车的发动机号为GGDABA××××98，车辆识别代号/车架号码为千米HGH41××××××××86，厂牌型号为雅科仕3778CC，价税合计78660元。2017年6月29日，二手车销售发票载明：买方卓某谱，卖方吕某，车辆识别代号等同前，车价3万元。同日，中国建设银行客户回单载明，卓某谱付给黄某松60万元。机动车登记证书载明：发动机号为G6DABA××××98，车辆识别代号等同上，车辆品牌为雅科仕，车辆出厂日期为2011年3月1日，发证日期为2017年7月5日。机动车行驶证载明：品牌型号为雅科仕千米HGH41E，车辆识别代号等与机动车登记证书一致，检验有限期至2019年7月。2017年7月17日，平安北分公司为卓某谱出具机动车综合商业保险保险单，载明：车辆初登日期2017年7月4日，厂牌型号雅科仕EQUUS3.8L轿车，发动机号等与机动车登记证书一致，机动车损失保险和发动机涉水损失险的保险金额均为78万元，车上人员责任险（司机）责任限额为5万元，保险期间为2017年7月18日起至2018年7月17日止。

2017年12月31日，卓某谱发生单方事故，自负事故全部责任。其因此至延庆区医院就诊，支付医疗费1031.06元。2018年1月3日，施救费发票载明的金额为3900元，救援起止点及托运路线为白河堡—救援公司—知春路4S店。2018年3月29日，平安北分公司出具事故车辆全损协议书，载明：因事故车辆损失严重，经甲方核实损失，损失已超过实际价值。依据保险合同及其条款，对该车定损方案达成如下协议："……甲方确认车损损失425000元，维修方报价不含工时费用报价665334.67元均超过实际价值……"卓某谱未在该车辆全损协议书中签字。

《中国平安机动车综合商业保险条款》（2014年版）第十二条约定："保险金额按投保时被保险机动车的实际价值确定。投保时被保险机动车的实际价值由投保人与保险人根据投保时的新车购置价减去折旧金额后的价格协商确定或其他市场公允价值协商确定。折旧金额可根据本保险合同列明的参考折旧系数表确定。"相关释义载明："新车购置价指本保险合同签订地购置与被保险机动车同类型新车的价格，无同类型新车市场销售价格的，由投保人与保险人协商确定。市场公允价值指熟悉市场情况的买卖双方在公平交易的条件下和自愿的情况下所确定的价格，或无关联的双方在公平交易的条件下一项资产可以被买卖或者一项负债可以被清偿的成交价格。"平安北分公司申请对涉案车辆的实际价值进行评估，评估公司未能作出评估结论。但关于涉案车辆全损的事实，双方均予以认可。

因双方就赔偿一事协商未果，卓某谱诉至法院，要求平安北分公司赔偿机动车损失78万元、施救费3900元、医疗费1031元，合计784931元。平安北分公司不同意按照78万元赔付车辆损失，理由在于，经过核实，卓某谱涉案车辆的购买金额是3万元，卓某谱存在虚高投保的可能，所以对于事故真实性不予认可，也拒绝赔付车辆施救费、医疗费。此外，根据相关法律的规定，保险金额高于实际价值的，应当按照实际价值予以赔付，多支付的保费同意退还。

【案件焦点】

1. 案涉交通事故所造成的车辆及车上人员损失是否属于保险赔付范围；2. 案涉车辆应否按照保险合同约定的保险金额予以赔付。

【法院裁判要旨】

北京市延庆区人民法院经审理认为：本案争议的焦点为案涉交通事故所造成的车辆及车上人员损失是否属于保险赔付范围以及案涉车辆应否按照保险合同约定的保险金额予以赔付。

一、案涉交通事故所造成的车辆及车上人员损失是否属于保险赔付范围

事故发生当日，北京市公安局延庆分局交通大队出具交通事故认定书，确认卓某谱承担事故全部责任。在平安北分公司没有反证证明卓某谱故意制造单方事故、亦没有证据证明存在免除保险人责任的情况下，法院确认平安北分公司应当在机动车损失保险及车上人员责任险范围内按照保险合同约定负责赔偿。就卓某谱支出的医疗费1031.06元和施救费3900元，因平安北分公司对医疗费票据及施救费发票的真实性均无异议，根据保险合同的约定，平安北分公司应当在机动车损失保险范围内给付卓某谱施救费3900元，在车上人员责任险范围内给付卓某谱医疗费1031元（卓某谱在诉讼请求中仅主张1031元）。

二、涉案车辆应否按照保险合同约定的保险金额予以赔付

该争议焦点的关键在于涉案车辆保险价值的界定。涉案车辆的保险价值界定应当综合考虑以下因素：1. 在车辆登记过程中，发票系车辆来源证明之一，故发票中所显示的金额并不一定总是能够代表车辆的实际价值；2. 该车辆出厂日期与上牌时间距离较大，评估机构亦无法确定该车辆市场价格；3. 投保环节中，平安北分公司就车辆投保时如何确定的保险金额、是否审查了车辆的购买手续等问题均未能作出明确且合理的说明，卓某谱则坚称投保时未出具发票，保险金额系保险公司确定，对于卓某谱的声称平安北分公司未能提出反证予以反驳；4. 2018年3月29日，平安北分公司出具事故车辆全损协议书中确认“车损损失425000元，维修方报价不含工时费用报价665334.67元均超过实际价值”，虽然该全损协议出具的宗旨在于表达涉案车辆的损失超过了发票金额，但是从侧面可以反映涉案车辆的修复成本；5.《中国平安机动车综合商业保险条款》（2014年版）第十二条以及新车购置价、市场公允价值的释义中均表明，车辆的实际价值是可以由保险人和投保人协商确定的，并非必须按照车辆购买发票的金额予以确定；6. 机动车登记证书显示涉案车辆为“一手车”；7. 平安北分公司按照78万元的保险金额收取了卓某谱机动车损失保险的保费。综合以上因素，法院认为，平安北分公司关于涉案车辆保险

金额超过保险价值的抗辩所依据的证据（购车发票）与卓某谱关于要求按照保险金额78万元赔付车辆损失的诉请所依据的证据（保险合同、保险条款、车辆全损协议书、机动车登记证书）相比，卓某谱提供的证据所形成的证据链在证明涉案车辆的保险价值与保险金额相一致这一事实上更具有高度的可能性。此外，保险活动当事人行使权利、履行义务应当遵循诚实信用原则。作为制定保险合同的一方，平安北分公司在是否接受卓某谱投保、如何确定保险金额方面均具有优势地位，在平安北分公司未能举证证明卓某谱虚增或者虚构保险价值且已经实际收取保费的情况下，应当视为双方在投保时以“协商方式”确定了保险金额，因此，在保险事故发生后，平安北分公司应当按照保险合同约定的保险金额履行赔付义务。因双方就涉案车辆残余部分的归属达成一致意见，为避免当事人诉累，故本案一并处理。

北京市延庆区人民法院依照《中华人民共和国保险法》第五条、第十一条、第十六条、第五十五条、第五十七条、第五十九条，《最高人民法院关于适用〈中华人民共和国民事诉讼法〉的解释》第一百零八条第一款之规定，判决：

一、被告平安北分公司于本判决生效后七日内给付原告卓某谱机动车损失保险赔偿金78万元、施救费3900元、车上人员责任险赔偿金1031元，合计784931元；

二、号牌为渝×××××，发动机号为G6DABA××××98的车辆残余部分归被告平安北分公司。

平安北分公司不服原审判决，提起上诉。北京市第一中级人民法院经审理认为：本案二审争议的焦点问题是平安北分公司是否应当按照保险合同约定的机动车损失保险的保险金额承担赔偿保险金的责任。机动车综合商业保险保险单约定，本保险合同由保险条款、投保单、保险单、批单和特别约定组成。《中国平安机动车综合商业保险条款》（2014年版）保险条款系保险公司提供的格式条款，该条款第十二条对保险金额的确定有明确约定，平安北分公司作为专业的保险机构，在投保环节中，应当按照该条款的规定，对保险标的价值进行相应的审查，从而确定保险金额。平安北分公司与卓某谱签订的保险合同约定，涉案机动车损失险的保险金额为78万元，平安北分公司亦按照78万元的保险金额收取了卓某谱机动车损失保险的保费，在保险事故发生时，平安北分公司应按合同约定保险金额承担给付保险金的责任。机动车登记证书显示涉案车辆为“一手车”，平安北分公司主张涉案车辆系二手车，与机动车登记证书的记载相矛盾，该上诉主张不能成立；平安北分公司关于卓某谱虚高恶意投保、保险金额低于保险价值等上诉主张，证据不足，亦不能成立，法院均不予采信。因双方就涉案车辆残余部分的归属达成了一致意见，为避免当事人诉累，一审法院一并处理符合法律规定。

综上所述，平安北分公司的上诉请求不能成立，应予驳回；一审判决认定事实清楚，适用法律正确，应予维持。北京市第一中级人民法院依照《中华人民共和国民事诉讼法》第一百七十条第一款第一项规定，判决：

驳回上诉，维持原判。

【法官后语】

所谓超额投保，是指保险金额超过保险价值的投保。《中华人民共和国保险法》第五十五条第三款规定："保险金额不得超过保险价值。超过保险价值的，超过部分无效，保险人应当退还相应的保险费。"本案中，平安北分公司即以该条法律规定为依据，将购车发票载明的金额等同于车辆的保险价值，拒绝按照保险合同约定的保险金额予以赔付。判断是否构成超额投保，关键在于案涉车辆保险价值的界定。

关于保险价值，《中华人民共和国保险法》第五十五条第一款规定："投保人和保险人约定保险标的的保险价值并在合同中载明的，保险标的发生损失时，以约定的保险价值为赔偿计算标准。"案涉保险单中并未约定保险价值，但约定了保险金额，结合《中国平安机动车综合商业保险条款》（2014 年版）第十二条之约定，可以判断通常保险单中的保险金额，应与保险价值相当或者低于保险价值。

本案中，虽车辆登记档案中的车辆发票金额确实远远低于保险金额，但是同时需要注意：一方面，发票在办理车辆登记管理程序中，仅系车辆来源的证明之一，而不一定代表车辆的实际价值；另一方面，由于案涉车辆的出厂日期与上牌时间相距六年，根据《车辆购置税征收管理办法》① 的规定，该类机动车计税价格不受最低计税价格的限制，故该类车辆的发票金额不能完全代表车辆的实际价值。因此，平安北分公司将购车发票载明的金额等同于车辆的保险价值的主张依据明显不足。平安北分公司在审理中提出对车辆实际价值进行鉴定的申请，价格评估机构在收到委托后，以车辆出厂日期和上牌日期时间距离较大，无法确定市场价格为由退回法

---

① 根据第十三届全国人民代表大会常务委员会第七次会议通过的《中华人民共和国车辆购置税法》，该办法已于 2019 年 7 月 1 日起废止。

院。该鉴定的退回虽然导致车辆的实际价值认定缺少了可参考的第三方中立意见，但可以在一定程度上证明案涉车辆由于库存年限等因素导致无市场上同类产品予以比对价值。

与平安北分公司提交的证据相比对，卓某谱所提交的保险合同、购买车辆的收条和转款记录、机动车登记证书、案涉车辆的修复价格等证据，其所形成的证据链在证明案涉车辆的保险金额和保险价值相一致方面具有了更高度的可能性。车辆损失保险是极为成熟的险种，作为制定保险合同的保险人而言，平安北分公司在是否接受卓某谱投保、如何确定卓某谱车辆的保险金额方面均具有优势地位，在平安北分公司订立合同时未审慎核查，且在诉讼中不能提供充分证据证明原告超额投保且已实际收取保费的情况下，将保单中载明的保险金额视为双方在投保时以“协商方式”确定的保险金额符合《中华人民共和国保险法》的立法宗旨，亦符合《中华人民共和国民事诉讼法》关于举证责任的分配和负担的规定。

此外，需要说明的是，本案的裁判结论系结合双方当事人的证据予以认定的法律真实，而非客观真实，也就是说，如果将来保险公司能够提供新的证据证明原告超额投保、故意在投保时与保险公司工作人员串通虚增保险金额、故意制造单方事故骗取保险金等情形的，亦可以通过申请再审的方式予以维权。

编写人：北京市延庆区人民法院　刘芳　石菲

66

人身意外伤害保险纠纷中猝死的情况是否属于保险范围

——湖北鹏程建设工程有限公司诉中国人民财产保险股份有限公司五峰土家族自治县支公司人身保险合同案

【案件基本信息】

1. 裁判书字号

湖北省宜昌市中级人民法院（2017）鄂05民终3472号民事判决书

2. 案由：人身保险合同纠纷

3. 当事人

原告（被上诉人）：湖北鹏程建设工程有限公司（以下简称鹏程建设公司）

被告（上诉人）：中国人民财产保险股份有限公司五峰土家族自治县支公司（以下简称人保五峰支公司）

【基本案情】

2016年9月9日，原告鹏程建设公司作为投保人、被保险人向被告人保五峰支公司投保建筑施工企业雇主责任保险，被告向原告出具有保单。保单中载明，被告按照《建筑施工企业雇主责任保险条款》承担保险责任，保险累计责任限额120万元，每次事故每人人身伤亡责任限额60万元，每次事故每人医疗费用责任限额4万元，每次事故每人医疗费用免赔额100元。保险期间为2016年9月10日零时起至2016年12月9日24时止。

2016年11月3日7时26分左右，原告承建的五峰大丽寨安置住房三期工程工人袁某林在工作过程中突然面朝地摔倒，随之出现意识障碍，小便失禁。工友随即拨打120并入五峰土家族自治县人民医院急诊科抢救。袁某林经医院抢救无效，于当日9时10分被宣布死亡。门诊病例第一页病例内容初步诊断一栏载明“猝死原因待查”。袁某林抢救费用961.13元。

事发当日原告向被告报案，保险公司于同日对死者相关情况找原告工作人员予以调查询问，并制作有《事故现场查勘询问笔录》。

2016年11月7日，原告与死者袁某林之子袁某签订《赔偿协议书》，双方协商一致原告向袁某林亲属共计赔偿78万元，并分别于2016年11月3日、11月4日、11月29日通过原告五峰大丽寨安置住房三期工程项目部会计刘某艳向袁某打款78万元。原告向死者袁某林亲属赔偿之后向被告理赔遭拒，引此诉讼。

【案件焦点】

死亡原因无法查明，保险公司是否应负保险责任。

【法院裁判要旨】

湖北省五峰土家族自治县人民法院经审理认为：死者袁某林在原告承接的五峰

大丽寨安置小区建设工程工作时死亡，事实清楚，证据充分，法院予以认定。根据本案保险条款的约定，如袁某林因遭受意外事故或者患与业务有关的国家规定的职业性疾病死亡的，保险公司依约定负赔偿责任。从袁某林病例资料载明“猝死原因待查”几字分析，“猝死”主要凸显死亡的突然性，而并非指死亡原因，“猝死原因待查”的整体描述亦可佐证。现因袁某林遗体已被处理，造成袁某林死因已无法查清，在此基础上亦造成了原、被告理赔与拒赔的矛盾。

被告向原告提供的格式《建筑施工企业雇主责任保险条款》合同文本中无被保险人雇员出现猝死情形下双方权利义务分配的详细约定。从本案原、被告举证及开庭审理查明事实来看，保险公司接到报案后除制作有询问笔录外，未开展与本案保险事宜有关的其他工作。法院认为，原告从保险合同订立足额支付保险费到出现雇员伤亡时当日报案，履行了合同约定的相关义务。保险公司针对本案保险理赔事实条件成就与否需要待证核查特殊情形下，无论从保护被保险人利益出发，还是从维护自身利益出发，被告作为从事专业保险业务的保险机构与原告作为社会一般保险购买者相比未合理、适宜开展相关保险业务工作，被动等待，最终造成雇员袁某林死因无法查清，因此产生的不利后果应由保险公司承担，原告提出要求被告赔偿60万元保险金的诉讼请求，法院予以支持。

湖北省五峰土家族自治县人民法院依照《中华人民共和国保险法》第十四条、第二十一条，《最高人民法院关于民事诉讼证据的若干规定》第二条之规定，作出如下判决：

一、被告人保五峰支公司在本判决生效后十日内支付原告鹏程建设公司保险金600689元；

二、驳回原告鹏程建设公司的其他诉讼请求。

人保五峰支公司不服原审判决，提起上诉。湖北省宜昌市中级人民法院经审理认为：根据案涉保险合同条款第三条的约定，鹏程建设公司员工若在保险合同明细表中列明的区域范围内，从事与建筑安装工程业务有关的工作时，因遭受意外事故或者患与业务有关的国家规定的职业性疾病致伤、致残或死亡的，保险公司应承担赔偿责任。

具体到本案，首先，鹏程建设公司向法院提交了袁某林的劳动合同和领取工资证明，人保五峰支公司认为签字存疑，但并无证据证实其质疑，结合袁某林出事时间和地点，可以认定袁某林系鹏程建设公司员工，即满足赔偿的主体条件。

其次，投保单上载明鹏程建设公司工程项目所在地为“五峰县”，未见条款中所述“明细表”，袁某林出事地点不仅在五峰县，且在鹏程建设公司施工工地，满足赔偿的地域条件。

再次，袁某林在工地工作，其居住在工地符合建筑行业的常态，对其出事时是否与“从事建筑安装工程业务有关”，不能简单以时间进行区分，且早上7时26分已经开始工作或者为工作做准备符合常理，故法院认定袁某林系在从事与建筑安装工程业务有关的工作时发生事故。

最后，根据人保五峰支公司员工的现场笔录，袁某林系摔倒后胸部撞在石头上，然后倒地不起，该询问笔录系由人保五峰支公司制作，若记载属实，则明显属于意外事故；若人保五峰支公司当场有疑问，则应明确提出进行尸检以便查明死因，但出险人员仅作记载，事后未提出任何质疑或有进一步的要求，鹏程建设公司当然会认为保险公司同意理赔，家属亦会按正常程序将尸体火化，鹏程建设公司赔偿完毕向保险公司理赔时，保险公司提出死因不明拒赔，有违诚信，未能尸检并非由鹏程建设公司或死者家属过错所致，不具有可归责性，相反，保险公司作为专业机构，其在查勘理赔方面处于主导地位，因其未能及时提出尸检要求导致的不利后果，应由人保五峰支公司自行承担。

法院注意到，案涉保险合同免责条款中将雇员因职业疾病以外的疾病引起的死亡，排除在保险赔偿范围之外，但该免责条款应按照保险法的规定进行提示和明确说明，现有证据不能证明人保五峰支公司已经尽到了明确说明的义务，该免责条款不生效力。湖北省宜昌市中级人民法院依照《中华人民共和国民事诉讼法》第一百七十条第一款第一项之规定，判决：

驳回上诉，维持原判。

【法官后语】

本案处理重点主要在于人身意外伤害保险纠纷中，猝死的情况应该作为保险范围来考虑还是应该作为免责条款来考虑。若保险人主张猝死免赔，举证责任应如何分配？《中华人民共和国保险法》第二十一条规定：“投保人、被保险人或者受益人知道保险事故发生后，应当及时通知保险人。故意或者因重大过失未及时通知，致使保险事故的性质、原因、损失程度等难以确定的，保险人对无法确定的部分，不承担赔偿或者给付保险金的责任，但保险人通过其他途径已经及时知道或者应当及时知道保险事故发生的除外。”

具体到本案中，一审法院认为原告从保险合同订立足额支付保险费到出现雇员伤亡时当日报案，履行了合同约定的相关义务。保险公司作为从事专业保险业务的保险机构与原告作为社会一般保险购买者相比未合理、适宜开展相关保险业务工作，被动等待，最终造成雇员袁某林死因无法查清，因此产生的不利后果应由保险公司承担。二审法院遂据此裁定维持原判。

值得注意的是，在人身保险合同纠纷中，猝死是死亡的一种状态，判断保险人是否承担保险责任，需从被保险人猝死的原因分析，初步举证责任应由原告承担。在投保人已初步举证证明被保险人是突然死亡且死亡与被保险人主观意志无关后，其行为意义上的举证责任即已完成，此时应由保险人提交被保险人死亡与疾病等相关证据，以证明属于保险合同约定的免责范围，否则保险人应承担不利的法律后果。如果保险人按照保险合同约定提出尸检要求，被保险人家属拒绝的，保险公司不承担理赔责任。

编写人：湖北省宜昌市五峰土家族自治县人民法院　张晓莉

十六、其他合同

67

P2P 网贷平台依据债权转让协议对投资者享有期限利益

——吴某诉福建省易天贷投资管理有限公司、邱某晖合同案

【案件基本信息】

1. 裁判书字号

福建省厦门市思明区人民法院（2018）闽 0203 民初 8264 号民事判决书

2. 案由：合同纠纷

3. 当事人

原告：吴某

被告：福建省易天贷投资管理有限公司（以下简称易天贷公司）、邱某晖

【基本案情】

邱某晖系易天贷公司法定代表人。2017 年 9 月 3 日，因易天贷公司停止经营，吴某与公司及邱某晖签订一份《易天贷平台投资人回款协议》（以下简称《回款协议》），约定易天贷公司回购其平台的所有债权债务，包括吴某在易天贷网络平台投资的理财产品："年丰收" 521000 元，易天贷公司承诺自当月起，分三年六期归还吴某：第一期每月回款待收本金的 1%，自 2017 年 9 月起至 2018 年 2 月止。第二期每月回款待收本金的 2%。第三期、第四期每月回款均为待收本金的 6%，第五期每月回款待收本金的 4%，第六期每月回款待收本金的 3%，每期回款期间均为 6 个月，以此类推至 2020 年 8 月还清。以上合计归还 132%，剩余 32% 作为平台投资

收益。邱某晖自愿对上述债务承担连带保证责任。若发生逾期，按每日万分之一计算违约金。

吴某起诉至思明区人民法院，请求判令：1. 易天贷公司、邱某晖支付吴某债务本金521000元；2. 易天贷公司、邱某晖支付吴某以上债务的利息119830元；3. 诉讼费用由易天贷公司、邱某晖承担。

庭审中，吴某确认《回款协议》约定的第一期自2017年9月1日至2018年2月共6个月、每月回款待收本金的1%，合计31260元已按时足额收到；第二期自2017年9月1日至2018年2月共6个月、每月回款待收本金的2%的回款方案，仅于2018年3月11日足额收到第一个月的10420元，易天贷公司自第二个月开始违约，2018年4月11日仅仅支付5210元。本案起诉后，易天贷公司于2018年5月14日单方面提出《回款协议变更补充协议》，擅自将2018年5月、6月的回款比例修改为不低于0.3%，并于2018年5月30日、6月29日通过案外人邱某银分两次向吴某支付金额均为1563元。

因部分欠款的分期付款期限未到，经法庭释明，吴某于庭后书面确认不申请解除《回款协议》，仅就已经形成事实的违约部分金额提出诉讼请求，并保留再次起诉的权利。

【案件焦点】

1. P2P网贷平台与投资者间法律关系及债权转让给平台企业的合同效力问题；2. 债权分期履行合同中，违约一方的期限利益是否丧失。

【法院裁判要旨】

福建省厦门市思明区人民法院经审理认为：吴某与易天贷公司、邱某晖签订的《回款协议》系双方当事人真实意思表示，且内容与法不悖，依法应认定有效。各方理应按协议约定履行。易天贷公司单方面提出的《回款协议变更补充协议》因吴某不予认可而未成立，易天贷公司仍应严格履行原协议。根据《回款协议》约定，截至2018年6月27日，易天贷公司本应支付吴某款项72940元，扣除易天贷公司已支付的50016元，尚有22924元未按期还款，理应承担违约责任，偿还吴某上述款项。邱某晖自愿作为连带担保人在《回款协议》上签字，应依法承担连带清偿责任。吴某请求判令邱某晖与易天贷公司共同偿还欠款，可视为请求判令邱某晖承担连带清偿责任，法院依法予以调整。邱某晖在承担担保责任后，有权向易天贷公司追偿。因减少诉讼请求的申请系于法庭调查终结后提出，故减少请求数额部分的案件受理费应由吴某负担。

福建省厦门市思明区人民法院依照《中华人民共和国合同法》第一百零七条、第二百零六条、第二百零七条，《中华人民共和国担保法》第十八条、第三十一条，《中华人民共和国民事诉讼法》第一百四十四条之规定，作出如下判决：

一、易天贷公司应于本判决生效之日起十日内向吴某偿还欠款22924元；

二、邱某晖应对易天贷公司的上述债务承担连带清偿责任；

三、邱某晖在承担担保责任后，有权向易天贷公司追偿。

【法官后语】

本案是一起典型的因P2P网贷平台退出经营所引发的清退合同纠纷，主要涉及两个法律问题。

一、P2P网贷平台与投资者间法律关系及债权转让的效力问题

P2P网贷作为互联网金融的一种创新形式，与传统的依托正规金融机构开展的金融借款行为存在明显的区别。鉴于法律的空白。司法实践中，处理涉P2P网贷的相关法律问题时往往只能参照其他部门法的相关规定。例如，关于P2P网贷平台与借款人、贷款人之间的法律关系，一般按《中华人民共和国合同法》第四百二十六条有关居间合同的规定处理；投资者与借款人之间的法律关系，则主要援引《中华人民共和国合同法》第二百二十一条关于借款合同的规定；在平台为投资者提供担保的情况下，关于平台与投资者之间的法律关系则主要按《中华人民共和国担保法》第五十三条关于担保合同关系中抵押人到期未清偿的规定处理。为防范平台风险，一些网贷平台还引入外部的第三方保险公司，为贷款人提供还款保险，在此情形下，保险公司与贷款人之间为保险合同关系。

本案中，在投资项目暂停后，被告承诺回购包括原告投资在内的所有债权债务，即出借人和借款人签订借款协议时，P2P网贷平台也参与进来，在借款人到期无法还款时，P2P网贷平台将继受贷款人债权的债权转让模式，相当于在借款合同中加入了债权转让合同。这一模式下，P2P网贷平台的身份从信息中介转为信用中介，违反了《网络借贷信息中介机构业务活动管理暂行办法》第十条第八项的

规定。

《网络借贷信息中介机构业务活动管理暂行办法》的制定主体是银监会、工信部等中央部委，性质上属于部门规章，不属于法律范畴，不符合《中华人民共和国合同法》第七十九条规定的不得转让的情形。因此，虽然此种债权转让模式被监管部门明令禁止。但并不必然导致借贷合同无效。事实上，在全国互联网金融风险集中整治行动集中开展的大背景下，司法判决认可被告回购其债权债务的转让模式有效，显著增加了清偿能力，在法律效果上也保障了借贷合同的稳定性，有利于投资者民事权益的实现和社会和谐稳定。

二、债权分期履行合同中，违约一方的期限利益是否丧失

“期限利益”顾名思义，在期限到来之前，债务人可以对抗支付请求，债权人不能提前要求债务人履行债务。一般认为，期限利益是专属于债务人的利益。当然，为了平衡当事人的权利和义务，防止债务人滥用期限利益损害债权人利益，法律规定了若干例外情形，如实际逾期达一定程度、债务人受破产宣告以及预期违约、债务人毁灭或减少担保、负提供担保义务而不提供等。

根据《中华人民共和国合同法》第一百六十七条的规定，分期付款的买受人未支付到期价款的金额达到全部价款的五分之一的，出卖人可以要求买受人支付全部价款或解除合同。本案中，原告为取回投资款而与被告签订了《回款协议》，相比分期买卖合同，只是标的物从一般货物变成了公司的债务。在法律空白的情况下，完全可以参照适用上述规定确定双方的权利义务。鉴于易天贷公司逾期的期数远未达到全部债务金额的五分之一，易天贷公司依法应当享有期限利益。

本案不仅对于今后其他法院审理同类型案件具有指导意义，对于规范企业经营行为，护航P2P网贷行业发展也有一定积极意义。

编写人：福建省厦门市思明区人民法院　林鸿

68

无过错抵押权预告登记权利人对商品房有权优先受偿

——某支行诉徐某甲等金融借款合同案

【案件基本信息】

1. 裁判书字号

浙江省台州市中级人民法院（2018）浙10民终1011号民事判决书

2. 案由：金融借款合同纠纷

3. 当事人

原告（上诉人）：某支行

被告（被上诉人）：徐某甲、徐某乙、某公司

【基本案情】

被告徐某甲、徐某乙系夫妻关系。因购房所需，被告徐某甲于2014年2月14日同原告签订个人住房借款合同。合同中约定借款金额为75万元，借款期限为2014年2月25日至2034年2月25日，利息为基准利率上浮0%，逾期利率为借款利率上浮50%，还款方法为等额本息还款方法，每月还款一次。贷款担保方式为被告徐某甲、徐某乙以合同项下房产提供抵押担保（并办了抵押预告登记手续）。合同还约定被告方未按时足额支付借款本息的，则构成违约，原告可提前收回贷款，并要求被告承担实现债权费用（含律师费）。2013年12月10日，原告与被告某公司签订借款最高额保证合同，合同约定自2013年12月10日至2015年12月31日购置坐落于“宏丰·丰南花苑”项目之所属住房、商业用房向原告贷款，被告某公司为原告所享有的全部债权提供连带保证责任。被告徐某乙签署了还款承诺书，自愿为被告徐某甲同原告之间签订的个人住房贷款承担共同还款责任。在合同签订后，原告依约发放了贷款，但被告徐某甲从2017年8月之后再无还款，原告催讨无果，从被告某公司保证金账户扣款30169.75元。

【案件焦点】

抵押权预告登记是否具有顺位优先效力，即抵押权预告登记权利人是否享有优先受偿权。

【法院裁判要旨】

浙江省台州市天台县人民法院经审理认为：依法成立的合同受法律保护。现被告徐某甲未按约定偿还借款本息，已经构成违约，故对原告要求被告徐某甲按照合同约定提前偿还借款本息并解除合同的诉讼请求，依法予以支持。被告徐某乙对被告徐某甲上述款项承担共同还款责任。被告某公司对上述款项承担连带清偿责任。根据《中华人民共和国物权法》的规定，不动产物权的设立、变更、转让和消灭，依法应当登记的，自记载于不动产登记簿时发生效力，本案涉及的房产仅办理了预告登记手续，尚未发生物权变动效力，故原告要求对上述房产行使抵押权，缺乏依据，依法不予支持。浙江省台州市天台县人民法院判决：

一、解除原告某支行与被告徐某甲于2014年2月25日签订的《中国建设银行个人住房（商业用房）借款合同》；

二、限被告徐某甲、徐某乙于本判决生效之日起十日内偿还原告某支行借款本金662339.77元并支付利息（利息按照合同约定的利率计算至本判决履行完毕之日止）；

三、限被告徐某甲、徐某乙于本判决生效之日起十日内支付原告某支行律师代理费13028元；

四、由被告某公司对上述第一项、第二项款项承担连带清偿责任；

五、驳回原告某支行的其他诉讼请求。

宣判后，原告某支行不服一审判决，提起上诉。

浙江省台州市中级人民法院经审理认为：涉案各方当事人签订的合同合法有效，各方应按约履行。双方争议的是上诉人对预告抵押登记的商品房是否享有优先受偿权问题。依照《中华人民共和国物权法》的规定，预告登记制度旨在保障将来物权的实现，属于债权保全措施，具有排除他人处分标的物的物权效力，预告登记后，在债权消灭或者自能够进行不动产登记之日起三个月内未申请正式登记，预告登记失效。但是，涉案商品房抵押权预告登记后，抵押权客观上无法依登记而设立，原因在于被上诉人徐某甲尚未办理房屋所有权证，上诉人无过错，被上诉人徐某甲的原因不能归责于上诉人的意思表示或是上诉人存在怠于办理抵押登记行为。

在此情形下，如不赋予上诉人对涉案商品房享有优先受偿权，将被上诉人徐某甲的违约结果转为由守约方即本案上诉人承担，有违合同诚信、公平原则，不符合《中华人民共和国物权法》立法旨意。预抵押登记虽非正式设立抵押权，但系给予被登记的债权请求权以物权效力，上诉人的请求权具有物权的效力，即具有对世及排他的权力，因而对预告登记抵押物享有优先受偿权。上诉人主张其对坐落于天台县福溪街道下余村丰南花苑1幢3单元××室房屋折价或者拍卖、变卖价款享有优先受偿权成立，法院予以支持。原判认定事实清楚，证据充分，程序合法，但判决不当，法院予以纠正。浙江省台州市中级人民法院依照《中华人民共和国民事诉讼法》第一百七十条第一款第二项，《中华人民共和国物权法》第九条、第十五条、第二十条、第二十八条的规定，判决：

一、维持浙江省天台县人民法院（2018）浙1023民初648号民事判决主文第一项、第二项、第三项和第四项；

二、撤销浙江省天台县人民法院（2018）浙1023民初648号民事判决主文第五项；

三、上诉人某支行在本判决第二项、第三项及本案一、二审诉讼费范围内，对被上诉人徐某甲所有的坐落于天台县福溪街道下余村丰南花苑1幢3单元××室的房屋（以天房预2014字第××号预告登记的证明为准）以该财产折价或者拍卖、变卖所得的价款享有优先受偿权。

【法官后语】

本案的主要争议焦点为抵押权预告登记权利人是否享有优先受偿权。由于我国法律未作明文规定，无论是学理上还是在司法实践中，争议较大，各地裁判尺度不一。主要形成以下两种观点：

一种观点认为：预抵押登记的商品房已具备交易条件，银行对预告登记不能转为本登记不存在过错，能够享有抵押房屋的优先受偿权。另一种观点认为：预告登记不是正式登记，银行不能对该预售商品房行使抵押权。

笔者赞同第一种观点：

一、抵押权预告登记具有债权物权化属性

《中华人民共和国物权法》第二十条规定，当事人签订买卖房屋或者其他不动产物权的协议，为保障将来实现物权，按照约定可以向登记机构申请预告登记。预告登记后，未经预告登记的权利人同意，处分该不动产的，不发生物权效力。抵押权预告登记的目的是实现物权（抵押权）为内容的请求权，并不产生物权（抵押权）变动的效果，因此，抵押权预告登记具有债权属性。同时，抵押权预告登记采用的方式是不动产物权变动所特有的登记公示，明确地记载抵押权预告登记权利人将享有房屋抵押权，且具有不动产物权所特有的排除他人处分该不动产的对抗效力，抵押权预告登记同时具有物权属性。

二、抵押权预告登记具有顺位效力

预告登记本身具有物权属性，但在特定条件下，如抵押人怠于办理抵押登记手续，可赋予预告抵押权人优先权。抵押权预告登记虽非转化为本登记直接产生实现物权效果，但预告登记本身具有公示效力，第三人通过登记知悉不动产将来设立抵押权的可能，故已具备一定的公示外观，在满足特定条件下，赋予债权人对不动产优先权，不违反物权公示要求；《最高人民法院关于人民法院办理执行异议和复议案件若干问题的规定》第三十条规定："金钱债权执行中，对被告查封的办理了受让物权预告登记的不动产，受让人提出停止处分异议的，人民依法予支持；符合物权登记条件，受让人提出排除执行异议的，应予以支持。"从该规定明确预告登记可以对抗法院的强制执行，故此，可以推演出抵押权预告登记同样具有顺位优先的效力。由于抵押义务人的过错，怠于办理本登记，造成抵押权登记客观上无法办理，如将该法律后果责成权利人承担，显然有违合同诚信原则，不利于市场交易安全。故如购房人怠于办理登记，本质上属于其为自己利益阻却条件成就，参照附条件民事法律行为的规定，视为条件成就，即债权人行使优先受偿权条件因义务人恶意阻却而依法视为已成就。

三、赋予预告抵押登记优先效力有利于平衡各方利益

我国目前建立起了商品房预售制度，在涉预购商品房抵押有以下几个重要环节，从抵押权预告登记到正式办理本登记手续，流程较多且存在诸多风险，如开发商的原因造成商品房无法竣工验收、无办理或怠于办理首次登记，或购房人的原因不办理产权登记手续或拒绝协助办理抵押权登记等情况，上述不确定原因均非抵押权人所能左右。在预告商品房预告抵押登记权利人承受如此巨大风险的情况下，简单地以预告抵押登记未能推进至本登记为由否定权利人享有预告抵押登记财产优先

受偿权，有悖于公平原则。故在具体司法裁判中，我们应公平合理分配风险，平衡各方利益。

编写人：浙江省台州市天台县人民法院　陈中云

69

因网约车的影响，非传统出租车拒缴承包费的正当理由

——广西壮族自治区柳州市柳航出租车客运有限公司诉杨某春合同案

【案件基本信息】

1. 裁判书字号

广西壮族自治区柳州市中级人民法院（2018）桂02民终1747号民事判决书

2. 案由：合同纠纷

3. 当事人

原告（上诉人）：柳州市柳航出租车客运有限公司

被告（被上诉人）：杨某春

【基本案情】

2013年2月5日，柳州市交通运输局向原告出具《柳州市出租汽车客运特许经营权授权书》，载明：柳州市交通运输局授予原告柳州市出租汽车客运特许经营权，使用于特定的车牌号桂BT××6；经营权的使用期限为8年，原告必须全额购置车辆，产权及经营权属原告所有，实行公车公营，承担全部经营管理责任和经营风险；否则柳州市交通运输局有权收回经营权及营运牌证，车辆由原告自行处理（第二条第四项）等内容。2013年1月28日，原、被告签订《投资经营协议》一份，约定：原告以柳州市交通运输局《授权书》授权所取得的出租汽车经营资格为出资（桂BT××1出租车）；被告以全款出资购置符合《授权书》规定的车辆，并承担该车办理入户、运营手续所需要之全部费用117957元为出资（包括车辆购买、购置税、入户等），双方共同投资经营。

2014年5月13日，原、被告签订《承包经营合同》一份，约定：原告将桂BT×××1出租汽车以经营承包的形式承包给被告，承包期限从2013年1月31日起至2021年1月31日止；每月承包费880元（包括出租车营运税费、GPS服务费、服装费、承运人责任险），承包费及其他费用的缴纳时间为每月5日前，任何一方要求变更合同内容，须协商一致并签订书面补充协议；被告无故不按时缴纳本合同约定的款项的，按违约期限每日加收延付金额百分之一的违约金；被告拖欠应付款项累计达到3个月以上的，原告可单方面解除合同，收回承包标的，并不予退还合同保证金等内容。2017年12月8日，原告向被告出具《证明》一份，载明：桂BT×××1、桂BT×××2车辆由杨某春、杨某分别全额出资购买。原告因被告未依约缴纳承包费为由诉至法院，提出诉讼请求为：判令解除原、被告签订的《承包经营合同》；被告返还桂BT×××1出租车及随车证照（行驶证、购置证、道路运输证、计价器使用证共四件）；被告支付承包费用及违约金。

被告提起反诉，诉讼请求为：判令撤销原、被告签订的《承包经营合同》、《投资经营协议》；原告返还购车款、承包费、保证金和保险费，并按月利率2%赔偿损失。

【案件焦点】

1. 受滴滴打车等网约车的平台兴起，传统出租车行业的运营确实受到影响，能否成为原告拒缴承包费的理由；2. 被告认为原告存在欺诈，并反诉要求撤销《承包经营合同》及《投资经营协议》的理由是否成立；3. 被告反诉主张被告返还购车款和承包费等各项费用是否合理有据。

【法院裁判要旨】

广西壮族自治区柳州市柳北区人民法院经审理认为：随着受滴滴打车等网约车平台的兴起，传统出租车行业的运营受到影响，被告要求降低承包费的问题未果故拒缴承包费，但此影响属于正常的商业风险，被告要求降低承包费，应当通过与合同相对人协商或向人民法院起诉的方式，明确合同是否应当变更或解除，而非径行拒绝缴纳经济承包费。被告未依约缴纳承包费已经构成违约，应当承担违约责任，双方约定的解除合同的条件已经成就。根据现有证据材料，被告的违约行为给原告造成的直接损失为迟延缴纳承包费而对原告造成的资金占用损失，故法院依法调整本案的违约金，以尚欠承包费为基数，按年利率24%计算。

被告签订《承包经营合同》的目的在于通过具有出租汽车特许经营权的原告来取得出租汽车的营运资格，并以原告的名义对外进行客运营运以取得经济收入，该缔约目的并没有因为原告在缔约时未向其出示《授权书》而受到任何影响，其缔约时的真实意思表示实际亦已得到完全实现，原告不存在欺诈行为，因此被告反诉主张撤销《承包经营合同》及《投资经营协议》理由不成立，依法不予支持。被告应将用于经营BT×××1车辆所需的道路运输证、柳州市出租汽车计价器使用证返还原告，但BT×××1车辆的行驶证、车辆购置税完税证明属车辆正常使用时的随车证件，故原告的其余诉讼请求及被告的全部反诉请求，依法不予支持。

广西壮族自治区柳州市柳北区人民法院依照《中华人民共和国合同法》第八条、第五十二条第五项、第五十四条第二款、第六十条第一款、第九十四条、第九十七条、第一百零七条、第一百一十四条，《中华人民共和国民事诉讼法》第十三条第二款、第六十四条第一款，《最高人民法院关于适用〈中华人民共和国合同法〉若干问题的解释（二）》第十四条之规定，判决：

一、解除《承包经营合同》；被告支付承包费、违约金；被告返还原告桂BT×××1车辆的道路运输证、柳州市出租汽车计价器使用证；

二、驳回原告的其他诉讼请求以及被告的全部诉讼请求。

原告不服判决，提起上诉。广西壮族自治区柳州市中级人民法院经审理同意一审法院裁判意见。广西壮族自治区柳州市中级人民法院判决：

驳回上诉，维持原判。

【法官后语】

本案为因出租车司机拒交承包费而被起诉，且被告提起反诉的合同纠纷。对于合同的效力以及是否存在可撤销情形，原、被告双方存在争议。原告存在违反柳州市交通运输局对柳州市客运出租运输行业进行行政管理的管理性强制性规定，该规定并非效力性强制性规定，并不导致合同无效的法律后果。被告与原告缔约合同的目的在于通过具有出租汽车特许经营权的原告来取得出租汽车的营运资格，并以原告的名义对外进行客运营运以取得经济收入。被告在缔约后已经通过原告实际取得了出租汽车的营运资格，并得以原告的名义对外进行客运营运来取得经济收入，并且双方发生本案纠纷后至今亦仍然在正常运营涉案出租汽车取得经济收入，由此被告的缔约目的实际并没有受到影响，其缔约时的真实意思表示实际亦已得到完全实现，因此被告主张的撤销合同的理由不成立。

根据双方签订的《承包经营合同》的约定，被告未能依约缴纳承包费，属于违约行为，符合双方约定的解除合同的条件。法院支持原告解除合同及主张承包费的诉讼请求，并按照年利率24%对违约金进行调整。合同解除后，原告主张被告返还涉案车辆，同时被告反诉要求原告支付购车款。但车辆系交通工具，在使用过程中的自然折旧在所难免，且涉案车辆系用于出租车营运，双方签订承包合同至今已经数年之久，目前车辆的价值无法确定。法院已经依法向双方当事人释明双方可以对涉案车辆的价值进行协商达成一致意见，也可以申请司法鉴定以确定涉案车辆目前的价值。但双方未能协商一致，也未提出司法鉴定申请，涉案车辆的价值无法确定。故原告主张返还车辆，被告反诉要求支付购车款的诉请均无法予以支持。

现实生活中，受滴滴打车等网约车平台兴起的影响，传统出租车行业的运营确实受到影响，但这并不能成为司机拒绝缴纳承包费的正当理由。每个行业都存在正常的商业风险，且被告要求降低承包费，应当通过协商或诉讼的方式明确合同是否应当变更或解除，而非径行拒绝缴纳承包费。被告未依约支付承包费，是违约行为，也符合双方约定的合同解除条件。本案的被告为出租车司机，法律知识有限，在开庭审理时被告通知了一大批其他的出租车司机到庭旁听，且旁听人员的观点均与被告一致。法院在审理本案后发现，柳州市柳南区人民法院正在审理类似情况，且涉及案件数量较大，为此，法院多次与柳州市柳南区人民法院主审法官进行沟通，并以该院的判决结果作为参考。本案判决后，被告提起上诉，二审法院经过审理，判决驳回上诉，维持原判。本案对于因出租车司机违约缴纳承包费而引起的合同纠纷案件起到一定的借鉴作用。

编写人：广西壮族自治区柳州市柳北区人民法院　覃素红

70

离婚协议中第三人的给付承诺如何定性

——李某诉孙国某、孙某合同案

【案件基本信息】

1. 裁判书字号

山东省济南市中级人民法院（2019）鲁 01 民终字 1716 号民事判决书

2. 案由：合同纠纷

3. 当事人

原告（被上诉人）：李某

被告（上诉人）：孙国某、孙某

【基本案情】

孙国某与孙某系父子。李某与孙某原系夫妻。在孙某与李某夫妻关系存续期间，因孙某与他人发生婚外情并生育一子，双方协议离婚。离婚协议书约定："男方及男方父母承诺对女方进行经济补偿，为女方购买一套住房（另附《补偿协议》）。"随后，孙国某与李某签订《补偿协议》，约定由孙国某为李某按揭购买房产一套，用以补偿其子背叛婚姻对女方造成的伤害。

协议签订后，李某购买房产一处，交纳首付款、办理按揭贷款。首付款实际由孙国某出资，且其每月向李某转账偿还房贷。还款三年后，孙国某以种种理由拒绝继续偿还。李某向孙某、孙国某主张未果诉至法院，要求确认《补偿协议》的效力，判令孙某与孙国某共同偿付剩余贷款 265582.64 元。

【案件焦点】

孙国某与李某之间签订的《补偿协议》的效力以及如何履行的问题。

【法院裁判要旨】

山东省济南市长清区人民法院经审理认为：本案系合同纠纷，因《离婚协议》及《补偿协议》的履行而引发。孙某在与李某婚姻关系存续期间，因其自身过错导致双方协议离婚，约定了债权债务关系。在此基础上，孙国某与李某签订《补偿协议》，自愿为孙某的过错以房产一套对李某进行补偿。《离婚协议》约定的债权债务关系应受到法律保护，《补偿协议》的签订及履行过程均不违背法律规定，亦应认定有效。所以，孙某、孙国某应诚信履行协议约定内容，支付剩余房屋贷款。山东省济南市长清区人民法院依照《中华人民共和国民法通则》第八十四条、《中华人民共和国合同法》第六十条，《中华人民共和国民事诉讼法》第六十四条之规定，判决：

一、李某与孙国某签订的《补偿协议》有效；

二、由孙国某、孙某于本判决生效之日起十日内支付李某剩余房款265582.64元。

孙某与孙国某不服一审判决，提起上诉。山东省济南市中级人民法院经审理认为：本案争议的焦点是孙国某与李某之间签订的《补偿协议》是否有效以及应当如何履行的问题。首先，孙某与李某在离婚协议中明确约定，孙某因自身过错承诺为李某购买一套住房作为补偿，双方据此形成债权债务关系。孙国某与李某订立的补偿协议系孙国某自愿加入孙某与李某二人之间的债权债务关系中，孙国某已成为承担该债务的并存债务人。该补偿协议系当事人双方真实意思表示，不违反法律法规的禁止性规定，应认定为合法有效。其次，根据整个事件发展过程可以看出，各方当事人在上述行为中具有对债务承担的内在关联性，已经履行长达3年之久。最后，根据相关规定，并存的债务承担中，债务人并不脱离原债权债务关系，第三人加入该关系当中，与债务人连带承担所负的债务。故孙国某、孙某均应对该债务承担连带偿还责任。一审判决判令孙国某、孙某继续履行给付金钱的义务，符合法律规定，并无不当。

山东省济南市中级人民法院依照《中华人民共和国民事诉讼法》第一百七十条第一款第一项之规定，判决：

驳回上诉，维持原判。

【法官后语】

本案实质争议是离婚协议中第三人给付承诺的定性。

关于《补偿协议》的定性。《补偿协议》虽然是《离婚协议》中约定的损害赔偿的延伸和细化，但该协议内容仅涉及债权债务关系，具有独立性；孙国某基于与孙某的父子关系和道德层面上的善意与愧疚，自愿加入孙某所负损害赔偿之债，并不违反法律规定；《补偿协议》已实际履行三年有余，其形成和履行过程体现了当事人理性，可以认定对于自己权利义务的明知与认可。一、二审法院对《补偿协议》的效力作出肯定，并最终定性为债务加入行为。

关于债务加入及责任承担。本案中对于孙国某在《补偿协议》中的承诺认定为债务加入。"债务加入"在学界没有准确的定义，最高人民法院民二庭在调研报告《民商事审判若干疑难问题》(合同法)中采用了"债务加入"的概念。《江苏省高级人民法院在关于适用〈中华人民共和国合同法〉若干问题的讨论纪要(一)》第十七条中给予界定：债务加入是指第三人与债权人、债务人达成三方协议或第三人与债权人达成双方协议或第三人向债权人单方承诺由第三人履行债务人的债务，但同时不免除债务人履行义务的债务承担方式。目前对债务加入的认定通常认为需要具备两个要件，一是债务具有可转移性，二是债务加入合意的成立与生效。而本案中《补偿协议》所约定的债务为可转移性债务，当事人已经达成合意并生效履行，所以符合债务加入的构成要件。对债务加入的责任承担问题，现亦无明文规定，实践中亦有争议，但相关司法案例以第三人承担连带责任居多。江苏省高级人民法院在前述纪要第十九条规定，债权人请求第三人与债务人承担连带责任的，人民法院应当支持。当事人在合同中对责任形式有约定的除外。结合本案事实，二审法院亦明确为"连带责任"。因为，孙国某与李某签订的《补偿协议》，系以"道德承担"的方式承诺加入孙某所负债务，双方承担连带责任，客观上提高了债权安全性，使李某受到的精神损害得以一定程度的补偿，主观上也成全了孙国某在父子关系的意义上对孙某过错所表达的愧疚和歉意，而且也并未因孙国某的债务加入而减轻终局债务人孙某在法律和道义上所负的责任。

本案系家事纠纷引发，认定协议有效，由孙氏父子共同承担责任，目的是维护无过错方的利益，这符合公众对于司法的预期，亦能在民事裁判中体现社会公序良俗原则。

编写人：山东省济南市长清区人民法院　冯建

71

贫困户基于政府金融扶贫政策从银行贷款委托企业进行经营享受固定收益的不属于非法高利转贷行为

——广西壮族自治区贵港市区农村信用合作联社诉贵港市昌林木业有限公司等金融借款合同案

【案件基本信息】

1. 裁判书字号

广西壮族自治区贵港市中级人民法院（2018）桂08民终1519号民事判决书

2. 案由：金融借款合同纠纷

3. 当事人

原告（被上诉人）：广西壮族自治区贵港市区农村信用合作联社

被告（上诉人）：蒙某清、陈某英

被告：贵港市昌林木业有限公司（以下简称昌林公司）、甘某青、谭某、陈甲、陈乙

【基本案情】

2017年3月19日，昌林公司向蒙公乡政府致函，请求批准其吸收28户贫困户投资140万元入股的扶贫计划。2017年4月19日，蒙公政府作为甲方、蒙公信用社作为乙方、贫困户借款人作为丙方、昌林公司作为丁方签订了《扶贫小额贷款四方协议书》，约定："一、四方合作开展贫困户贷款委托给企业经营，丁方由甲方及乙方推荐作为丙方开展贷借平台；二、乙方根据丙方贷款额度，直接将贷款资金打入丁方账户作为委托经营资金，丁方接受丙方委托经营资金，每年向丙方支付委托经营金额的8%作为固定回报金，甲方负责偿还三年贷款利息，贷款三年期满之日丁方将向丙方所借的本金一次性支付给乙方；三、合作时间为2017年4月19日至

2020年4月18日；四、丁方按时向丙方支付固定回报金，按时向乙方偿还丙方委托经营资金，负责承担因经营风险导致无法偿还委托经营资金的风险，不得转嫁给丙方。”为此，蒙某清、陈某英、甘某青、谭某、陈甲、陈乙还与蒙公信用社签订了《抵押担保合同》《质押担保合同》《保证担保合同》，约定其为28份借款合同提供车辆担保、股权担保、连带保证责任，并办理了相应的登记。《扶贫小额贷款四方协议书》签订前后，蒙公信用社由韦某兴等28人授权，将转入韦某兴等28人账户中的贷款（每个账户5万元，共140万元）陆续转入昌林公司账户。2017年，昌林公司按照约定支付了全部固定回报金；2018年上半年，昌林公司没有按约支付固定回报金。昌林公司因经营不善，已于2018年上半年停止经营，并将承租他人的经营场地返还。2018年7月9日，贵港市区农村信用合作联社以昌林公司已停产、逾期支付固定回报金构成违约为由诉至广西贵港市覃塘区人民法院，要求昌林公司归还借款140万元并要求各担保人承担担保责任。昌林公司等人则辩称，韦某兴等28人从信用社借款后高利转贷给其，属违法高利转贷行为，因此四方协议无效，据此签订的从合同即各担保合同也属无效，借款是韦某兴等28人所借，应由他们承担还款责任，应追加其28人为共同被告。

【案件焦点】

1. 蒙公信用社与昌林公司、蒙公乡政府以及28名贫困户所签订的《扶贫小额贷款四方协议书》是否合法有效；2. 涉案的140万元贷款应由谁偿还；3. 贷款期限未到，原告是否有权要求提前还款；4. 蒙某清、陈某英、甘某青、谭某、陈甲、陈乙应否对涉案的140万元贷款承担连带保证责任。

【法院裁判要旨】

广西壮族自治区贵港市覃塘区人民法院经审理认为：

蒙公信用社与昌林公司、蒙公乡政府以及28名贫困户于2017年4月19日所签订的《扶贫小额贷款四方协议书》，系四方当事人的真实意思表示，内容没有违反法律法规的规定，合法有效，各方当事人均应按合同约定履行各自的义务。协议签订的目的是推进精准扶贫贷款项目，增加贫困户资金收入，改善企业融资环境，这是符合上级政府有关扶贫小额信贷政策的。因此，韦某兴等28人从蒙公信用社贷款并委托昌林公司进行经营，是根据有关扶贫政策而进行的合法行为，并不是非法高利转贷行为。

协议书中已明确约定，昌林公司承担固定回报金和归还贷款、逾期利息，负责承担因经营风险导致无法偿还委托经营资金而产生的风险，不得转嫁给贫困户，故昌林公司应当对涉案的140万元贷款履行还款义务。

根据《中华人民共和国合同法》第九十四条规定："有下列情形之一的，当事人可以解除合同：……（二）在履行期限届满之前，当事人一方明确表示或者以自己的行为表明不履行主要债务；（三）当事人一方迟延履行主要债务，经催告后在合理期限内仍未履行；（四）当事人一方迟延履行债务或者有其他违约行为致使不能实现合同目的……"现昌林公司已不能按约定向贫困户支付固定回报金，违反了合同的约定，且其承租的经营场地已到期交还给出租人，其没有了经营场所，已停产没有实际经营，不具备继续履行合同的能力，故原告要求解除合同及昌林公司提前偿还借款符合上述法律规定，应予支持。

蒙某清、陈某英、甘某青、谭某、陈甲、陈乙与蒙公信用社签订的《抵押担保合同》《质押担保合同》《保证担保合同》，均是各方当事人真实的意思表示，内容没有违反法律法规的规定，合法有效，各方当事人均应按合同约定履行各自的义务。三份担保合同中均约定，担保人对涉案的28份借款合同共140万元提供连带保证责任，而且各担保人在明知道该笔贷款的实际使用人以及还款责任人为昌林公司的情况下，仍同意为涉案的140万元贷款提供担保，因此，被告蒙某清、陈某英、甘某青、谭某、陈甲、陈乙应当对涉案的140万元贷款承担连带保证责任。担保人承担担保责任后，有权向债务人追偿。另外，因本案28户贫困户不承担偿还责任，原告为减少诉累，选择只起诉被告，符合法律的规定，也符合诉讼经济的原则。

广西壮族自治区贵港市覃塘区人民法院依照《中华人民共和国合同法》第八条、第九十四条、第二百零六条，《中华人民共和国担保法》第六条、第十八条、第二十八条、第三十一条、第三十三条、第四十一条、第四十六条、第五十七条、第六十三条、第七十五条、第七十八条第三款，《中华人民共和国物权法》第一百七十六条、第一百七十九条以及《中华人民共和国民事诉讼法》第一百四十四条的规定，判决：

一、被告昌林公司向原告贵港市区农村信用社合作联社偿还贷款本金140

万元；

二、被告蒙某清、陈某英、甘某青、谭某、陈甲、陈乙对上述债务承担连带偿还责任，担保人承担担保责任后，有权向债务人追偿；

三、原告贵港市区农村信用社合作联社对被告蒙某清持有的用于质押担保的昌林公司的20万元股权享有优先受偿权；

四、原告贵港市区农村信用社合作联社对被告蒙某清名下用于抵押担保的一辆丰田牌小型普通客车享有优先受偿权；

五、原告贵港市区农村信用社合作联社对被告甘某青名下用于抵押担保的一辆东风日产牌小型轿车享有优先受偿权。

蒙某清、陈某英不服一审判决，提起上诉。

广西壮族自治区贵港市中级人民法院经审理认为：在本案的四方协议签订前，昌林公司已经向蒙公乡政府申请，要求吸收韦某兴等28户贫困户投资140万元入股公司，并明确约定韦某兴等28人不参与经营，只享受每年的固定回报金。之后，在四方协议又明确约定昌林公司要按时向韦某兴等28户贫困户支付固定回报金，按时向信用社偿还140万元贷款本金及逾期利息，即蒙某清和昌林公司对于韦某兴等28人通过向蒙公信用社贷款140万元委托给昌林公司经营，其只收取固定收益而不参与公司经营不负担经营风险，也不承担偿还贷款本金的事实是明知的，且是昌林公司主动向蒙公乡政府申请的经营模式，因此，蒙某清在本案中否定四方协议的效力，主张昌林公司与韦某兴等28人之间属于借款关系理由不成立。韦某兴等28人是基于政府的扶贫政策而通过向蒙公信用社贷款之后委托昌林公司进行经营而享受固定收益，因此，韦某兴等28人并不存在非法转贷牟利的事实，蒙某清、陈某英并不能举出充分证据证明四方协议以及借款合同存在《中华人民共和国合同法》第五十二条规定的合同无效情形，其主张四方协议及借款合同属于无效合同缺乏事实根据和法律依据，据此认为担保合同属于无效合同的理由不成立。蒙某清独资开办的昌林公司已经收取使用了韦某兴等28人向蒙公信用社的贷款140万元，现却否定其在合同中的约定，不愿意按照合同约定承担偿还140万元贷款的义务，显然违背了诚实信用原则，故其上诉请求不能成立，应予驳回。

广西壮族自治区贵港市中级人民法院判决：

驳回上诉，维持原判。

【法官后语】

本案虽是金融借款合同纠纷，但与以往的金融借款合同纠纷有很大的不同。近几年，各地为响应国家扶贫政策的号召，解决本地区贫困问题、完成脱贫攻坚任务，纷纷因地制宜制定了一系列的金融扶贫政策。该案也正是在此扶贫背景下才发生的。2016年5月20日，贵港市覃塘区政府根据上级有关扶贫政策精神，出台了贫困户利用扶贫小额贷款资金与企业等市场主体合作经营或入股分红的扶贫政策，并且为了做好该项工作，解决有能力但无产业发展条件和自我发展能力弱的贫困户增收问题，发文确定包括昌林公司在内的共53家企业为覃塘区依托经营企业。该项政策具体实施，是由地方人民政府、信用社、企业、贫困户四方共同签订扶贫小额贷款四方协议书，约定由贫困户从信用社贷款5万元并委托企业进行经营（信用社放款到贫困户账户后，经贫困户授权，由信用社直接将贫困户账户中的贷款转入依托经营企业的账户），企业每年按照委托经营资金的8%支付固定回报金，贷款利息由地方政府向信用社支付。这里面涉及的一个问题就是贫困户将贷款的5万元委托给企业经营，并收取8%的固定回报金，是否属于违法高利转贷行为。高利转贷行为是指以转贷牟利为目的，套取金融机构信贷资金再高利转贷给他人的行为。贫困户的上述行为不属于违法高利转贷行为。第一，贫困户是基于政府的扶贫政策而向信用社贷款以支付委托企业进行经营而享受固定收益，并未破坏金融秩序；第二，贫困户在向信用社贷款之前政府、信用社、贫困户、企业四方就已经签订了协议，明确约定了各方的权利义务，各方对于贷款资金去向、实际使用人、用途、还款人都是明知的，贫困户并不存在骗取贷款资金的行为，亦不存在非法转贷牟利行为。所以，四方协议合法有效，各方当事人均应该按照协议的约定履行各自的权利义务。

编写人：广西壮族自治区贵港市覃塘区人民法院　黄保昌　程静

72

安置房屋实测面积与安置面积不一致时的处理原则

——王某萍诉北京泰乐房地产开发有限公司房屋拆迁安置补偿合同案

【案件基本信息】

1. 裁判书字号

北京市第二中级人民法院（2018）京02民终4136号民事判决书

2. 案由：房屋拆迁安置补偿合同纠纷

3. 当事人

原告（反诉被告、被上诉人）：王某萍

被告（反诉原告、上诉人）：北京泰乐房地产开发有限公司（以下简称泰乐房地产公司）

【基本案情】

2010年8月27日，王某萍之侄王某阳代理王某萍（乙方）与泰乐房地产公司（甲方）签订《安置协议书》，协议中写明："甲方依法对乙方原有房屋进行拆除并就地安置，乙方在拆迁范围内宣武区南蜂窝8号有私产房一处，建筑面积37.5平方米。乙方选择就地回迁安置，安置住房为泰乐家园2号楼2单元8层2××2号房屋，该安置住房面积为62.12平方米（以验收实测数据为准）；甲方交付安置住房的时间为2012年12月31日之前，如遇不可抗力或非甲方因素引起的事件发生，甲方可据实予以延期，甲方免除违约责任。"在协议中未约定违约责任。2014年4月，泰乐房地产公司向王某萍交付房屋，房号为泰乐家园2号楼1单元8××4号。王某萍以泰乐房地产公司交付房屋与回迁安置协议约定的房号不同拒绝接收房屋。

2014年，王某萍以泰乐房地产公司为被告向法院提起拆迁安置补偿合同纠纷之诉，请求依法判令泰乐房地产公司履行《安置协议书》给付王某萍泰乐家园2号楼2单元8层2××2号房屋；判令泰乐房地产公司赔偿因延迟交付房屋给王某萍不能按时入住造成的损失；判令泰乐房地产公司支付搬迁补助费、安置补助费、超过过渡期限的临时安置补助费等拆迁安置费共计10万元。法院以（2014）西民初字第9388号民事判决判令泰乐房地产公司赔偿王某萍因延迟交付房屋导致不能按时入住的损失，自2013年1月1日起至本判决生效之日止（按每月人民币5000元计算）。王某萍提起上诉，2017年3月31日北京市第二中级人民法院以（2017）京02民终3215号民事判决驳回上诉，维持原判，在该份判决的法院认为部分，二审法院确认涉案房屋即为泰乐房地产公司应安置王某萍的就地安置房屋。

王某萍已就上述生效判决向法院申请执行，其共获得执行案款262934.5元，其中包含本金255000元，剩余部分为迟延履行期间的债务利息。

涉案房屋经有权国家机关测量建筑面积为62.83平方米。2016年8月5日，泰乐房地产公司为涉案房屋支付了专项维修基金共计12566元，王某萍同意给付泰乐房地产公司先行垫付的上述费用。同时泰乐房地产公司为涉案房屋支付了供暖费、物业费和垃圾清理费。王某萍不同意支付上述费用。

王某萍诉请：1. 确定泰乐家园（玺源台）2号楼1单元8××4号房屋（即涉案房屋）归王某萍所有；2. 判令泰乐房地产公司立即交付涉案房屋；3. 判令泰乐房地产公司支付因延迟交付房屋对王某萍造成的损失255000元的利息28475.35元；4. 判令泰乐房地产公司立即支付因延迟交付房屋对王某萍造成的损失，按该房屋现出租价格每月7000元（从2017年4月1日起计算，支付到实际交付房屋为止），并支付利息；5. 判令泰乐房地产公司配合王某萍办理中华人民共和国不动产权证证书；6. 判令泰乐房地产公司赔偿王某萍精神损失费10万元。

泰乐房地产公司提出反诉：1. 判令王某萍支付泰乐房地产公司涉案房屋面积差额25724.97元（面积差额0.71×建委当时2013年的备案售价36232.35元）；2. 判令王某萍支付泰乐房地产公司代为垫付的专项维修资金12566元、物业费12640.14元、供暖费3769.8元和生活垃圾清运费120元。

【案件焦点】

房屋拆迁中被安置的房屋面积（以下简称实测面积）与拆迁安置协议中载明的房屋面积（以下简称约定面积）不一致的情况下，如何处理。

【法院裁判要旨】

北京市西城区人民法院经审理认为：本案为房屋拆迁安置补偿合同纠纷，属于债权法关系，原告王某萍请求确认涉案房屋属于其所有的诉求，属于物权法律关系，与本案并非同一法律关系，关于该项诉求，原告可另行主张。对于原告王某萍诉请判令被告泰乐房地产公司交付涉案房屋及配合办理不动产权证的诉讼请求，被告对此予以认可，法院对此不持异议。对于原告王某萍诉请被告泰乐房地产公司支付255000元的利息28475.35元的诉求，上述本金的利息已经在执行中得到了解决，该项诉求法院不予支持。鉴于涉案房屋仍未交付给原告王某萍，作为交付义务方，被告泰乐房地产公司并未提供证据证明其履行了积极交付涉案房屋的义务，原告王某萍主张被告支付2017年4月1日起的损失的诉求，有事实及法律依据，法院予以支持，关于损失的标准，法院沿用生效法律文书确认的标准为每月5000元。关于原告王某萍主张的精神损失费10万元的诉求，无事实依据，法院不予支持。

关于反诉部分，双方虽在安置协议书中约定安置房屋面积为62.12平方米，但同时注明以验收实测数据为准，且并未对超出62.12平方米以外的部分另行约定应收取购房款项，泰乐房地产公司诉请王某萍支付房屋面积差额的款项之诉求，无事实及法律依据，法院不予支持。泰乐房地产公司诉请王某萍支付其代为支付的专项维修基金的诉求，王某萍同意支付，法院对此不持异议；对于物业费、供暖费及垃圾清运费的诉求，因涉案房屋并未交付王某萍，泰乐房地产公司的上述诉求，无法律依据，法院不予支持。

北京市西城区人民法院依照《中华人民共和国合同法》第八条、第一百一十三条第一款，《中华人民共和国民事诉讼法》第六十四条第一款，《最高人民法院关于适用〈中华人民共和国民事诉讼法〉的解释》第九十条，《最高人民法院关于民事诉讼证据的若干规定》第二条之规定，判决：

一、自本判决生效之日起十五日内，被告泰乐房地产公司将涉案房屋交付原告王某萍；

二、自本判决生效之日起十五日内，被告泰乐房地产公司协助原告王某萍办理涉案房屋的过户手续；

三、自本判决生效之日起十五日内，被告泰乐房地产公司赔偿原告王某萍因延迟交付房屋导致不能按时入住的损失，自2017年4月1日起至实际交付房屋之日止按每月5000元计算；

四、自本判决生效之日起十五日内，原告（反诉被告）王某萍支付被告（反诉原告）泰乐房地产公司垫付的涉案房屋专项维修基金12566元；

五、驳回原告王某萍的其他诉讼请求；

六、驳回被告泰乐房地产公司的其他反诉请求。

泰乐房地产公司不服一审判决，提起上诉。北京市第二中级人民法院经审理认为：王某萍与泰乐房地产公司所签安置协议书系双方真实意思表示，双方均应依约履行各自的义务。现王某萍要求泰乐房地产公司向其交付涉案房屋并配合办理该房屋的权属证书，泰乐房地产公司对其该项请求予以认可，法院对此不持异议。王某萍同意给付泰乐房地产公司垫付的涉案房屋专项维修基金，法院对此亦不持异议。

关于泰乐房地产公司上诉要求王某萍按照每平方米36232.35元的价格给付面积差额的问题，法院认为安置协议书虽载明安置住房面积为62.12平方米，但同时注明以验收实测数据为准。结合该协议书既未约定面积差额部分应补缴费用，也未约定涉案房屋每平方米的单价，双方亦未就此问题达成过补充协议，同时考虑到双方就涉案房屋所签协议的性质为回迁安置而非一般意义上的商品房买卖等因素，泰乐房地产公司要求按照每平方米36232.35元的价格给付面积差额的请求缺乏合同及法律依据，一审法院未予支持，并无不当，法院亦不予支持。

关于泰乐房地产公司上诉主张王某萍在本案中要求其公司支付迟延交付房屋的损失系重复诉讼，应予以驳回的问题。法院认为，根据查明的事实，前述生效的民事判决书判令泰乐房地产公司赔偿迟延交付导致的损失期间为2013年1月1日至该判决生效之日。但该判决生效后至今，泰乐房地产公司仍未完成交付涉案房屋的义务，且根据泰乐房地产公司的陈述，房屋未能交付的原因系因其要求王某萍给付面积差价款、供暖费等费用而王某萍拒绝支付造成的。如前所述，泰乐房地产公司要求王某萍按照每平方米36232.35元的价格给付面积差价款的请求缺乏合同及法律依据。且泰乐房地产公司以不交供暖费等为由拒绝交付房屋亦缺乏法律依据。综上，泰乐房地产公司对前述判决生效后涉案房屋仍未完成交付存在过错，对由此给王某萍造成的损失应予赔偿，一审法院沿用生效法律文书确认的赔偿标准亦无不当。故泰乐房地产公司的该项上诉主张依据不足，法院难以支持。

关于泰乐房地产公司上诉要求王某萍给付物业费、供暖费及生活垃圾清运费的问题。根据查明的事实，涉案房屋至今未交付给王某萍，且未能完成交付的主要责任在于泰乐房地产公司，故泰乐房地产公司要求王某萍支付上述费用的依据不足，一审法院未予支持并无不当，法院亦难以支持。

综上所述，泰乐房地产公司的上诉请求不能成立，应予驳回；一审判决结果并无不当，应予维持。北京市第二中级人民法院依照《中华人民共和国民事诉讼法》第一百七十条第一款第一项规定，判决：

驳回上诉，维持原判。

【法官后语】

本案的主要争议焦点在于房屋拆迁中的实测面积与拆迁安置协议中的约定面积不一致的情况下，如何处理的问题。这种情况包括两种情形，一种是实测面积少于约定面积；另一种是实测面积大于约定面积。房屋实测面积与约定面积不一致的情形如何处理的问题，《最高人民法院关于审理商品房买卖合同纠纷案件适用法律若干问题的解释》第十四条明确规定：“出卖人交付适用的房屋套内建筑面积或者建筑面积与商品房买卖合同约定面积不符，合同有约定的，按照约定处理；合同没有约定或者约定不明确的，按照以下原则处理：（一）面积误差比绝对值在3%以内（含3%），按照合同约定的价格据实结算，买受人请求解除合同的，不予支持；（二）面积误差比绝对值超出3%，买受人请求解除合同、返还已付购房款及利息的，应予支持。买受人同意继续履行合同，房屋实际面积大于合同约定面积的，面积误差比在3%以内（含3%）部分的房价款由买受人按照约定的价格补足，面积误差比超出3%部分的房价款由出卖人承担，所有权归买受人；房屋实际面积小于合同约定面积的，面积误差比在3%以内（含3%）部分的房价款及利息由出卖人返还买受人，面积误差比超过3%部分的房价款由出卖人双倍返还买受人。”

本案中，安置房屋约定面积小于实测面积，且面积误差比在3%以内，如果按照最高人民法院的上述规定，应该由被安置人按照合同约定的价格据实结算，且无权单方解除合同。但本案涉案标的为安置房，并非商品房。所谓安置房，是指政府进行城市道路建设和其他公共设施建设项目时，对被拆迁住户进行安置所建设的房屋。安置房屋一般分为两类，一类是因重大市政工程动迁居民而建造的配套商品房或者配购的中低价商品房，房屋产权属于个人，但在取得产权后5年内不能上市交易；另一类是因房产开发等因素而拆迁，拆迁公司通过其他途径安置或者代为安置人购买的中低价位商品房。与商品房相比，安置房存在以下特点：

1. 土地来源不同。安置房屋的土地一般是划拨的，而商品房的土地为开发商通过竞价取得。

2. 是否完全产权。很多安置房不是完全产权，因其土地性质为划拨土地，未缴纳土地出让金，故安置房屋拥有房屋产权，但不享有所在土地的土地使用权。而商品房产权人拥有的是完全产权，即房屋所有权和所在土地的土地使用权，可以对房屋行使占有、使用、收益和处分的权利。

3. 交易是否存在限制。安置房一般在交易时间上存在限制，也就是说在取得安置房后几年内不得上市交易，期满后上市交易前也应缴纳数额不等的土地出让金，同时还受到当地政府相关政策的限制。而商品房只要不是期房，取得产权证后，在交易方面不存在限制。

通过与商品房的比较可以看出，安置房带有一定的公益性，安置对象多为中低收入群体，所享有的权利也不及商品房所有权人，根据民法上的权利义务对等性原则，其所负担的义务也应低于享有完全产权的商品房产权人，否则有违公平原则。具体到本案中，与开发商相比，被安置人处于弱势地位，双方签订的合同为开发商为了重复使用，事先拟定、打印、以备与不特定被安置人签订合同时使用，从本质上来说，此类合同为格式合同。在签订合同时，不仅被安置房屋的朝向、楼层、配套无法选择，就连房屋的实测面积也由开发商限定，被安置人所享有的是受到了限制的选择权，其无法对合同条款进行更改进而在合同中体现自己的自由意志。安置协议签订后，开发商的主要义务是交付符合质量的房屋，其对应的权利是按时按量收取购房款；被安置人的主要义务是按时缴纳购房款，其对应的权利是要求开发商按期按质交付安置房。本案中，双方在安置协议中对安置房屋面积作出约定，且在其后的备注中注明以实测面积为准，考虑到房屋的设计、施工均在开发商的控制之下这一事实，这一格式合同条款实际上赋予了开发商随意变更房屋面积的权利，因为根据法律规定，只要面积误差比在3%之内，多出的部分面积价款，被安置人只能被动接受，按照商品房价格认缴多出部分面积的购房款，不能据此要求解除合同，或者追究开发商的违约责任，尤其是对于等待安置房屋入住的被安置人来说更是如此。法院的功能在于对于失衡的民事权利义务进行救济，使之权利、义务之间达到相对的平衡，具体到本案来说，在双方并未约定差额部分应补缴费用，也未约定涉案房屋每平方米的单价，双方亦未就此问题达成过补充协议，反诉原告泰乐房地产公司要求反诉被告王某萍按照商品房的价格给付面积差额的请求缺乏合同及法律依据。

编写人：北京市西城区人民法院　李彦周

73

在借款合同中借款人处签名是否就能认定借贷关系

——黑龙江省七台河市区农村信用合作联社诉徐某仁等借款合同案

【案件基本信息】

1. 裁判书字号

黑龙江省七台河市中级人民法院（2018）黑09民终204号民事判决书

2. 案由：借款合同纠纷

3. 当事人

原告（被上诉人）：黑龙江省七台河市区农村信用合作联社（以下简称七台河市农村信用社）

被告（上诉人）：徐某仁、陈某兰

被告：刘某鹏、刘某奇、张某辉、吴某华

【基本案情】

七台河市农村信用社提供的证据显示，2012年11月20日，徐某仁在七台河市农村信用社的下属单位万宝河信用社借款36万元，陈某兰、刘某奇、刘某鹏、张某辉、吴某华为担保人。徐某仁认为其并非借款使用人，当时是为案外人陈某明提供担保时签字，没有细看签字内容导致误签，徐某仁与本案担保人不认识，未收到借款36万元。七台河市农村信用社提供的《个人借款担保合同》中没有约定结算账户。经鉴定中心鉴定，七台河市农村信用社提供了提交的证据：1. 2012年11月17日，借款申请书中“徐某仁”签名与提供样本中“徐某仁”签名不是同一人所书写；2. 借款日期：2012年11月20日，黑龙江省农村信用合作社借款凭证第一联信用社债权凭证中“徐某仁”签名与提供样本中“徐某仁”签名不是同一人所写；3. 借款日期：2012年11月20日，黑龙江省农村信用社借款凭证第二联信用社借方凭证背面“徐某仁”三个字与提供样本中“徐某仁”签名不是同一人所书写；4. 2012年11月19日，黑龙江农村信用合作社借款凭证中“徐某仁”签名与提供样本中“徐某仁”签名不是同一人书写；5. 2012年11月20日，黑龙江省农村信用合作联社取款凭条中“徐某仁”签名与提供样本中“徐某仁”签名不是同一人所书写。仅借款合同中借款人处的签字徐某仁承认是其本人书写。

【案件焦点】

徐某仁与七台河市农村信用社是否存在借贷关系。

【法院裁判要旨】

黑龙江省七台河市桃山区人民法院经审理认为：原、被告之间签订的个人担保借款合同系双方当事人自愿签订，且不违反法律和行政法规的强制性规定，合同合法有效。原告按照合同约定发放贷款至徐某仁账户内，而被告徐某仁未按合同约定履行偿还贷款本息义务，其行为构成违约，应承担偿还原告借款及利息的责任，被告刘某奇、刘某鹏、陈某兰、张某辉、吴某华作为担保人亦应承担还款连带保证责任，关于被告徐某仁辩称合同签订时没有填写内容，系空白合同的观点因未提交有效证据证明该事实存在，故对被告的抗辩理由不予支持。另经司法鉴定，被告徐某仁在取款凭条中的签名虽不是其本人书写，但该鉴定内容并不能否定原告与被告之间借款合同成立的事实以及原告已履行发放贷款的事实，故对原告诉请被告徐某仁偿还借款本息507277.8元的诉讼请求法院予以支持。黑龙江省七台河市桃山区人民法院依照《中华人民共和国合同法》第四十四条、第六十条、第一百零七条、第二百零五条、二百零六条、二百零七条，《中华人民共和国担保法》第十八条、二十一条之规定，判决：

被告徐某仁给付原告七台河市区农村信用社借款本金及利息共计507277.8元

（截至2015年11月19日），于本判决生效后立即给付；逾期还款，利息顺延计收至实际给付之日止。

徐某仁、陈某兰不服原审判决，提起上诉。黑龙江省七台河市中级人民法院经审理认为：《中华人民共和国合同法》第一百九十六条规定，借款合同是借款人向贷款人借款，到期返还借款并支付利息的合同。上诉人徐某仁虽然在被上诉人七台河市区农村信用社在原审提交的《个人借款担保合同》上的借款人处签名。但是，由于上诉人徐某仁称其并无借款的真实意思表示，被上诉人提供的借款申请书、借款凭证、取款凭条，经鉴定，均不是上诉人徐某仁本人的签名。此外，借款合同中没有约定结算账户，被上诉人汇入案涉款项的账户也不是上诉人徐某仁所开立，上诉人徐某仁并未实际取得案涉款项案，故被上诉人未履行交付借款的义务。原审法院仅凭被上诉人提交的《个人借款担保合同》，判决上诉人徐某仁偿还借款本息，上诉人陈某兰及原审被告刘某奇、刘某鹏、张某辉、吴某华，承担担保责任，缺乏事实依据。综上，原审判决认定事实错误，判决结果与本案事实不符，依法应予纠正。黑龙江省七台河市中级人民法院依照《中华人民共和国合同法》第一百九十六条，《中华人民共和国民事诉讼法》第一百七十条第一款第二项的规定，判决：

一、撤销黑龙江省七台河市桃山区人民法院（2016）黑0903民初1060号民事判决；

二、驳回被上诉人七台河市区农村信用社的诉讼请求。

【法官后语】

借款合同是合同的一种，借款合同的生效要件与合同的生效要件一致：1. 行为人在缔约时具有相应民事行为能力；2. 意思表示真实；3. 不违反法律或社会公德。本文所述案例中，“借款人”在合同上的签字是本人所写，形式上符合合同成立的特征，但实质上，借款人处的签字非本人真实意思表示，也就是说“借款人”没有借款的意愿，这就不符合合同的生效要件，合同没有生效。

那么，如何判断借款合同中的签字是否为当事人真实意思表示呢？就本案例来说，借款申请书、借款凭证、取款凭条，经鉴定均不是“借款人”本人签名。而且，借款合同中没有约定结算账户，银行汇入案涉款项的账户又不是“借款人”开立，“借款人”并未实际取得案涉款项案，故银行未履行交付借款的义务。通过对案件一系列的分析，没有一个完整的证据链条能够证明“借款人”有真实的借款意思表示。抛开本案来说，对借款合同是否为当事人真实意思表示，我们不能仅凭借合同上的文字来断定，还要结合整个案件事实、当事人提供的证据去整体分析，才能还原案件事实，作出正确的裁判。

编写人：黑龙江省七台河市中级人民法院　孙新欣

图书在版编目（CIP）数据

中国法院2020年度案例．合同纠纷/国家法官学院，最高人民法院司法案例研究院编．—北京：中国法制出版社，2020.3

ISBN 978-7-5216-0914-1

Ⅰ.①中… Ⅱ.①国…②最… Ⅲ.①合同纠纷-案例-汇编-中国 Ⅳ.①D920.5

中国版本图书馆CIP数据核字（2020）第034120号

策划编辑：李小草（lixiaocao2008@sina.cn）

责任编辑：韩璐玮　孙静　　　　封面设计：温培英　李宁

中国法院2020年度案例·合同纠纷

ZHONGGUO FAYUAN 2020 NIANDU ANLI · HETONG JIUFEN

编者/国家法官学院，最高人民法院司法案例研究院

经销/新华书店

印刷/三河市紫恒印装有限公司

开本/730毫米×1030毫米　16开　　　　印张/21　字数/277千

版次/2020年3月第1版　　　　2020年3月第1次印刷

中国法制出版社出版

书号 ISBN 978-7-5216-0914-1　　　　定价：65.00元

北京西单横二条2号

邮政编码100031　　　　传真：010-66031119

网址：http://www.zgfzs.com　　　　编辑部电话：010-66070046

市场营销部电话：010-66033393　　　　邮购部电话：010-66033288

（如有印装质量问题，请与本社印务部联系调换。电话：010-66032926）

中国法院2012～2020年度案例系列

国家法官学院　最高人民法院司法案例研究院　编

简便易用、权威实用——打造“好读有用”的案例

1. 权威的作者： 国家法官学院案例开发研究中心持续20余年编辑了享誉海内外的《中国审判案例要览》丛书，2012年起推出《中国法院年度案例》丛书，旨在探索编辑案例的新方法、新模式，以弥补当前各种案例书的不足。

2. 强大的规模： 2012、2013年各推出15本，2014年推出18本，2015年推出19本，2016年推出20本，2017年推出21本，2018、2019、2020年推出23本，含传统和新近的所有热点纠纷，所有案例均是从全国各地法院收集到的上一年度审结的近万件典型案例中挑选出来的，具有广泛的选编基础和较强的代表性。

3. 独特的内容： 不再有繁杂的案情，高度提炼案情和裁判要旨，突出争议焦点问题。不再有冗长的分析，主审法官撰写“法官后语”，展现裁判思路方法。

1. 婚姻家庭与继承纠纷
2. 物权纠纷
3. 土地纠纷（含林地纠纷）
4. 房屋买卖合同纠纷
5. 合同纠纷
6. 买卖合同纠纷
7. 借款担保纠纷
8. 民间借贷纠纷
9. 侵权赔偿纠纷
10. 道路交通纠纷
11. 雇员受害赔偿纠纷（含帮工受害纠纷）
12. 人格权纠纷（含生命、健康、身体、姓名、肖像、名誉权纠纷）
13. 劳动纠纷（含社会保险纠纷）
14. 公司纠纷
15. 保险纠纷
16. 金融纠纷
17. 知识产权纠纷
18. 行政纠纷
19. 刑事案例一
20. 刑事案例二
21. 刑事案例三
22. 刑事案例四
23. 执行案例